ESG
투자의 정석

자본과 가치의 대전환 시대,
예정된 미래의 지속가능한 투자법

ESG
투자의 정석

Environment · Social · Governance

현상균, 홍장원 지음

한스미디어

ESG

예정된 미래,
ESG가 이끄는 부의 새로운 패러다임

ESG(Environment(환경), Social(사회), Governance(지배구조), 이하 ESG)에 대한 관심이 전 세계로 확산되고 있다. ESG라는 재미없는 약어가 왜 이렇게 빠르게 유행을 하며 세계적인 관심어가 될 수 있었는지 참으로 신기한 일이다. 그만큼 ESG는 현시대를 살고 있는 많은 사람들이 필요성을 공감하고 있는 주요 이슈라는 것을 의미하는 바일 것이다.

인기 개그맨의 척도가 유행어의 유무에 달려 있듯이 과거부터 월스트리트 등 세계 금융가의 슈퍼스타들은 종종 두문자어Acronym을 활용해서 강한 인상을 남길 수 있는 히트어를 만들어 자신의 영향력을 과시하고자 해 왔다. 골드만삭스

짐 오닐 회장의 BRICs, 뉴스위크의 PIIGS, CNBC 짐 크레이머의 FAANG 등이 대표적인 성공 사례이다. 이번 ESG라는 단어 확산의 주인공은 단연 세계 최대 자산운용사 블랙록의 래리 핑크 회장일 것이다. 특히 ESG 이슈는 세계적인 기후·환경위기, COVID-19 상황과 맞물려 향후 수십 년 동안 세계 변화를 이끌 사안으로 각인되다 보니 당분간 ESG만큼 시대정신을 관통하면서 중장기적으로 금융과 세계질서에 변화를 이끌어 낼 만한 단어는 나오기 힘들 것으로 보인다.

ESG 연구자 입장에서도 최근의 ESG 발전 속도는 정말 놀라울 정도이다. 2000년대 초반까지는 장기적으로 환경보호를 해야 하지 않을까, 사회책임투자Social Responsible Investment를 통해 사회적 기여를 해야 하지 않을까 하는 등의 막연하고 도덕적인 수준에 오랜 기간 머물러 있었다면 최근 2~3년 동안 발전을 거듭해 온 ESG는 개념의 체계성도 높아지고 있고 실제 기업의 경영 환경에서도 큰 변화가 만들어지고 있다. ESG의 역사, 개념 및 제도의 변화, 주요 평가지표, ESG 경영, ESG 펀드성과 등 그 영역이 다양한 분야로 확대, 재생산되고 있는 것은 상당히 고무적이다. 하지만 급속한 양적 팽창에 따라 연구자마다 개념을 모호하게 정의하여 이해하기 어려운 부분도 많고 ESG 관련 참여 주체들의 이해와 목적이 제각각이라는 점 등은 앞으로 해결해 나가야 할 과정이라고 생각한다. 이번 『ESG 투자의 정석』은 그동안 많은 공공기관들과 연구기관들이 정리해 놓은 세세한 개념들을 일목요연하게 정리하는 한편, 투자자의 관점에서 ESG 개념 및 책임투자의 필요성과 방법론 등을 기술하여 독자들의 투자에 일조하고자 한다. ESG의 개념에 관심이 있는 독자는 1부, ESG의 미래와 자산배분에 관심 있는 독자는 2부, ESG 산업과 기업, ETF 투자의 구체적 내용에 관심이 있는 독자들은 3부와 4부를 중심으로 읽어 보기를 권한다.

ESG에 대한 저자의 첫 관심은 대학원 시절로, 최근 개인 투자자들의 관심사와 마찬가지로 환경 분야에서 시작하였다. 단순한 환경테마에 대한 투자가 아니라, 펀드의 투자 방법론에 환경요소를 반영하는 에코유니버스를 만들어 보자는 생각에서였다. 자산운용사의 펀드매니저들이 활용하는 운용프로세스를 간단하게 설명하면 1) 전체 주식에서 투자할 수 없는 종목들을 제거하여 투자가능종목군Investment Universe을 구성하고, 2) 투자유니버스 내에서 산업을 담당하는 애널리스트들의 치열한 리서치 활동을 참조하여 산업 비중과 종목 비중을 정하는 가상의 모델 포트폴리오Model Portfolio를 구성하며, 3) 펀드의 설정 시기와 투자제한 등의 여건에 따라 실질적인 펀드를 구성하는 실제 포트폴리오 Actual Portfolio를 완성하는 방향으로 운용된다. 환경에 피해를 주는 기업과 죄악기업을 걸러 내는 투자유니버스를 만들고 지속가능보고서를 작성해서 환경에 관심을 갖는 기업들에 투자한다면 수익이 나지 않겠느냐 하는 대학원생다운 생각에서 시작하였지만, 백테스트 결과 유의미한 성과가 나오지는 않았다. 또한 2000년대 초반은 피크오일 이론Peak-oil Theory 등이 득세해서, 매장량이 부족한 원유의 생산량이 종모양Bell Shape으로 급감하면서 원유 가격 급등으로 에너지위기가 올 수 있으니 재생에너지의 투자를 확대해야 한다고 강조하던 시기였다(당시에 골드만삭스는 WTI 200달러/배럴을 주장했고, 동양제철화학(현 OCI)은 고순도의 폴리실리콘(태양광잉곳의 원료)을 가격경쟁력 있게 생산한다고 해서 주가가 급등하기도 하였다). 당시는 지금보다는 환경에 대한 위기감이 크지 않았고, 오히려 기후변화에 대한 적응adaptation이 주요 연구주제였다. 불과 20년 만에 기후에 대한 위기감이 엄청난 속도로 증가한 느낌이다.

최근 ESG 투자라는 말은 책임투자와 동의어처럼 사용되고 있지만, 사실 ESG 투자는 책임투자라는 개념의 방법론적인 접근이다. 즉 책임투자를 하려면 투자활동의 일부 중 비재무적 활동 분야인 ESG(환경, 사회, 지배구조)의 측면을 감안해야 한다는 것이 정확한 표현일 것이다. 초기의 책임투자가 사회적 의무감에 의해 행해졌다면 최근에는 책임투자의 지속가능성과 구체화를 위한 합리적 이익 추구의 승인, ESG 개선을 위한 구체적인 단계별 방법론의 제시 같은 방향으로 빠르게 진화하고 있다.

많은 투자자들이 ESG에 관한 관심과 큰 의욕을 갖고 관련 서적을 뒤적여 보지만 UN PRI, 스튜어드십 코드, ESG 등급, 온실가스 배출량, 여성임원 수, 전자투표 등 어렵고 지루한 용어가 난무하고 ESG 주요 변수들과 투자기업 주식수익률의 인과관계에 대한 의구심이 확대되면서, 결국 책을 덮고 ESG 투자를 환경테마 관련 주식이나 매매하는 것으로 이해하고 넘어가고 있다. 이는 책임투자와 관련된 주체들의 행동에 따라 서로 다른 관점에서 ESG에 접근하기 때문이라고 생각한다. 기업, 투자자, 국가나 공공기관의 입장에서 ESG를 대하는 목적과 방식은 서로 다르다. 국가나 정부는 효율성만을 추구하는 기업을 개선 또는 통제하는 목적으로 ESG를 바라보고 있고, 기업은 비용증가와 평판손상의 절충 측면에서 접근하고 있으며. 연구자들은 재무개선이나 초과수익률의 관점에서 접근하고 있고, 투자자들은 주식수익률의 측면에서 바라본다. 최근 ESG와 관련된 책들이 봇물처럼 나오고 있지만 대부분 기업 경영과 관리의 측면을 정리하고 있기 때문에 투자자의 측면에서는 ESG 활용이 쉽지 않았을 것으로 생각된다. 이에 ESG가 장기적인 이슈로 발전하고 있음에도 불구하고 기업들이 왜 ESG에 투자해야 하는지, 투자자들이 왜 ESG 투자를 적극적으로 해야 하는지에 대한 연구와 논리가 부족한 것이 사실이다. 그래서 가급적 투자자의 입장에서 ESG를 이해할 수 있도록 사례를 추가하여 서술하고자 한다.

저자는 「장기투자자의 포트폴리오선택과 ESG 투자의 최적배분 요인 분석」이라는 논문을 시작으로 일반균형자산배분론을 이용한 연기금의 ESG 투자효용성에 대한 이론적 연구를 시도하였다. 이 논문은 ESG 투자가 단순히 재무적 수익을 낼 수 있는가 하는 의미를 넘어서 장기투자자가 ESG 투자를 통해 사회적 효용을 개선할 수 있는가 하는 문제에 접근하기 위한 이론적 시도이다. 더불어 저자는 펀드매니저로서 전문 사모운용사 최초의 ESG 펀드를 만들고 운용하는 등 ESG에 대한 이론과 실무를 적용하고자 노력하고 있다. 투자론은 기본적으로 이론과 실무가 함께 가는 학문이다. 많은 금융시장의 자산운용 전문가들이 자신의 업무와 학문적 이론을 접목하여 금융시장의 발전에 기여할 수 있는 진정한 전문가가 되기를 기대한다.

향후 투자시장에서 ESG가 주요 관심대상으로 확대되는 것은 예정된 미래라고 생각한다. 물론 기술의 발전과 법적·제도적 변화에 의해 속도가 빨라지거나 늦춰지기도 하겠지만 장기 추세는 의심의 여지가 없을 것이다. 투자자들은 각자의 효용과 투자기간Investment Horizon에 맞는 ESG 투자를 통해 장단기투자의 목표 설정과 기대수익률에 도달할 수 있기를 바란다. 이 책이 나오기까지 옆에서 격려해준 신창희 씨와 혜인, 승유 두 자녀에게도 감사를 전한다.

2022년 3월 현상균

CONTENTS

PART 2
ESG는 미래경제를 어떻게 바꾸는가?

PART 3
ESG 시대에 떠오르는
산업&비즈니스와 투자의 정석

PART 4
ETF로 간단하게 ESG 투자하기

PART 5
ESG에 투자할 때 반드시 주의해야 할 것들

PART 1

ESG 투자란 무엇인가?

ESG 투자는
왜 핫이슈가 되고 있는가

위기에 처한 전통적 투자론

　세계 1위의 시가총액을 자랑하는 애플AAPL의 시가총액이 3조 달러(3,600조 원. 환율 1,200원/달러 가정)에 도달했다. 세계 10위권인 우리나라 KOSPI 상장기업 시가총액 총합보다 50% 이상 큰 규모이다. 이렇게 큰 기업임에도 2021년 한 해에만 주가가 30% 이상 급등했다. 한편, 연간 100만 대 수준의 전기차를 생산하는 테슬라TSLA는 시가총액 1조 달러를 넘어서면서 연간 4,000만 대 이상의 차를 생산하는 전 세계 내연기관 자동차 회사 1위에서 10위까지의 시가총액 합계를 넘어섰다. 애플은 PER*이 30배 수준이지만 테슬라는 PER이 200배에 육박

한다. 그리고 둘 다 PBR[●]은 35배를 넘어선다. 반면 국내 금융사 1위로 연간 4.5조 원의 순이익을 내는 KB금융의 시가총액은 25조 원에도 못 미친다. 이익은 지속적으로 증가하지만 PER 6배, PBR 0.5배 수준에 머무르고 있는 것이다. 아무리 글로벌 초저금리에 성장주가 높은 가치를 받는다지만 최근의 빅테크와 바이오기업들의 주가는 너무 비싸다. 그런데도 비싼 건 더 비싸지고 싼 건 더 싸지는 밸류에이션퍼즐의 시대는 지속되고 있다. 금리가 올라간다고 해도 소위 PER, PBR이라고 하는 주식시장의 전통적 상대가치평가론이 무기력화된 것이 해소될 것 같지는 않다. 무언가 우리가 알고 있는 투자시스템에 중대한 문제가 생긴 것은 아닐까?

PER(주가수익비율): Price(주가)/EPS(주당순이익)

PBR(주가순자산비율): Price(주가)/BPS(주당순자산가치)

'앙시앵 레짐Ancient Régime' 즉 '구체제의 모순'은 프랑스혁명의 가장 큰 원인이다. 정치·사회·경제적 불평등의 모순이 쌓여 임계점을 넘어서면 어느 순간 거대한 반작용이 일어난다는 사실을 우리는 역사에서 자주 목도할 수 있었다. 그렇다면 지금이 그러한 변화를 필요로 하는 시점은 아닐까 하는 생각도 하게 된다. 그동안 세계경제성장을 견인했던 원유, 천연가스 등 탄소에너지가 페이드아웃Fade Out되면서 새로운 에너지믹스를 찾고 있고, 시장경제의 효율성이 한계에 달하면서 양극화의 해결을 위해 형평성이라는 대안을 받아들이지 않을 수 없게 되었다. 이러한 변화는 특히 COVID-19 팬데믹을 기점으로 게임의 룰을 더욱 빠르게 무너뜨리고 있다. 기존의 질서가 뒤집어지고 이미 익숙해진 환경과 반대되는 현상이 나타나면 평범한 사람들은 불평하고 변화에 순응하려는 태도를 보이지만, 새로운 시대를 준비해 둔 사람은 판이 바뀔 때 큰 기회를 얻는다. 급변하는 과도기에는 혁신이 일어나기 때문에 준비된 투자자에게는 거대한 변화가 행운이 될 수 있다.

환경 측면에서 보면 세계 각국은 지구온난화에 대한 문제점들을 이미 1990년대부터 인식하고 있었다. 하지만 아무도 고양이 목에 방울을 달려고 하지는 않았다. 탄소 배출이 경제성장과 동의어나 마찬가지였기 때문에 자발적으로 경제성장률을 낮추는 정책을 쓰려는 국가는 찾아볼 수 없었다. 그러나 호주와 미국 캘리포니아의 경험해 보지 못했던 초대형 산불, 과거보다 강력한 허리케인 등 빈번한 이상기후의 피해를 겪고서야 우리 인류는 지구온난화를 막기 위한 더 빠르고 구체적인 해결방안을 만들 수밖에 없었다. 정치적으로도 팍스아메리카나 이후 미국은 세계의 경찰 역할을 하는 세계질서의 중심이었지만, 이러한 미국도 전 세계 헤게모니 장악이라는 대외적인 명분론코다는 아메리카 퍼스트 추구, 아프가니스탄 철수 등 자국 실리 중심 정책으로 급격한 변화를 시도하고 있다. G2 국가인 중국도 마찬가지이다. '도광양회(韜光養晦)●'를 외치며 숨죽이고 힘을 키우고 있던 중국은 이제 '대륙굴기(大陸崛起)●'를 표방하면서 주변국과의 갈등상황을 굳이 숨기지 않은 채 근육 자랑을 하고 있다. 경제 측면에서도 2008년 금융위기 이후 주류였던 시카고학파의 시장자율성과 국가 간 분업을 통한 자유무역의 효율성에 대한 의구심이 높아져 가면서 새로운 대안이 요구되고 있다. 이처럼 변화에 대한 필요성이 높아지고 있는 상황을 감안하면 지금은 전환기임에 분명하다. "난세에는 영웅이 난다"라고 했다. 그렇다면 지금의 시기는 투자의 관점에서 위기이자 기회이고, 우리에게는 이러한 변화를 활용할 철저한 준비가 필요하다.

도광양회: 자신의 재능이나 명성을 드러내지 않고 참고 기다린다는 1980년대 중국의 대외정책

대륙굴기: 굴기란 산 따위가 불쑥 솟음이란 뜻으로 최근 급속히 발전한 중국이 세계 초강대국으로 미국과 패권을 경쟁할 정도로 성장하였음을 의미

투자Investment란 이익을 얻을 목적으로 돈, 시간, 정성 등을 쏟는 행위이다. 전통적인 재무관리Fianance에서 투자론의 연구 방향은 가치평가론Valuation과 자산배분론Asset Allocation의 2가지 방향을 큰 축으로 하고 있다. 전자는 주식, 채권 등

개별 자산의 적정 가치를 평가하여 자산을 매수할지 매도할지를 결정하기 위한 것이고, 후자는 "달걀을 한 바구니에 담지마라"는 격언처럼 각 자산 간의 기대수익률, 변동성, 상관관계를 활용해서 투자가의 위험회피 성향에 따른 최적의 포트폴리오를 찾아내고자 하는 것이다. 사실 가치평가가 완벽할 수 있다면 달걀을 한 바구니에 담는 것이 합리적이겠지만, 그렇지 않을 확률이 높다고 판단한다면 분산투자를 통해 위험을 낮추는 투자를 해야 할 것이다. 따라서 일반적으로 개별 기업투자에 관심이 있는 투자자는 전자에 집중하고, 연기금이나 보험사 등 장기투자의 수익률에 관심 있는 장기투자자들은 후자에 집중한다. 어떤 관점에서 접근을 하느냐에 따라 투자의 목적과 방법이 크게 달라지는 것이다. ESG 투자의 적용도 그렇다. 다만 독자들은 ESG 투자가 빠르게 발전하고 있지만 아직은 과도기임을 인식해야 할 것이다. 책을 읽는 동안, 지금은 ESG가 투자론에 접목되는 초기 단계이기 때문에 성숙 단계에서나 받아들일 수 있는 비재무적 요소의 과도한 적용이 수익률에는 도움이 되지 않을 수 있다는 것도 감안해야 한다.

투자 이론의 측면에서도 큰 변화가 일어나고 있다. 기존 투자론의 이상적인 모델링에서는 무위험자산 1%, 채권자산

2%(표준편차 3%), 위험자산인 주식은 10%(표준편차 20%) 수준의 연간 기대수익률을 갖는다고 가정하고 주식과 채권은 역상관관계에 있다는 전제 하에 투자 논리를 전개하였다. 하지만 최근의 경제 현상들은 재무 이론과 상당히 다르게 움직이고 있다. 기록적인 저금리가 지속되면서 마이너스 금리Negative Rate가 나타나기도 하고 WTI 원유선물이 −37달러/배럴에 가기도 하는 등, 기존의 투자론 교과서로는 이해할 수 없는 일들이 예전보다 훨씬 자주 일어나고 있다. 이는 자산의 가치평가 이론이 과거와 다르게 작동하고 있다는 이야기로 해석할 수 있다. 또한 50년 이상의 초장기 채권, 해외주식·채권 같은 해외자산, 건물·리츠 등 대체투자자산, ETF·ELS 등 파생 및 구조화 상품, 벤처투자 등 기존의 전통자산을 대체할 수 있는 투자 대안들이 수적으로나 양적으로 크게 확대되고 있다. 자산에 대한 투자는 시공간을 초월하고 있고, 코인과 같이 실체가 검증되지 못한 블록체인들도 투자자산으로 인정되기 일보 직전이다. 이는 과거의 자산배분론도 새로운 해결책을 만들어야 하는 도전적인 상황임을 의미한다.

COVID-19 위기의 중심부에서 기관투자가들이 위험관리에 집중하는 동안 동학개미운동 등 국내 개인투자자들은 오히려 공격적인 투자로 2020년 국내주식투자에서 큰 성공을 거두기도 했고 테슬라 등 해외주식에 대해서도 역발상과 미래변화에 대한 높은 투자이해도를 보이면서 우수한 투자성과를 만들기도 했다. 기관투자가가 개인투자자보다 우월하다는 가설도 뒤집혀 버리는 뉴노멀의 시대이다. 당연히 투자의 세계도 계속 바뀔 것이고, ESG 투자는 시대적 변화에 있어 가장 큰 의미를 갖는 축이 될 것으로 생각한다.

생존위협을 느끼는 심각한 기후변화

지구는 뜨거워지고 있고, 원인은 온실가스*이다. 기온 상승을 막지 못하면 인류가 생존할 수 없다는 것은 이제는 상식 중의 상식이 되었다. 지구를 지키기 위해 모든 국가가 머리를 맞대고 있지만 모두가 동의하는 해결책을 만들기는 참으로 어렵다. 화성으로 이주하고자 하는 앨런 머스크의 테라포밍Terraforming* 시도는 지구의 현 상황을 감안할 때 억만장자의 치기로만 보기는 어려울 수도 있다.

온실가스: 온실가스란 지구를 둘러싸고 있는 기체로 지표면에서 우주로 발산하는 적외선 복사열을 흡수 또는 반사할 수 있는 기체이다. 주된 온실가스는 이산화탄소, 메탄, 이산화질소 등이 있는데 지구온난화지수(Globlal Warning Potential)는 이산화 탄소를 기준으로 환산한다(이산화탄소가 1일 때, 메탄이 21, 이산화질소가 310 등).
테라포밍(Terraforming): 화성, 금성 등의 행성을 개조하여 인간의 생존이 가능하게끔 지구화하는 과정

2021년 노벨물리학상 공동수상자는 마나베 슈쿠로Syukuro Manabe 미국 프린스턴대 교수와 클라우스 하셀만Klaus Ferdinando Hasselmann 독일 막스플랑크연구소 연구원이다. 1967년 마나베 교수는 온실가스 증가 시의 지표와 대기의 온난화 정도를 추정하는 논문을 발표했다. 지구의 대류현상 Convection과 수증기Moisture의 피드백으로 온실가스가 증가함에 따라 대류권 온도는 올라가지만 성층권에서는 오히려 냉각이 일어난다는 것을 증명하는 논문이었다. 이를 통해 수증기도 온실가스의 하나임이 밝혀졌다. 또한 인간의 활동 정도에 따른 기후변화 여측을 가능하게 하는 '전 지구 기후모델'도 개발하였다. 하셀만 연구원은 1993년에 온실가스와 에어로졸 같은 인간이 만들어 낸 인위적 요인과 태양활동 및 화산활동 같은 자연이 만들어낸 요인별 지문Fingerprint 패턴의 차이를 통해 인간이 온실가스와 에어로졸 등을 통해 기후에 얼마나 많은 영향을 미쳤는지 분석한 논문을 발표하였다.

2018년 IPCC(기후변화에 관한 정부 간 협의체) 보고서는 이러한 선지적 연구자들의 연구논문을 배경으로 한 과학을 근거로 만들어진 것이다. 보고서의 주요 내용은 우리가 최근 들어 기후와 관련하여 가장 많이 언급하는 이야기들이다. 지구온난화를 막기 위해서는 온실가스를 줄여야 하고, 산업혁명 시기에 비해 평균기온상승을 1.5도 이하로 묶어 두고자 한다면 이산화탄소배출량을 2030년까지 45% 줄여야 한다는 것이었다. 보고서에 따르면 평균기온이 1.5도 높아질 때 해수면은 26~77cm 상승하고 2도가 높아지면 36~87cm 상승하는데, 해수면의 상승을 10cm로 억제하면 해양 연안에 사는 1,000만 명의 주거지를 지킬 수 있다고 한다. 산호초도 1.5도 상승할 때는 70~90% 사라지지만 2도 상승 시에는 99% 이상 사라진다고 한다. 30년 뒤 어떤 일이 발생할지는 모르지만 현시점에서 온실가스를 줄이기 위해 온 인류가 노력해야 한다는 사실은 너무도 명확한 과학적 증명의 결과라고 할 수 있다.

마나베 교수 논문 개념도

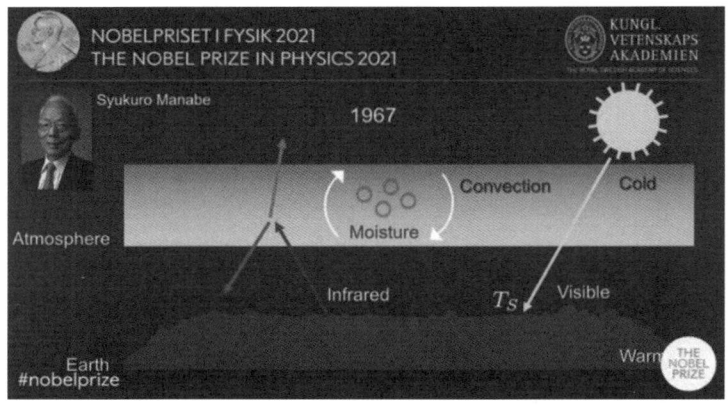

자료: 노벨위원회

ESG 투자의 정석

산업화 이후 현재까지 지구 평균기온은 1.1도 상승했다. 3도가 상승하면 사막화가 일어나 인간들은 급속한 기아상태에 빠지며, 6도가 상승하면 육지와 바다 생물의 95%가 전멸하고 인류 역시 생존을 보장할 수 없다고 한다. 지구 평균온도가 1.5도까지 상승하기까지는 앞으로 6~7년밖에 남지 않았다. 지구온난화 이슈로 촉발된 것이 바로 환경·사회·지배구조ESG 경영으로, 투자자나 고객들은 기업이 어떤 방식으로 돈을 벌고 환경과 사회에 미치는 영향이 어떠한지 등에 대해서까지 꼼꼼히 따지게 된 것이다.

ESG의 핵심은 기업의 지속가능성Sustainability이다. 이것은 기업들이 주주와 기업 종사자, 고객 등 이해관계자 모두에게 이익이 되는 방식으로 기업 목표를 설정해야 한다는 것을 의미한다. 환경과 사회에 초래할 수 있는 불이익을 최소화하고 지배구조의 효용성을 극대화함으로써 투자자의 장기적인 수익률을 보장하고 기업의 지속가능성을 확보해야 한다는 데 그 목적이 있는 것이다.

ESG 문제를 해결하지 않고서는 투자자산의 장기적 투자 수익률을 보장하기 어렵고 기업의 지속가능성도 낮아지기 때문에 전 세계 기업들은 ESG 경영에 사활을 걸고 있다. 우리나라도 2015년 파리기후협약, 2018년 IPCC 합의에 따라

2021년 말 '2050 장기 저탄소 발전 전략'을 수립하고 2050년에 탄소중립상태Net Zero*를 만들겠다는 계획을 발표했다. 또한 금융위원회는 2025년까지 자산총액 2조 원 이상에 해당되는 상장사의 공시 의무를 도입하고 이것을 2030년까지 모든 코스피 상장사로 확대 적용한다고 발표하여 ESG 생태계를 조성하고자 노력하고 있다.

탄소중립: 대기 중 이산화탄소 농도의 증가를 막기 위해 인간 활동에 의한 이산화탄소 배출량을 감소시키고 흡수량을 늘려서 순배출량이 0이 되도록 하는 것이다.

효율성만으로는 한계에 달한 자본주의

자본주의는 시장의 효율성Efficiency과 정부를 통한 형평성Equity이 시차를 두고 역사를 반복해 왔다. 잘나가던 고전학파의 시장중심주의는 대공황Great Depression을 겪으면서 정부의 적극적 역할을 주장하는 케인지언에게 주도권을 넘겨주고 말았다. 정부의 간섭을 통해 유효수요를 만들어 경제위기를 극복하고자 했던 '뉴딜정책New Deal Policy'은 시장 실패에 대한 대안의 산물이었다. 환경위기를 극복하기 위해 UNEP(유엔환경계획)가 주창한 '그린뉴딜정책Green New Deal Policy'은 지금의 환경 문제가 시장의 실패에 원인이 있으며 적극적인 정부의 정책이 필요함을 암시하는 작명일 것이다.

　이러한 케인지언의 철학과 정책도 영원할 수는 없었다. 만사에 양날의 칼날이 있듯이 케인지언이 옹호하던 정부의 비대화가 이번에는 정부의 실패를 만들었다. 결국 규제철폐, 공기업민영화, 노동시장유연화 같은 신자유주의적 사회철학이 다시 부활하게 된 것이다.

　최근 30여 년간은 밀턴 프리드먼, 프리드리히 하이에크 등 시장의 자율성을 강조하는 고전학파의 정책과 세계관이 자본주의를 지배하였다. 소련의 해체, EU의 결속(브렉시트 이전), 세계의 공장으로서의 중국 등장, FTA 등 무역자유화, 기술의 발달 등의 요인들은 세계무역 확대를 통해 효율성Efficiency 높은 시장경제와 신자유주의 이념을 확대·재생산해 냈다. 토머스 프리드먼은 『세계는 평평하다』라는 저서를 통해 세계화가 세계를 좀 더 상호연결적으로 만들고 평화롭고 자유롭게 만들었다면서 신자유주의 승리를 확신하였다.

　1997년 아시아 금융위기, 2008년 서브프라임 금융위기, 남유럽 경제위기, 영국의 브렉시트 등을 거치면서 조금씩 불균형이 확대되기 시작하더니 효율성을 강조하는 신자유주의의 두터운 성벽에도 조금씩 균열이 생겨나기 시작했다. 그러다가 COVID-19의 발생 이후 선진국의 백신 독점, 공급망 붕괴 등 자국이기주의가 확대되어 가면서 그동안 공고했던 세계화에 대한 확신은 의구심으로 변화하였다. 위기를 거치게 되면 불균형은 확대된다. 선진국과 후진국, 부자와 가난한 자, 사용자와 근로자, 현세대와 미래세대 등 각 주체 간의 균형은 급속하게 기득권 중심으로 쏠릴 수밖에 없다. 그렇게 되는 것은 자연스러운 현상이다. "곳간에서 인심난다"는 표현대로, 평상시에는 노블레스 오블리주Noblesse Oblige정신을 유지하던 기득권자들도 위기 시에는 자신의 이익을 다른 이들과 나누려는 마음이 줄어드는 것이 인지상정이다.

기업경영도 변화를 요구한다

자본주의의 꽃은 기업이고, 현대 자본주의에서 가장 발달한 고도의 기업 형태는 주식회사이다. 자유시장경제의 수호자이면서 시카고학파의 대부인 밀턴 프리드먼은 1970년 『뉴욕타임스』에 기고한 칼럼에서 "기업의 사회적 책임은 이익을 최대한으로 늘리는 것입니다"라고 하여, 기업의 주인은 주주이고 기업의 목적은 이윤극대화라는 지난 수십 년 동안의 각국 기업들의 경영패러다임이었던 주주자본주의Shareholder

Capitalism의 이론적 근간을 만들어 주었다. 원래 프리드먼은 그러한 의도로 이야기한 것이 아니었다. 그러나 그의 의도와는 다르게 그의 말은 주주의 이익을 위해 근로자, 하청업체, 기업의 사회적 기여 등은 불필요한 비용 요인으로서 주주를 위해 희생될 수도 있다는 주장의 논리적 배경으로 악용되어 왔다.

주식회사의 구조

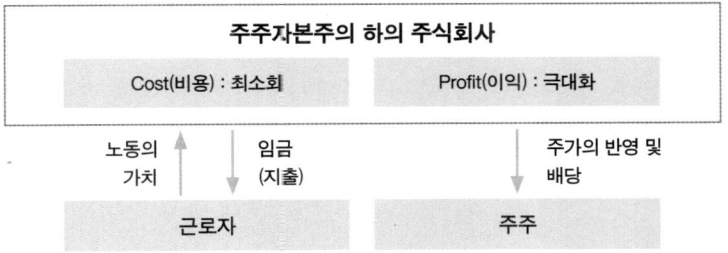

하지만 2019년 애플, 아마존 등 미국의 200대 대기업 협의체인 비즈니스 라운드테이블에서는 "기업의 목적을 주주이익 극대화에서 고객, 지역사회 등을 포함한 모든 이해관계자의 이익극대화로 변화시켜야 한다"라는 내용의 성명을 발표함으로써 이해관계자 자본주의Stakeholder Capitalism 개념을 주창하였다. 기업의 전통적 자본주의 패러다임에서 기업 활동과 사회적 가치의 중요성을 강조하는 방향으로 바꾸자는

것이다. 즉 기업은 전통적 자본주의 프레임에서 벗어나 사회적 가치를 더욱 중요하게 반영하고 추구해야 한다고 선언한 것이다.

 사회적 가치가 주목받는 이유는 무엇일까? 최근 코로나19 팬데믹으로 사회경제적 양극화가 심화되고 취약 계층에 대한 지원의 필요성이 커짐에 따라 공동체 전체의 복지를 추구하는 사회적 가치에 대한 관심이 확대되었기 때문이다. 이러한 사회적 분위기에 발맞춰 기업들은 사회적 가치 창출에 전보다 많은 힘을 쏟고 있다. 대중에게 어필하고 이를 통해 지속 가능한 경영활동을 하고자 하는 기업들은 이제 더 이상 매출이나 이익만을 강조하지 않는다. 대신 기업이 어떠한 환경보전 노력을 기울이는지, 소외된 이웃을 얼마나 세심하게 살피는지, 지역사회와 어떻게 공존하는지를 인정받기 위해 더 노력하고 있다. 특히 다양한 사회 문제를 해결하고 사회적 가치를 선도하는 주체로서의 공공기관의 역할도 강조되고 있다. 공공기관 본연의 설립 목적인 국민복지 증진과 공공성 실현은 사회적 가치와 밀접한 관계이기 때문이다. 과거에는 경제적 약자에 대한 일회성 자선활동이 주된 목표였다면, 이제는 다양한 이해관계자의 사회적 가치를 창출하는 것으로 핵심 목표가 변화한 것이다.

주주이론과 이해관계자 이론

구분	주주 이론	이해관계자 이론
대표 학자	밀턴 프리드먼	에드워드 프리드먼
주요 주장	• 기업의 사회적 책임은 이윤 극대화 • 사회공헌으로의 자원배분은 이윤 감소를 초래 • 전통적인 대리인 문제로 인식	• 기업은 주주뿐 아니라 근로자, 소비자, 지역사회, 환경 등 모든 이해관계자의 이익 고려
기업의 사회적 책임에 대한 견해	• 이익의 극대화에 저해 • 기업가의 역할에 대한 위협 • 권력의 집중과 다원사회의 분열 • 수행능력의 논란 및 비용의 문	• 사회문화적 규범의 준수 • 기업의 장기적 생존과 이익 보장 • 사회적 재난의 예방 • 정부 규제의 회피

ESG 투자의 주요 개념 이해하기

ESG 투자를 정의하기

ESG 투자라는 용어에 대하여 오해를 하는 것은 우리가 일반적으로 ESG 투자를 책임투자Responsible Investment라는 용어와 구분하지 않고 사용하고 있기 때문이다. 책임투자는 재무적 요인과 비재무적 요인을 모두 적용하여 투자한다는 개념인 데 비해 환경Environment, 사회Social, 지배구조Governance는 모두 비재무적 요소들이기 때문에 ESG 투자를 비재무적 요인만 이용하여 투자하는 것(협의의 ESG 투자)으로 오인하게 되는 것이다. 그러나 최근 사용되는 ESG 투자라는 용어는 정확하게는 책임투자를 의미하는 것(광의의 ESG 투자)

이라고 볼 수 있다. UN PRI에서도 책임투자는 재무 분석 및 비재무적 요소인 환경, 사회, 지배구조의 분석을 통해 위험 및 기회요인을 사전에 파악하여 장기 지속가능 수익을 추구하는 투자라고 정확하게 정의하고 있다. 이러한 상황을 이해하여 ESG 투자의 정의를 다시 읽으면 용어의 혼란이 사라진다. "ESG 투자는 환경, 사회, 지배구조의 약자로 기업의 경영과 투자활동의 원칙이자 책무이다. 수익과 이윤 등의 재무적 성과와 가치창출의 원천이 되는 ESG의 비재무적 성과를 동시에 추구하는 것이다." 여기서 ESG 투자는 광의의 개념으로서의 책임투자를 말한다.

책임투자의 프로세스

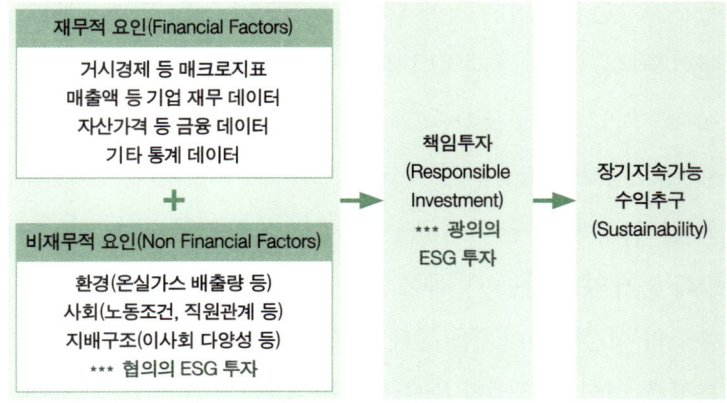

책임투자의 역사 살펴보기

　책임투자Responsible Investment는 18세기의 윤리투자Ethical Investment를 시작으로 1960년대 이후부터는 사회적 이슈(인권운동, 소비자행동주의, 환경주의)를 포함하는 사회책임투자Socially Responsible Investment로 변화하게 된다. 이는 투자의 수익성을 강조하지 않은 순수한 의미의 착한 투자라고 볼 수 있다.

　현대적 책임투자의 시작은 2006년 뉴욕증권거래소에서 코피 아난 UN 사무총장과 금융기관장들이 서명하고 공표한 UN PRIPrinciples for Responsible Investment부터라고 할 수 있다. 'Socially'라는 단어가 제외됨에 따라 이익을 추구하는 금융투자가들은 책임투자에 더욱 관심을 가질 수 있게 되었고, 책임투자를 위한 구체적인 방법론으로 환경Environment, 사회Social, 기업지배구조Governance의 요소가 반영되어 적극적으로 ESG 정보를 활용하여 자산 포트폴리오의 위험을 감소시키고 알파(초과수익)를 추구하는 개념으로 발전하게 된 것이다. ESG 투자의 가장 큰 덕목은 지속가능성이다. UN PRI가 이윤추구의 시장메커니즘을 통해 지속가능성 있는 책임투자의 가능성을 열어 줌으로써 ESG 투자는 본격적으로 시작할 수 있게 되었다.

ESG 투자의 정석

CSR과 ESG의 차이점은 무엇인가

극단적으로 말하자면, 이익이 나지 않는 기업이 CSR 활동을 꾸준하게 영위할 수는 없을 것이다. CSRCorporate Social Responsibility이란 기업의 이해 당사자들이 기업에 기대하고 요구하는 사회적 의무들을 충족시키기 위해 수행하는 활동을 의미하는 말이다. 기업이 사회와 환경에 미치는 영향에 대해 윤리적·법적·경제적 책임을 다하는 활동 전반을 포괄한다. 자선활동 같은 것이 그 예이다. 반면에 ESG는 기업 활동의 단계마다 사회적 책임을 다해야 함을 의미한다. 단적인 예를 들면, CSR은 기업이 과도한 탄소배출을 하는 등 사회적 의무를 다하지는 못했더라도 불우이웃돕기나 기부 등 다른 수단을 통해 사회에 기여를 했다는 의미이다.

반면 ESG 경영은 제품생산의 단계에서부터 탄소배출을 억제하고 이사회의 민주화를 실현하는 등 경영활동의 각 단계마다 사회적 책임을 다해야 한다는 의미로 해석할 수 있다. CSR이 사회에 공헌하고 그 결과를 알리는 것이라면 ESG는 각 과정이 어떻게 잘 지켜지는지를 기업이 지속적으로 증명해야 한다는 점에서도 차이점이 있다. 또한 행위주체의 면에서도, CSR이 투자자의 요구가 작동하지 않는 비시장적 메커니즘에 의해 작동되는 데 비해 ESG는 기업뿐 아니라 투자자, 이해관계자 모두의 이해에 맞게 최적화 균형을 찾는 시장메커니즘을 활용한다는 점에서 지속가능성이 있다.

스튜어드십 코드란 무엇인가

스튜어드십 코드Stewardship Code란 기관투자가가 집사처럼 투자자의 재산을 관리하고 장기수익성을 보장하기 위해 투자기업의 의사결정에 적극적으로 개입하는 행위를 말한다. 이를 통해 투자자들은 기업의 ESG 활동을 유도할 수 있다. 국내 최대 자산운용기관인 국민연금은 2018년 7월에 스튜어드십 코드 도입을 의결하고 이를 운영할 수탁자책임전문위원회를 구성하였다. 비록 기업에 대한 압박의 우려와 사회적 파장의 가능성으로 인해 조심스러운 행보를 보이고 있기는 하지만(물론 특정 안건에 대해 반대표를 던지는 건수가 증가하고 있기는 하다), 국민연금의 책임투자 강화가 국내외 금융기관에 미치는 영향력이 크기 때문에 장기적으로 국민연금의 의결권 행사는 국내 기업의 ESG 경영 도입 촉진, 지배구조 개선 등을 유도함으로써 기업 저평가의 해소, 배당 성향 및 기업투명성 향상 등의 효과를 거둘 수 있을 것으로 기대된다.

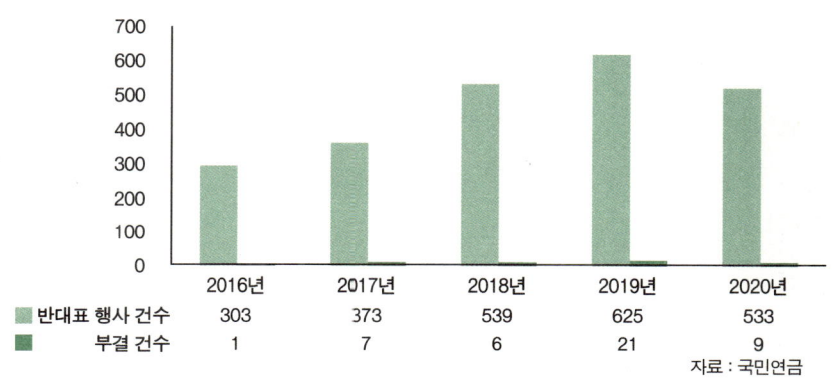

국민연금 반대표 행사 현황

	2016년	2017년	2018년	2019년	2020년
반대표 행사 건수	303	373	539	625	533
부결 건수	1	7	6	21	9

자료 : 국민연금

ESG 등급은 누가 만드는가

ESG 평가기관들은 ESG 요소를 반영하여 기업의 ESG 등급을 산정한다. 마치 신용평가기관이 기업의 신용평가요소를 반영하여 채권 등급을 평가하는 것과 유사하다. 등급의 변동을 통해 기업의 ESG 활동을 독려할 수도 있고 기업들의 ESG 수준을 객관적으로 평가할 수도 있다는 점에서 의미가 있지만 평가기관마다 평가데이터 구성과 방법이 천차만별이어서 투자활용성에서 큰 문제점이 있다. 예를 들면, 2019년도에 기아의 경우 MSCI는 CCC 등급이었지만 한국기업지배구조원에서는 A 등급을 받아 투자적격이 되었다. 특히 최악

기업의 경우는 더 심각하다. 카지노를 운영하는 강원랜드와 담배를 생산하는 KT&G도 ESG 등급은 투자적정 등급에 해당되기 때문이다. 또한 금융, 소프트웨어, 통신 등의 산업들은 제조기업들보다 높은 투자등급을 받을 가능성이 많다. 결정적으로 ESG 투자등급의 변화가 투자수익률에 영향을 준다는 근거는 아직 부족하다. 하지만 시간이 지나면서 데이터가 축적되고 연구가 심화됨에 따라 ESG 철학은 적정기업 가치평가에 더욱 기여할 수 있을 것으로 기대된다. 기업의 ESG 등급을 평가하는 기관으로는 MSCI, 모닝스타Morningstar, 한국기업지배구조원, 대신경제연구소 등이 있다.

MSCI ESG의 세부 주요 이슈

주요 이슈	설명
탄소 배출 (Carbon Emissions)	기업의 탄소 집약도와 기후 관련 위험과 기회를 관리하기 위한 노력에 대한 평가
제품 탄소 발자국 (Product Carbon Footprint)	제품의 탄소 집약도와 공급망, 제품 및 서비스 사용에서 탄소 발자국을 줄일 수 있는 능력에 대한 평가
금융 행위의 환경 영향 (Financing Environmental Impact)	금융기관들의 대출 및 인수 활동의 환경적 위험성과 녹색 금융과 관련된 기회를 활용할 수 있는 능력에 대한 평가
기후 변화 취약성 (Climate Change Vulnerability)	기후 변화가 보험 회사의 보험 자산이나 개인에게 영향을 미칠 수 있는 물리적 위험에 대한 평가
물 스트레스 (Water Stress)	기업 운영의 물 이용 집약도, 운영 영역의 물 스트레스, 물 관련 위험과 기회를 관리하기 위한 노력에 대한 평가

ESG 투자의 정석

생물 다양성과 토지 이용 (Biodiversity and Land Use)	기업 운영이 해당 분야의 생물 다양성에 미치는 잠재적인 영향과 환경에 미치는 영향을 관리하기 위한 노력에 대한 평가
원자재 조달 (Raw Material Sourcing)	제품에 사용되는 원료의 환경적 영향, 공급망의 추적 가능성 및 인증 노력에 대한 평가
유해물질 배출 및 폐기물 (Toxic Emissions and Waste)	기업 운영 과정에서 발생하는 잠재적인 환경 오염과 독성 또는 발암 물질 배출, 환경 관리 시스템의 강도에 대한 평가
포장재 및 폐기물 (Packaging Material and Waste)	제품 포장재 생산과 의존성, 폐기물 관리 및 포장 규제에 노출될 가능성, 포장재가 환경에 미치는 영향을 줄이기 위한 노력에 대한 평가
전자 폐기물 (Electronic Waste)	기업의 전자 폐기물 배출, 전자 폐기물 관련 규제에 노출될 가능성, 제품 수거와 재활용 노력에 대한 평가
친환경 기술 (Clean Tech)	기업의 친환경 기술 혁신의 역량, 전략적인 기술 개발 계획, 그리고 친환경 기술에서 발생하는 수익에 대한 평가
녹색 건물 (Green Building)	부동산의 자원 소비와 탄소 집약도, 환경 건축 규제에 노출될 가능성, 부동산 자산의 친환경 성능을 향상시키기 위한 노력에 대한 평가
신재생 에너지 (Renewable Energy)	기업의 네트워크 확장과 '녹색전력'을 통한 신재생 에너지 생산능력 개발 및 신재생 에너지 개발을 위한 노력에 대한 평가
노사 관계 (Labor Management)	기업노동력의 복잡성(규모, 노동 강도, 운영 지역), 노사 관계, 근로자 보호의 정도, 근로자 고용 노력에 대한 평가
건강 및 안전 (Health and Safety)	기업의 사업 관련 산업 및 지역의 작업장 안전 관리 및 작업장 안전 기준에 대한 평가
인적 자원 개발 (Human Capital Development)	기업이 요구하는 노동 능력 수준과 고도로 숙련된 인력을 유치, 유지, 개발하는 능력에 대한 평가
공급망 내 근로기준(Supply-Chain Labor Standards)	기업 공급망의 관리 및 투명성과 공급자가 위치한 지역의 작업 표준에 대한 평가
제품 안전성 및 품질 (Product Safety and Quality)	제품의 리콜 가능성 및 안전에 대한 우려, 공급망과 외주의 역량, 제조 과정에서의 품질 관리 노력 및 책임 있는 마케팅 정도에 대한 평가

자료 : MSCI

ESG 투자 유형 살펴보기

ESG 철학으로 투자기업을 고르는 데는 네거티브 스크리닝, 포지티브 스크리닝 등의 여러 방식이 있어 이를 소개하고 넘어가고자 한다.

ESG 투자의 유형과 정의

유형	투자방식
네거티브 스크리닝(Negative / Exclusionary Screening)	특정 ESG 조건을 기준으로 부정적으로 평가되는 사업이나 기업을 포트폴리오에서 제외
포지티브 스크리닝(Positive / Best-in-class Screening)	ESG 성과가 우수한 사업이나 기업을 선정
규범기반 스크리닝(Norms-based Screening)	인권, 노동, 반부패 등 국제규범이나 표준을 기준으로 미달하는 사업이나 기업을 포트폴리오에서 제외
ESG 통합(ESG Integration)	재무적 성과와 ESG 등 비재무적 성과를 체계적/명시적으로 고려하여 투자대상 선정
지속가능테마(Sustainability Themed Investing)	청정에너지, 녹색기술, 기후 변화 등 지속가능성 문제를 해결하는 특정 테마나 자산에 투자
임팩트 투자 (Impact / Community Investing)	사회·환경적 문제해결을 목표로 지역사회 개선이나 사회·환경적 목적을 지닌 사업이나 기업들을 대상으로 투자
기업관여 (Corporate Engagement and Shareholder Action)	주주로서 ESG 가이드라인에 따라 경영진 대화, 주주제안, 의결권행사 등을 통해 기업경영에 관여하여 기업가치 제고

자료 : GSIA

네거티브 스크리닝 혹은 규범 기반 스크리닝은 ESG 가치

ESG 투자의 정석

에 부합하지 않는 종목 또는 산업을 투자유니버스에서 제외하는 방식이다. 주류, 담배, 카지노 등 사회적으로 부정적인 상품을 공급하는 기업(죄악기업)을 배제하거나, 반부패 등을 지향하는 UNGCUN Global Compact 10대 원칙을 위배하는 기업을 제외하는 것을 예로 들 수 있다. 예를 들어 FTSE가 배제하는 기업으로는 1) 성인 엔터테인먼트, 2) 주류 생산, 3) 담배 생산, 4) 핵무기, 생화학무기 생산, 5) 총기류 생산, 6) 원유 및 가스 시추, 7) 석탄 채굴, 8) 카지노, 9) 원자력발전 및 우라늄 채굴 등이 있다. 투자가능 종목군인 유니버스를 만들 때 제외하는 요건으로 많이 활용된다.

포지티브 스크리닝이란 동종업계 대비로 ESG 등급 레벨이 높거나 높아져 가고 있는 기업에 투자하는 방식이다. 일반적으로 ESG 등급이 개선되는 기업들은 기업가치가 개선되는 경향이 있다는 점에서 주식수익률이 높고 투자위험이 감소할 수 있어 투자자들의 많은 관심을 불러일으키고 있다.

ESG 통합투자방식이란 재무적 요인과 비재무적 요인을 동시에 고려하여 투자하는 방식이다. 전통적인 기업가치 평가방식에 ESG 위험요인이나 기회요인을 추가로 고려한 것으로, 기업가치 평가에 ESG 요인을 정량적인 방식으로 반영할 수도 있고 정성적으로 반영할 수도 있다. ESG 투자에서 가장 많이 활용하는 방식이다.

그 외에 ESG 테마투자는 신재생에너지 등 지속가능성과 관련된 특정 테마와 유관한 기업에 투자하는 방식이고, 임팩트투자는 수익창출의 목적보다는 사회공헌과 지속가능한 사회 달성을 위한 공익적 성격을 주목하는 투자이다. 그리고 주주참여방식은, 투자한 기업에 주주의 권리를 행사하여 기업이 ESG 이슈를 반영한 경영을 할 수 있도록 유도하는 방식이다.

뒤에서 상세하게 설명하겠지만 앞으로 이 책은 시대의 화두로 떠오른 ESG가 어떤 경로로 기업 활동에 영향을 미쳐서 매출과 영업이익을 올리고 주가 상승을 꾀할 수 있는지 그 구체적인 경로를 제시하는 데 주력할 것이다. 굳이 첨언하자면, ESG 통합투자방식과 ESG 테마투자철학이 반영되어 있는 독자적인 방식을 고안해서 채택했다.

그린워싱을 막자

그린워싱Green Washing은 실제로는 친환경적이지 않으면서도 친환경적인 것처럼 홍보하는 '위장환경주의'를 말한다. 최근에는 환경에 대한 소비자들의 의식도 크게 높아져 친환경 제품인 경우에는 가격이 비싸도 구매를 하는 경향이 커지고 있다. 이런 이유로 닳은 기업들은 실제로 따지고 보면 환경을 위하는 일이 아닌게도 마치 친환경적인 것처럼 포장하는 경우가 많은데, 이것이 위장환경주의의 사례이다.

금융시장에서 최근 인기를 끌고 있는 ESG 펀드도 체계적인 가이드라인과 규제가 없어서, ESG의 대명사인 블랙록이 팜유 공급 과정에서 환경을 파괴하고 농민의 땅을 약탈한 인도네시아의 팜유 생산기업 아스트라인터내셔널의 3대 주주라는 사실이 밝혀져 비난을 받기도 하였고, 또 일반 성장형 펀드와 마찬가지로 삼성전자와 같은 대형주 중심으로 운용한다는 점이 이슈가 되기도 하였다. ESG 투자의 정의도 명확하지 않아서, 어떤 펀드는 ESG 등급이 좋은 회사에만 투자하고 있고 또 어떤 펀드는 ESG 등급이 낮더라도 장기적으로 개선될 여지가 많은 회사에 투자하기도 한다. 이는 투자유형별 벤치마크의 개발과 ESG 데이터의 질을 높임에 따라 점차로 개선될 수 있을 것이다. 우리나라의 경우, 최근 발표된 K-ESG 가이드라인은 향후 평가기관 간의 편차를 줄여 주는 계기가 될 수 있을 것으로 기대된다. 이와 관련된 내용은 ESG ETF를 다룬 4부에서 후술하기로 한다.

RE100은 어려운 숙제

RE100Renewable Energy 100은 2050년까지 기업의 전력사용량 100%를 재생에너지로 충당하겠다고 선언한 글로벌 캠페인이다. 한국형 RE100은 2021년 시행된 이후 1년 만에 가입사가 74곳으로 늘었지만, 글로벌 RE100을 선언한 한국 기업은 14곳으로 미국과 일본 등 선도국에는 크게 못 미친다. 글로벌 RE100을 주도하는 더 클라이미트 그룹에 따르면 2022년 1월 기준 RE100에 참여하는 글로벌기업은 346개사에 달하는데, 346개사 중에 한국기업은 14개이며 미국은 88개, 일본은 63개 등이다. 현대차는 신청한 상황이고, 향후 국내 1위 기업인 삼성전자의 참여가 확정되면 국내 기업에 커다란 파급효과를 나타낼 것으로 예상된다. RE100은 완제품뿐 아니라 생산 단계의 부품들도 재생에너지를 사용해야 하는데, 우리나라는 한국전력이 생산한 전력을 원자력, 신재생, 화력 등으로 구분해서 팔지 않기 때문에 신재생에너지 발전사업자로부터 전력을 직접 구매하는 제3자 전력구매계약PPA, Power Purchase Agreement을 통해야 하는 어려움이 있다.

애플은 SK하이닉스에 RE100을 요구했고, BMW도 LG화학에 요구했으며, 삼성SDI는 RE100을 맞추기 위해 생산공

ESG 투자의 정석

장을 신재생에너지 사용이 가능한 해외로 옮기기도 했다. 국내에서 재생에너지발전을 확대하지 않으면 제조업체들은 해외로 옮길 수밖에 없는 상황이 된 것이다. 또한 원자력은 RE100에 포함되지 않으므로 기업들의 에너지는 풍력과 태양광이 큰 축을 차지할 것으로 보인다. 원자력은 Carbon Free이기는 하지만 신재생에는 포함되지 않는다는 점에서 그린택소노미에 포함되는 것과는 다른 개념이다.

ESG 투자의 관점 차이를 인정한다

ESG 생태계가 만들어지고 있다

　모든 생물은 생물들끼리 서로 영향을 주고받으며 살아 갈 뿐만 아니라 주위 환경들과도 유기적으로 영향을 주고받는다. 호랑이만 살 수도 없고 미생물만 살 수도 없다. 다양한 개체 간의 먹이사슬이 이루어져야한다. 생태계는 다양성이 이루어져야 지속가능하다. ESG도 다양한 주체들 간의 다양성과 이해관계의 균형이 이루어져야 오랜 기간 활성화될 수 있다. 최근 들어 ESG MBA, ESG 최고경영자과정 등 교육 과정뿐 아니라 ESG 컨설팅, ESG 펀드, ESG 등급 산정, ESG 관련 상품 개발 등 다양한 산업이 만들어지고 있다. 학계에서도 ESG와 재무성과와의 관계, ESG와 자산수익률과의 관계 등에 대한 연구가 활발하게 이루어지고 있고, 기업에서도 ESG 경영에 대한 관심이 높아지고 있다. 이처럼 ESG는 폭발적인 양적 성장이 이루어지고 있지만, 아직은 질적 성장을 위해서 많은 시간을 필요로 한다. 그린워싱, 그린플레이션 등 ESG 성장 및 발전 과정에서 발생되는 부정적 요인들이 나타나고 있지만 이 또한 지나갈 것이다. 특히 ESG에 대한 투자생태계상의 다양한 주체들이 각기 서로의 관점과 이해관

ESG 투자 생태계

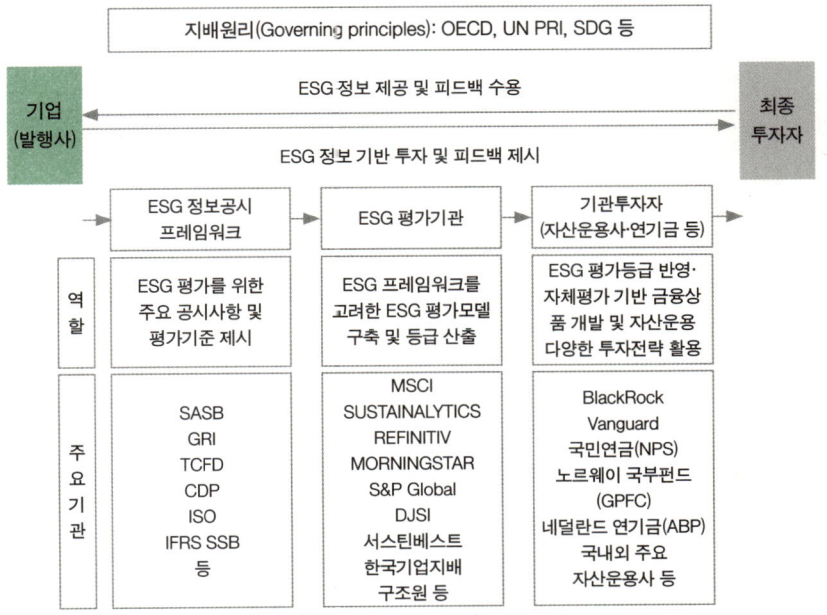

| 지배원리(Governing principles): OECD, UN PRI, SDG 등 |

ESG 정보 제공 및 피드백 수용

기업 (발행사) ←→ 최종 투자자

ESG 정보 기반 투자 및 피드백 제시

	ESG 정보공시 프레임워크	ESG 평가기관	기관투자자 (자산운용사·연기금 등)
역할	ESG 평가를 위한 주요 공시사항 및 평가기준 제시	ESG 프레임워크를 고려한 ESG 평가모델 구축 및 등급 산출	ESG 평가등급 반영·자체평가 기반 금융상품 개발 및 자산운용 다양한 투자전략 활용
주요 기관	SASB GRI TCFD CDP ISO IFRS SSB 등	MSCI SUSTAINALYTICS REFINITIV MORNINGSTAR S&P Global DJSI 서스틴베스트 한국기업지배 구조원 등	BlackRock Vanguard 국민연금(NPS) 노르웨이 국부펀드 (GPFC) 네덜란드 연기금(ABP) 국내외 주요 자산운용사 등

계가 다르기 때문에 문제가 발생하게 됨을 이해해서 본인의 목적에 맞도록 ESG 활동을 이루어 낸다면 점차적으로 균형 잡힌 ESG 생태계가 이루어질 것이다.

기업은 ESG를 어떻게 바라보는가

ESG에 있어서 가장 중요한 주체는 누가 뭐래도 기업일 것이다. ESG 경영은 기업이윤뿐 아니라 환경·사회·지배구조 개선의 가치까지도 고려해서 기업의 가치를 올리는 행위이다. 기업에게 있어 ESG 요인은 단기적으로는 비용증가가 부담이 될 것이다. 프랑스 최대 식품기업인 다농의 파베르 CEO는 지구와 자원을 보전한다는 목표를 갖고 기업의 사회적 책임을 강조하여 경영하였지만 실적부진과 주가폭락의 책임을 지고 사임했다. ESG 경영과 기업수익을 일치시키는 게 얼마나 어려운지를 보여 주는 대표적 사례로 평가된다.

철강회사가 탄소배출량이 많다고 갑자기 철강사업부를 없애는 것이 답이 될 수도 없고, 근로자 복지수준을 높이기 위해 감당하기 어려운 수준의 급여인상을 할 수도 없다. 기업은 기존의 비즈니스모델과 사회적 요구수준의 절충점을 찾는 노력을 해야 할 것이다. ESG 관련 신성장사업을 추가

ESG 투자의 정석

하고, 이해관계자들의 비용 일부를 내재화하며, 장기적으로 지속가능한 성장을 만들어 나가기 위한 목표를 설정해야 한다. 그리고 가장 중요한 점은, 이러한 ESG 비전과 경영이 투자자들에게 어떤 성과물로 작용할 수 있는지를 설명할 수 있어야 한다. 최근의 기업설명회에서 한 대기업의 ESG 관계자는 온실가스 감축을 언제까지 얼마나 할 것인지, 사회적 책임 활동을 어떻게 할 것인지, ESG 위원회를 어떻게 구성할 것인지 등의 다양한 ESG 활동에 대한 정보를 제공해 주었다. 그리고 대부분 기업들의 ESG 활동보고는 큰 차별성이 없다.

투자자들이 진정으로 궁금해하는 것은 기업들이 ESG 활동을 통해 투자자에게 어떤 투자효과를 줄 수 있는가 하는 점인데, 이에 대해 구체적으로 설명해주는 곳은 매우 적다. 기업들은 정부, 언론, 연기금, ESG 평가기관들로부터 나쁜 평판을 받지 않기 위해 방어적 프레임만을 만들 뿐이다. 국내의 한 대기업의 경우 이사회 내에 ESG 위원회를 만들었는데 위원장부터 위원까지 모두를 전직 고위경제관리, 검찰총장 등 ESG와 전혀 상관없는 인사들로 채우기도 했고, 또 단순한 직원 봉사활동이나 잔반 줄이기 등 당연히 해야 할 일을 하면서도 ESG 활동을 했다고 홍보하는 곳도 많다.

투자자들이 바라보는 ESG

연기금과 같은 장기투자자의 목적은 자산의 장기듀레이션을 맞추어 위험조정수익률을 극대화하는 것이다. 이를 위해 투자자산인 기업들에 ESG 요소를 반영하면 기업파산 같은 테일리스크Tail Risk를 축소할 수 있고, 자산 간 상관관계를 낮추어 포트폴리오의 위험대비수익률을 높일 수도 있다.

연기금들은 운용 규모나 사회적 영향력이 크기 때문에 기관 내부의 평가지표를 만들어 기업들의 ESG 경영을 유도하고 있다. 현재 대부분의 장기투자자들은 ESG 투자를 스마트베타의 한 요소로 반영하여 운용하고 있다. ESG 투자를 팩터요인으로 보아 일반형, 중소형주형, 배당형, 가치형 등과 같은 ESG 스타일의 주식형 펀드로 분류해서 외부 위탁자금을 자산운용사에 위탁운용시키고 있다. ESG 투자가 팩터요인으로 작동하기 위해서는 기준 벤치마크를 장기적으로 초과할 수 있어야 한다. 즉 각각의 ESG 벤치마크가 MSCI, FTSE, KOSPI 등 기준지수를 장기적으로 유의미하게 초과할 수 있어야 한다는 의미이다. 국민연금을 제외한 대부분 연기금의 책임투자펀드의 벤치마크는 KOSPI를 기반으로 이루어지고 있다. 이러한 문제점으로 연기금의 책임투자 확대계획에도 불구하고 연기금 책임투자 펀드가 대거 환매되기도 했

ESG 투자의 정석

고, ESG 펀드와 일반 성장형 펀드와의 포트폴리오차이가 없어지는 현상이 나타나기도 했다. 지금은 우리나라의 ESG 투자가 과도기이기 때문에 팩터요인 방식의 ESG 투자가 주를 이루고 있지만, 장기적으로는 투자기관이 투자하는 모든 자산의 기업가치 평가에 ESG 요소를 반영하는 것이 기본사항이 될 것이라 보인다.

투자주체별 ESG 목표

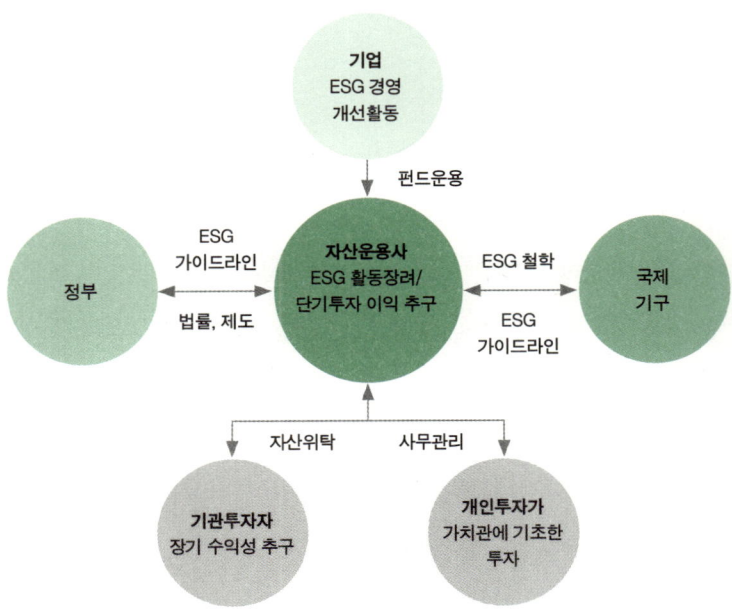

단기투자자의 목적은 ESG와 관련된 테마투자가 중심이 되고 있다. 전기차가 확대됨에 따라 2차전지 투자가 확대되는 기업에 투자를 한다든지, 정부의 ESG 정책에 따른 수혜기업에 투자를 하는 방식이다. 향후의 미래는 이산화탄소 감축을 위한 환경과 에너지산업이 확대되고 사회적 기여를 하면서 이익을 창출하는 기업을 우대하며 소수 주주에 대한 약탈을 막기 위한 법과 제도가 강화됨에 따라 ESG 요소가 주가에 호재로 작용하는 일이 많아질 것이므로 관련된 투자 기회가 크게 늘어날 것으로 예상된다.

공공기관도 ESG를 한다

정부나 공공기관은 ESG 생태계가 시장메커니즘을 통해서 잘 유지될 수 있도록 관리하는 역할을 해야 한다. 최근 금융 공기관이사회에서는 중장기 경영목표 안에 ESG 경영계획이 포함된 안건을 토의한 바 있다. 당시 사외이사들은 사기업에서 환경과 사회적 가치를 고려한 경영이 이윤창출에 도움이 된다고 하여 ESG 경영 개념을 쓰고 있다면서, 본질적으로 이윤추구가 목적이 아닌 준정부기관에는 ESG 용어 사용이 어울리지 않는다고 지적했다. 준감독기관에서 ESG를 어떻게

ESG 투자의 정석

활용할지에 대해 고민이 필요하다는 의미였다. 공공기관 입장에서 ESG는 남용하기 좋은 단어임에 틀림없으며, ESG라는 단어가 무비판적으로 남용되고 있는 현실에 대해 고민해봐야 한다는 지적이었다. 홍보와 마케팅 목적만으로 ESG를 쓰는 공공기관의 그린워싱 사례라고 할 수 있을 것이다.

그러나 공공기관은 설립목적과 ESG 경영 및 투자생태계에 기여할 수 있는 위치에 있다는 점에서 ESG 역할에 대한 방법론을 정교하게 정의해 나가야 한다. 물론 기업들이 자발적으로 ESG 활동을 하는 것도 중요하지만, ESG의 핵심은 이를 평가해서 성과가 미흡할 경우 기업 이윤에도 직접적으로 영향을 줄 수 있는 시스템을 구축하는 것이므로 공공기관의 역할은 중요하다. ESG는 비재무적 요소이기 때문에 평가하기가 어렵지만 이를 계량화하려는 노력을 통해 투자자들이 기업투자를 결정할 때 구체적으로 활용할 수 있도록 도와줄 수 있어야 할 것이다.

정부기관들의 역할이 중요하긴 하지만, 자신들이 직접 ESG 활동을 하거나 과도한 규제를 통해 관리감독하기보다는 기업이나 금융사들이 ESG를 제대로 펼쳐나갈 수 있도록 유도하는 데 집중을 해야 할 것이다.

PART 2

ESG는 미래경제를
어떻게 바꾸는가?

예정된 미래가
다가오고 있다

ESG는 불균형 문제의 해결사

기후변화, 자본주의사회의 불균형 심화, 기업지배구조의 문제 등 다양한 모순을 해결해야 한다는 시대적 요구가 ESG 개념을 발전시키고 있다. 특히 COVID-19 이후 모든 불균형 지표는 악화되고 있다. 소득하위계층, 중소기업 등 사회적 약자들의 취약성은 개선세가 미미한 반면 소득상위계층, 대기업 및 플랫폼산업 등은 독점이익을 크게 증가시키고 있다. 이러한 문제를 완화시키기 위해서는 법과 제도라는 강제적인 방법보다는 시장메커니즘인 ESG라는 도구를 활용하는 것이 유용하다. 환경(E)은 선진국과 개발도상국, 현재세대와

ESG의 상생역할

선진국	환경	개발도상국
현재세대	(Environment)	미래세대
기득권자		피기득권자
사용자	사회	근로자
대기업	(Social)	중소기업
지배주주	지배구조	소수주주
	(Governance)	

가계소득분위별 소득증가율

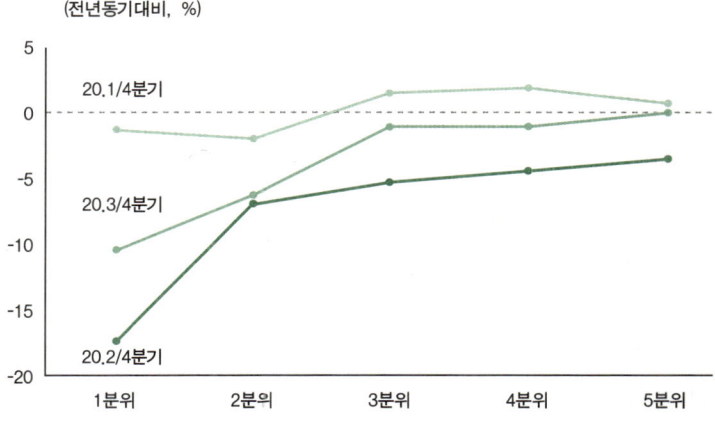

(전년동기대비, %)

주: 1) 전국 2인 이상 가구, 근로사업소득 기준   자료 : 한국은행, 통계청

미래세대 사이의 외부적 불경제를 해소하는 상생의 도구로 활용할 수 있고, 사회(S)는 기득권자와 피기득권자, 사용자와 근로자, 대기업과 중소기업 간의 불균형을 완화시키기 위한 상생의 도구가 될 수 있다. 또한 지배구조(G)는 지배주주와 소수주주 간의 차별적 기업가치 귀속을 합리적으로 개선해야 한다는 면에서 상생의 수단이 될 수 있다. 굴곡은 있겠지만 상생의 개념에서 기업의 ESG는 장기적으로 성장할 것이기 때문에 우리 투자자들은 항상 시장의 관점에서 ESG 요인의 지속가능성이 높은 분야에 적극적으로 투자하여야 할 것이다.

극단화된 주주자본주의는 소비자를 속이고 소액주주와 근로자를 착취하며 협력업체에게 납품단가 인하Cost Reduction를 강요한다. 주주자본주의에서 이해관계자 자본주의로의 전환 요구가 확대되면서 왜곡된 자본주의의 본질을 회복해야 한다는 소리가 높아지고 있다. 코로나 위기 속에서 자사의 유제품이 코로나에 효과가 있다고 소비자를 속인 남양유업, 스톡옵션 행사 제도를 악용해 CEO 등이 주식을 과도하게 매도한 카카오페이 등의 행동은, 법상으로는 문제가 없을 수 있지만 이해관계인들에게 피해를 끼쳤다는 점에서 과거보다는 엄격한 잣대로 평가받을 수밖에 없다. ESG를 통해

트레이드오프Trade-Off 관계인 단기이익과 장기이익의 균형
을 맞추기 위해서는 ESG 주체 간의 양보와 노력이 필요하다.

좌초자산 문제를 해결해야

좌초자산Stranded Asset이란 과거에는 경제성이 있어 투자
가 이루어졌으나 시장환경이 변화함에 따라 가치가 하락하
고 부채가 되어버린 자산을 의미한다. IEA(국제에너지기구)는
이미 투자되었고 수명은 다하지 않았으나 더 이상 수익을 내
지 못하는 자산으로 정의한다. 기존 탄소시대에 유용하게 쓰
였으나 환경의 변화로 인해 자산가치가 떨어져서 상각되거
나 부채로 전환된 자산을 기반으로 하는 산업, 즉 화석연료
에 기반을 둔 정유, 석유화학, 조선, 자동차산업과 온실가스
대량배출산업인 철강, 시멘트, 플라스틱 산업이 이 범주에
속한다. 앞으로 탄소배출산업은 빠르게 사라질 수밖에 없지
만 아직도 탄소배출산업의 규모는 엄청나게 크다. 세계 온실
가스 배출량의 42%는 석유, 가스와 관련이 있고, 현재 매물
로 나온 글로벌 석유기업의 자산규모도 1,400억 달러에 달한
다. 좌초자산에 대한 질서 있는 퇴출을 준비해야 할 시기이
다. 미리 준비하는 국가와 기업만이 ESG 시대에 생존가능성

을 높일 수 있다.

　기업뿐 아니라 좌초자산을 보유한 국가들도 다가올 미래에 대해 큰 걱정을 하며 대안을 만들고자 노력하고 있다. 석유산업으로 부귀영화를 누려온 사우디아라비아, UAE 등 중동 산유국들이 최근 들어 석유산업에서 벗어나려고 노력하는 역설적 상황이 발생하고 있다. 석유로 벌어들인 돈을 수소, 태양광, 풍력 등 신재생에너지에 투자하고 있는 것이다. 중동 산유국들도 화석연료시대 이후를 대비해야 한다는 것을 잘 알고 있기 때문에 국가사업구조의 탈석유화를 위해 속도를 높이고 있다. 사우디아라비아는 선진국들보다 많이 늦은 2080년까지 탄소중립을 달성하겠다는 목표를 발표하고, 2030년까지 전력생산량 대비 신재생에너지 비율을 50%까지 확대하기 위하여 현재 310MW 수준인 재생에너지 생산 용량을 2030년 당해까지 58.7GW로 증가시킬 계획을 갖고 있다. 중동 국가들은 연평균 일사량이 $1m^2$당 5,700~6,700Wh에 달하는 세계 최고 수준의 태양광발전 조건을 갖고 있어 탈탄소시대에도 에너지 헤게모니를 지닐 수 있는 준비가 되어 있다. 특히 사우디아라비아는 수소와 암모니아가 에너지를 저장할 수 있다는 특징을 이용하여 수소를 신재생에너지 전략의 핵심으로 지정해서, 사우디아라비아 북서부의 네옴

시티에 태양광, 풍력만을 이용해서 바닷물을 수전해 방식으로 분해하여 그린수소를 생산하는 프로젝트를 진행하고 있다. 그들은 일 650톤의 그린수소, 연 120만 톤의 그린암모니아를 생산해서 세계 최대 수소수출국이 되겠다는 야심을 갖고 있다. UAE도 'UAE 에너지전략 2050'을 통해 2050년까지 청정에너지 발전 비율을 50%까지 확대하고 탄소배출량을 70% 저감하고자 한다. 에너지패러다임 전환 시대에 좌초자산보유국들은 생존을 위한 대응을 하고 있는 것이다.

우리나라는 제조업을 기반으로 성장했기 때문에 좌초자산을 보유한 기업들이 많다. 과거에 우리나라 발전에 기여했고 지금도 우리나라 경제의 주축인 제조업은 2050년까지 산업의 구조적 변화가 불가피하다. 2020년 기준으로 한국전력(1억 8,143만 톤), 포스코그룹(8,534만 톤), 현대차그룹(3,189만 톤), SK그룹(2,835만 톤), 삼성그룹(1,901만 톤) 등 대기업집단이 온실가스배출 상위그룹을 형성하고 있어, 이들의 감축 노력은 불가피하다. 제품생산에 많은 온실가스를 배출하는 자산의 문제를 친환경에너지 도입과 그린자산으로의 전환을 통해 대응해야 할 것이다.

산업적으로 좌초산업의 대표 격인 철강산업의 경우 전 세계 철강업체들이 탄소중립을 실현하기 위해서는 많은 비용 지불을 필요로한다. 블룸버그 에너지데이터연구소 보고서에 따르면 글로벌 철강업계가 탄소중립을 위해서는 2050년까지 총 2,800억 달러(약 336조 원)의 자본투자를 감당해야 한다고 한다. 철강업계에서 내뿜는 온실가스는 전 세계 배출량의 7%를 차지하고 있다.

포스코의 경우 그동안은 미세먼지 저감에 많은 투자를 하다가 탄소감축으로 목표가 바뀌면서 철 생산과정에서 석탄 대신 수소를 활용하는 수소환원제철법 기술개발에 30~40조 원을 써야 한다. 수소환원제철법의 기술상용화에 성공하면 탄소배출 감축 규모를 크게 늘릴 수 있겠지만, 그게 안 되면 매출을 줄이는 것 외에는 감축 여력이 크지 않다. 재활용 비율의 제고와 수소환원제철법의 도입 등을 통해 2050년까지 탄소중립 실천을 목표로 하고 있으나, 철강 생산량의 약 69%가 석탄을 연료로 사용하고 있고 수소환원제철법 등의 신기술도 아직 완성도가 높지 않기 때문에 아직 많은 문제들이 남아 있다. 프랑스의 아르셀로미탈은 스페인에 수소환원 기술을 일부 적용한 최신 제철소를 짓고 있는데, 탄소세 부과 등으로 철강 수입비용을 높여 신기술 적용으로 발생되는 높은 생산비를 감당하고 가격경쟁력을 유지하는 전략을 쓰고 있다.

ESG 투자의 정석

내연기관차설비도 마찬가지의 좌초자산이 될 것이다. 특히 환경오염 유발도가 높은 디젤차의 2021년 판매량을 보면, 아직도 전체 자동차 판매량의 25%를 차지하고 있기는 하지만 2015년 45.9%, 2020년 31.2%로 지속적인 하락세를 보이고 있다. 최근 들어서는 소비자들이 자발적으로 소비활동에 ESG 요소를 반영하고 있어 기존 자동차 업체들은 친환경차량으로의 전환 속도를 높여 자산들의 좌초화에 대비해야 할 것이다. EU는 2035년, 영국은 2030년부터 내연기관 신차 판매를 금지했고, 프랑스는 2040년부터 가솔린, 경유차 판매를 금지했으며, 네덜란드는 2030년부터 순수전기차의 판매만을 허용한다고 발표했다.

주요 좌초자산인 정유화학산업을 주력 매출로 하고 있는 SK이노베이션도 그린산업으로의 매출구조 변화를 위해 투자를 빠르게 확대하고 있다. 그들은 현재 94%를 점하고 있는 좌초자산을 통한 매출비중을 30% 이하로 축소할 것을 목표로 하고 있다.

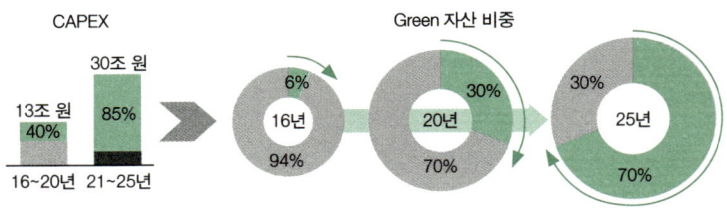

SK이노베이션의 파이낸셜 스토리

CAPEX

13조 원
40%

30조 원
85%

16~20년 21~25년

Green 자산 비중

6%
16년
94%

30%
20년
70%

30%
25년
70%

자료 : SK이노베이션

　개인사업자들의 좌초자산으로는 주유소가 있다. 주유소 폐업에는 시설물제거비용과 토양오염정화비용 등의 비용이 들기 때문에 많은 주유소들이 폐업 후 방치되고 있다. 거리 제한 완화 및 철폐, 알뜰주유소 도입 등으로 기존 주유소들은 수익성이 급격하게 나빠졌다.

　과거에는 주유소를 경영하는 사업자들은 지역유지급의 알부자로 평가받았는데, 경쟁 심화와 규제 강화로 인해 빠르게 수익이 낮은 자산보유자로 바뀌어 갔다. 정부 지원이 늘어난 알뜰주유소가 전체 주유소의 10% 수준인 1,200여 개로 증가함에 따라 기존 주유소들은 인건비 절감을 위해 셀프주유소로 전환하는 대응을 하였고, 이에 2011년 352개였던 셀프주유소는 2021년 4,745개로 급증하였다. 좌초자산을 보유한 기존 주유소주인들은 경영을 유지할 수도, 폐업할 수도

　　　　　　　　　　　　　　　　　　　ESG 투자의 정석

없는 상황에 직면하게 된 것이다. 미국, 일본, 유럽 등 선진국도 1990년대에 주유소 휴폐업 문제를 겪었는데, 미국의 경우 주정부가 석유 제품과 지하저장탱크 사업자들이 환경기준 요건을 충족할 수 있도록 금융지원 프로그램을 지원함으로써 개인사업자들의 파산 위험을 완화시키는 정책을 시행했다. 사업의 실패는 원칙적으로 사업자에게 있지만, 정부도 좌초자산 문제를 개인에게만 맡기지 말고 연착륙할 수 있도록 지원해야 할 것이다.

사회적 비용은 누가 부담하나

ESG 확대에 따른 적절한 사회적 비용 부담 구조를 갖추어야 지속가능성을 유지할 수 있다. IEA(국제에너지기구)의 국가별 가정용 전기요금 자료에 따르면 2021년 한국의 가정용 전기료는 kWh당 8펜스로 OECD 주요국 중 가장 저렴한 국가이다. 가장 비싼 국가인 독일은 27펜스로 한국의 3배 수준이다. 산업용 전기요금은 이탈리아가 kWh당 14.5펜스이고, 한국은 7.5펜스로 가장 저렴하다.

2021년 전기 도매가격과 한전 분기별 영업실적

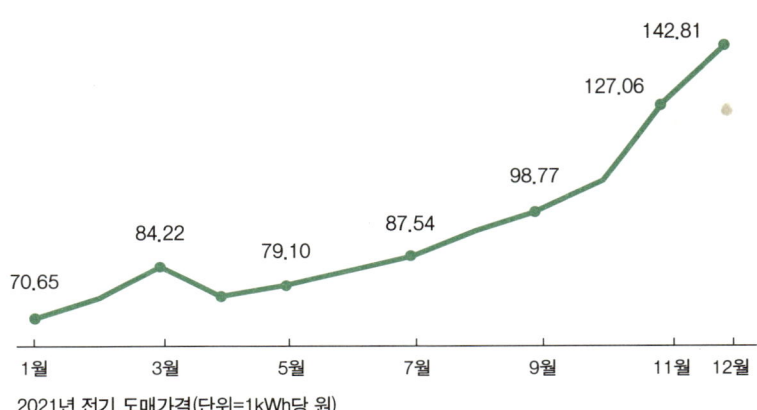

2021년 전기 도매가격(단위=1kWh당 원)

한전 분기별 영업 실적(단위: 억 원)

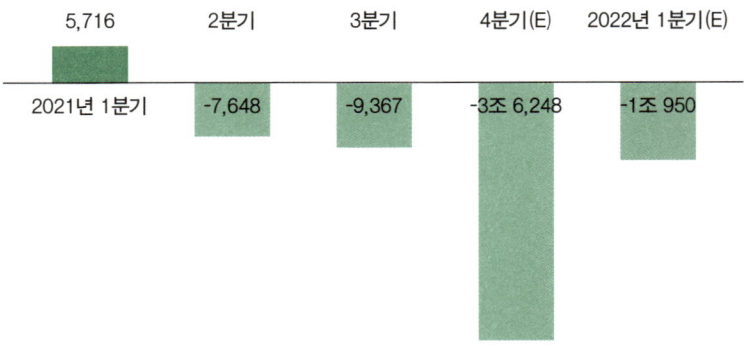

자료: 에프엔가이드

ESG 투자의 정석

우리나라의 가정용 전기요금은 산업용 전기요금 대비로 2 배가량 비싸다. 에너지발전 측면에서 우리나라의 발전 단가 는 2021년 기준 연료원별 1kWh당 유연탄 95원, 원자력 33 원, LNG 125원, 태양광 100원(REC 등 부대비용 제외)이고, 부 대비용을 감안하면 태양광은 원자력 대비 6배 수준이다. 즉 현재 우리나라는 원전 사용율이 높아 전기생산 단가가 독일 보다 낮다는 의미이다. NDC(국가온실가스 감축 목표)에 따라 에너지믹스가 바뀐다면 2030년 한국 소비자의 전기요금은 2024년 대비 24% 증가할 것으로 전망된다. 상대적으로 발전 비용이 비싼 재생에너지 비중 확대로 전력비가 늘어나고, 재 생에너지의 불안정성 문제 해결을 위한 송배전망 투자까지 확대되면 전기요금이 많이 인상되는 것은 불가피하다. 게다 가 정부는 전기를 많이 사용하는 수출제조업에 가정용 전기 요금의 절반에 해당하는 혜택을 주면서 경제를 부양해 왔다. 만일 독일 수준까지 전기요금이 현실화되면 산업용 전기요 금에 주는 혜택도 지속가능하지 않고 가정용 전기와의 형평 성 문제가 불거질 수밖에 없다.

실제 신재생에너지의 경우 발전량의 변동 폭이 커서 설비 용량의 90% 이상을 발전할 수 있는 원자력, 석탄, 액화천연 가스 등과 달리 발전설비의 20~30%가량만 발전이 가능하다. 하지만 발전효율이 높을 때를 기준으로 계통망을 구축해야 하기 때문에 신재생설비는 동일 발전량의 기존 발전원 대비 3배 이상의 선로가 필요하고, 그만큼 계통망 구축 비용이 크게 증가할 수밖에 없다. 계통망 구축 비용도 대부분 한국전력이 부담하는 구조인데, 한전의 재무제표를 보면 2021년 영업손실 규모는 5.8조 원, 예상부채 규모는 67조 원에 달한다. NDC 상향에 따라 계통망 구축에만 기존 계획 대비 64% 이상 추가 지출이 필요하다. 신재생의 발전 간헐성을 보완해주기 위해 에너지를 저장할 수 있는 ESS 구축계획을 밝혔지만 NDC 상향에 따라 ESS 구축 비용은 수조 원이 추가된다. 전기료 인상 없이 한전에 전기요금 부담을 전가하는 방식은 지속가능하지 않다는 것이 너무도 당연하다.

주물, 열처리 등 기초산업 중소기업은 매출원가의 15%가 전기요금이다. 현대제철 같은 대형철강회사의 경우 연간 1조 원의 전기요금을 부담하고 있고, 향후 1,000억 원 이상의 부담이 추가된다. 비싼 전기요금 탓에 데이터센터 등 해외투자와 시설유치에도 어려움을 겪을 수 있다. 기저발전인 원전 이용률이 낮아짐에 따라 LNG 발전 비율은 22%에서 26%로, 재생에너지는 3%에서 7%로 증가했다. 서울대 원자력정책센터가 발표한 2050년 에너지믹스보고서에 따르면 2050

년 재생에너지 비율을 50%까지 늘리고 원전 13기를 새로 건
설해서 원전발전 비율을 34% 정도로 유지한다면 발전 비용
은 41~49조 원 증가하고 1인당 전기요금은 50~61% 오른다
고 한다. 반면 재생에너지 비율을 80%로 늘리고 탈원전정
책을 추진할 경우 73~96조 원이 추가돼 전기요금 인상률은
91~123%로 뛴다고 한다. 사용자가 전기요금의 급등을 받아
들일 것인지, 원전을 확대해서 전기요금의 상승을 억제할 것
인지, 사회적 결정을 내려야만 한다.

2021년 발전공기업 6사의 발전원별 당기순이익

	석탄	LNG	신재생	원자력
남부발전	212	-178	50	
동서발전	649	-251	-30	
남동발전	45	113	-1,302	
중부발전	1,066	-1,364	-86	
서부발전	843	-674	-697	
한국수력원자력				8,125
합계	2,815	-2,354	-2,065	8,125

자료: 언론보도 종합

2021년 말 우리나라에서는 요소수대란이 발생했다. 국내
에서 요소수에 사용되는 요소의 양은 연간 10만 톤 미만에
불과하다. 2020년 한국의 요소 총 수입량은 83.6만 톤에 달

했는데, 이는 대부분 비료용이며 수입량의 66%는 중국산이다. 중국의 석탄화학산업에서 탄소배출량이 가장 많은 분야는 석탄으로 요소를 만드는 것인데, 중국 화학산업 전체 배출량의 41%에 달한다고 한다. 과거 우리나라도 요소를 생산했지만 중국보다 원가를 낮출 수 없어 10여 년 전에 생산을 중단했다. 요소를 천연가스로 만들면 석탄으로 만드는 것에 비해 생산단가가 비싸지기 때문이다. 향후로는 이산화탄소의 배출에 대한 탄소 발자국을 추적하여 탄소국경세도 도입될 것이다. EU가 수입에 내재된 이산화탄소에 톤당 36달러를 부과하면 1.6%의 추과 관세부가 효과가 발생된다. 철강, 시멘트, 전력, 알루미늄, 비료 등의 제품에 중국은 13조 원, 한국은 1조 원 수준의 탄소국경세가 적용된다는 것이다.

언제까지 단가 문제, 탄소배출 등의 이유로 환경유해산업을 저개발국가에 의존할 수는 없다. 친환경 생산방식으로 고비용을 내재화할 수 있어야 진정하게 지속가능성을 갖출 수 있을 것이다.

탄소의 사회적 비용이란 1톤의 탄소(이산화탄소)배출에 대해 사회가 1년 동안 부담해야 하는 비용이다. 탄소세, 배출권 거래제 등 탄소감축 정책을 수립하기 위한 기준으로 오바마 정부에서 36달러로 정해졌던 탄소의 사회적 비용은 트

ESG 투자의 정석

럼프 정부에서 7달러까지 내려갔다가 바이든 정부 들어 다시 51달러로 상향되었다. 정부의 보조금 정책은 일시적이어야 하고, 과도하면 부작용이 발생한다. 탄소의 사회적 비용을 부담하기 위해 정부가 보조금을 과도하게 지급하게 되면 탄소감축을 위한 시장의 혁신 아이디어가 위축될 수 있다는 문제점이 있기 때문이다. 시장메커니즘 내에서 각 주체 간의 합리적인 비용부담 방법을 만들기 위해 노력해야 할 것이다.

기초연금 고갈과 인구고령화도 큰 문제다

우리나라 국민연금은 지속가능성을 의심받고 있다. 기금운용과 관련하여 국정감사 때마다 수익률을 1% 올리면 30년 더 지속가능하다는 이야기를 한다. 하지만 연금과 관련해서는 기금수익률보다는 근본적으로 연금의 구조에 문제가 있다. 단순하게 계산하면 2020년 기준으로 공무원연금과 군인연금의 국가부채는 1,045조 원이다. 1년 동안 100조 원이 증가했다. 국민연금의 미적립부채도 한 해 순증액이 50조 원이다. 2020년 말 기준 국민연금의 적립금은 830조 원인데, 미적립부채가 1,500조 원이다. 미래의 국민연금 수급자들에게 돌려주겠다고 약속한 연금액이 2,300조 원이라는 이야기이다. 이렇게 시간이 흐르면 2041년 국민연금의 적립금은 1,778조 원에 달한 후 2057년에 고갈되는 시나리오이다. 2057년 급여지출로 410조 원이 지급되고, 2088년까지 국민연금의 누적적자는 1경 7,000조 원이 될 것이라고 한다. 지금 국민연금의 830조 원 기금자산은 잉여자금이 아니라 부채일 뿐이다. 노인세대는 더 받고 미래세대는 덜 받아야 하는 구조는 지속가능하지 않다.

연금고갈 문제는 저출산, 고령화도 원인이다. 1970년의 출생아수 100만 명, 출산율 4.5명인 데 반해 2020년 출생아수는 27만 명, 출산율 0.84명이다. 수급 인구는 늘고 보험료 납부 인구는 감소하니까 연금기금은 당연히 감소한다. 한국은 고령화 속도가 빠르고 노인빈곤율은 높으며 공적·사적 연금이 노후소득보장 기능을 제대로 하지 못하고 있다. 한국의 노인빈곤율은 40%로 OECD 37개국 중 1위였고, 65세 이상 고령인구의 비중은 올해 기준 17%로 G5보다 낮지만 2025년에는 20%로 미국(19%)을 제치고 초고령사회에 진입하게 되며 2045년에는 37%로 세계 1위인 일본(36.8%)도 추월할 것으로 보인다. 노후생활의 주요 소득원을 비교한 결과 한국은 국민연금, 기초연금 등 공적 이전소득(25.9%)의 비중이 G5 평균(56.1%)보다 크게 낮고, 사적연금이나 자본소득과 같은 사적 이전소득(22.1%)의 공적 연금 보완기능도 약하다. 한국의 연금수급 개시연령은 현행 62세에서 2033년 65세로 늦춰질 예정이지만 G5 평균(65~67세 → 67~75세 상향 예정)에 비해 여전히 빠른 수준이다. 한국의 보험료율은 9%로 G5 평균(20%)의 절반 수준이다. 최대치를 받을 수 있는 기본연금액에 필요한 가입기간도 20년 이상으로 G5 평균(32년)보다 짧다. 15~64세 인구 중 사적 연금 가입자의 비율도 한국은 17%로 G5 평균 55%를 한참 밑돌고 있다. 기후와 환경에서만 불편한 미래가 다가오고 있는 것이 아니라, 연금과 인구 고령화 문제도 기후와 환경 못지않게 우리나라의 생존을 위협하고 있는 것이다. ESG의 관점에서 보면 지속가능성 있는

국민연금 적립금 전망

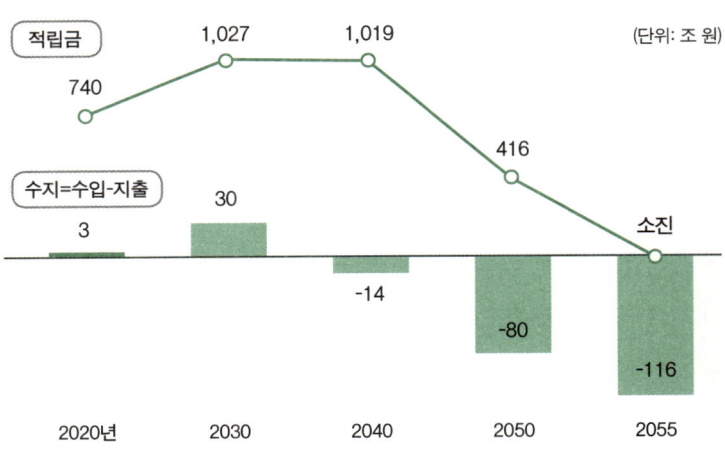

자료: 국회예산정책처

연금제도를 유지하기 위해 세대 간의 합의를 통해 균형점을 찾아야 할 가장 중요한 과제는 연금구조일 것이다.

세계는 기후문제 해결을 위해 환경투자를 할 수밖에 없다

2021년 COP26(UN 기후변화협약 당사국 총회) 이후 EU는 그린택소노미* 초안을 발표하며 ESG 관련 행보를 확대하고 있다. 탄소악당으로 불리는 중국도 '산업그린화 발전 14.5(2021~2025년) 계획'을 발표해서 탄소 및 오염물질 배출 저감 등의 목표 아래 산업구조 및 생산방식의 친환경·저탄소로의 전환 방안을 제시했다. 미국에서는 Build Back Better Act(BBB 법안)를 통해 ESG 투자를 본격화하고자 한다.

그린택소노미(Green Taxonomy): 환경적으로 지속가능한 경제활동의 범위를 정한 것으로, 원자력과 천연가스의 포함 여부에 대한 논쟁이 치열하다.

현재 전 세계적으로 500억 톤의 온실가스가 배출되고 있는데, 그 중 75%가 화석연료 사용에 기인한다. 2019년 기준으로 전 세계 전력생산의 에너지원별 비중은 석탄(37%), 가스(24%), 석유(3%), 원자력(10%), 수력(15%), 풍력(5%), 태양광(3%)순으로 구성되어 있어 탄소에너지 사용 비중이 월등하게 높다. 산업화 이전 지구의 이산화탄소 밀도는

ESG 투자의 정석

260~280ppm 수준이었으나, 최근 100년 사이에 400ppm을 넘어섰다. 이런 추세면 2100년에는 900ppm에 도달하게 되고 지구의 평균온도도 4.8도 더 높아진다고 한다. 이를 막기 위해 2030년까지 이산화탄소 배출량을 45% 감축하고 2050년까지 탄소중립을 이루어 평균온도 상승을 1.5도 수준으로 억제해야 한다는 전 세계적인 공감대가 형성되기에 이르렀다. 앞으로 관련된 많은 투자가 이루어질 것이다.

국가별 이산화탄소 배출량은 중국(117억 톤), 미국(58억 톤), 인도(33억 톤), 러시아(20억 톤) 등이며 우리나라는 7억 톤으로 세계 13위 수준이다. 그러나 1751~2017년까지 에너지소비로 인한 역사적 누적배출량은 미국(25%), EU(22%), 중국(12.7%), 러시아(6%), 일본(4%) 등이고, 우리나라는 1.2% 수준에 불과하다.

2019년 독일의 탄소배출량은 7억 톤으로 90년 10.5억 톤 대비 33% 감축했다. 2030년의 목표를 달성하기 위한 추가 탄소감축폭은 32%이다. 일본은 2013년 13억 톤에서 2019년 12억 톤으로 15.8% 감축하였고, 2019년 대비 36%를 줄여 2030년 목표를 달성하려고 한다. 반면 한국은 40%의 저감목표를 10년 내에 달성해야 한다. 독일과 일본은 구조적으로 석유화학 등의 산업비중을 줄이며 탄소감축이 이루어지고

2019년 전 세계 전력생산 에너지원별 비중

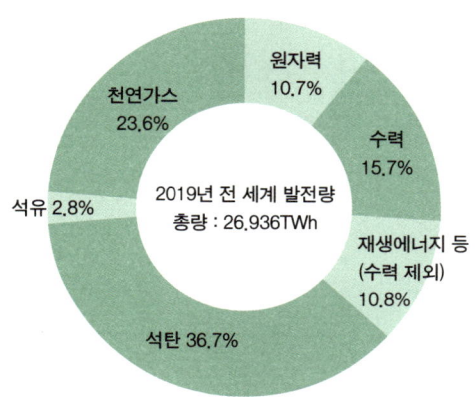

천연가스 23.6%

원자력 10.7%

수력 15.7%

2019년 전 세계 발전량
총량 : 26,936TWh

석유 2.8%

재생에너지 등
(수력 제외)
10.8%

석탄 36.7%

2020년 국가별 에너지원 비중 (단위 : %)

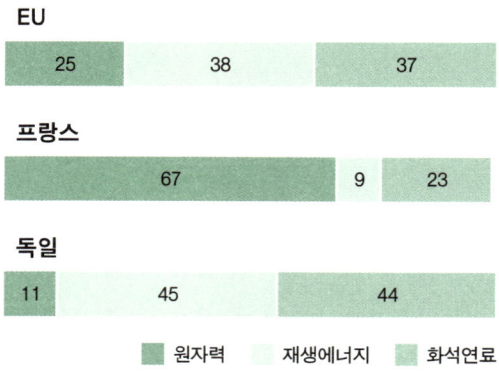

EU

25 | 38 | 37

프랑스

67 | 9 | 23

독일

11 | 45 | 44

■ 원자력 □ 재생에너지 ■ 화석연료

자료 : 영국 기후 싱크탱크 엠버

ESG 투자의 정석

있는 상황이지만 한국은 탄소배출이 증가하는 구조에서 이를 반전시켜야 하기 때문에 어려움이 가중된다. 2019년 반도체 불황, 2020년 COVID-19 유행으로 탄소배출이 소폭 줄기는 했지만 일시적인 상황이기 때문에 탄소배출 감축과정에서 발생하는 GDP 성장의 훼손을 어떻게 대응할지 묘수를 찾아야 한다.

중국은 2060년 넷제로를 달성한다는 목표를 제시하였지만 2030년까지 탄소배출 감축폭은 제시하지 않았다. 2030년까지 탄소배출량이 정점을 찍고 떨어지도록 하겠다는 모호한 입장이다. 또 하나의 탄소악당인 인도는 2030년까지 단위 연료당 탄소방출량인 탄소집약도를 현재의 최대 55% 수준까지 낮추고, 재생에너지 비중도 50%까지 늘리겠다고 했다. 브라질도 2030년까지 2005년 대비 절반으로 줄이겠다고 목표치를 제시했다. 국가들이 처한 상황에 따라 목표기간과 방법은 다르지만 신재생에너지를 크게 늘리고, 탄소배출산업을 급격하게 줄여야 한다는 글로벌 컨센서스는 갖추어진 셈이다.

EU집행위원회는 원전과 천연가스는 재생에너지가 주에너지원이 되는 미래로 전환하는 과정에서 과도기적 역할을 할 수 있다고 명시하고는 있지만 원자력이 주에너지원인 프랑스와 재생에너지가 주력인 독일이 미래에너지 헤게모니를 둘러싸고 치열한 싸움을 하고 있다. 또한 EU의 에너지 수입 의존도는 61%에 이르는데 러시아가 유럽을 쥐락펴락하고 있다. EU는 역내에서 소비되는 원유의 27%, 천연가스의 41%, 석탄의 47%를 러시아에서 수입하고 있다. 영국은 2050년까지 SMR 16기를 영국 전역에 건설하기로 했고, 프랑스는 SMR 개발 등 원전연구에 10억 유로를 투자하기로 하는 등 변동비가 낮고 안정적인 전력을 공급할 수 있는 원자력을 포기하기는 쉽지 않을 것으로 보인다. 또한 최근 우크라이나 전쟁으로 에너지의 내재화에 대한 필요성이 더욱 커지고 있다.

우리나라도 산업통상자원부가 관계부처 합동으로 준비한 K-ESG 가이드라인을 발표했으며 환경부는 K-택소노미를 발표했다. 금융위원회도 정책형 뉴딜펀드 추가조성에 대한 청사진을 발표하며 2021년도 수준의 4조 원 규모의 뉴딜펀드 조성을 준비 중이다. 정부는 이를 통해 디지털, 그린산업육성의 마중물 역할을 할 계획을 밝혔다.

ESG 투자의 정석

K-ESG 가이드라인

구분	주요항목		
정보공시 (5개 문항)	ESG 정보공시방식	ESG 정보공시주기	ESG 정보공시범위
	ESG 핵심이슈 및 KPI		
환경 (17개 문항)	환경경영목표 수립	환경경영 추진체계	원부자재 사용량
	재생 원부자재 비율	온실가스배출량 (Scope1+Scope2)	온실가스배출량 (Scope3)
	온실가스배출량 검증	에너지사용량	재생에너지 사용 비율
	용수 사용량	재사용 용수 비율	폐기물 배출량
	폐기물 재활용 비율	대기오염물질 배출량	수질오염물질 배출량
	환경 법/규제 위반	친환경 인증 제품 및 서비스	
사회 (22개 문항)	목표 수립 및 공시	신규 채용	정규직 비율
	자발적 이직률	교육훈련비	복리후생비
	결사의 자유 보장	여성 구성원 비율	여성급여 비율 (평균급여액 대비)
	장애인 고용률	안전보건 추진체계	산업재해율
	인권정책 수립	인권 리스크 평가	협력사 ESG 경영
	협력사 ESG 지원	협력사 ESG 협약사항	전략적 사회공헌
	구성원 봉사 참여	정보보호 시스템 구축	개인정보 침해 및 구제
	사회 법/규제 위반		
지배구조 (17개 문항)	이사회 내 ESG 안건 상정	사외이사 비율	대표이사와 이사회 의장 분리
	이사회 성별 다양성	사외이사 전문성	전체 이사 출석률
	사내이사 출석률	이사회 산하 위원회	이사회 안건 처리
	주주총회 소집공고	주주총회 집중일 이외 개최	집중/전자/서면 투표제
	배당정책 및 이행	윤리규범 위반사항 공시	내부 감사부서 설치
	감사기구 전문성 (감사기구 내 회계/ 재무 전문가)	지배구조 법/규제 위반	

자료 : 산업통상자원부

2018년 기준 우리나라는 7.3억 톤의 온실가스를 배출하고 있는데 2030년 4.3억 톤, 2050년에 제로로 감축하는 것을 목표로 하고 있다. 9차 에너지수급계획에 따르면 우리나라는 석탄발전소를 폐쇄하고, 액화천연가스(LNG) 발전소로 대체할 계획이고, 2050년에는 재생에너지 비중이 71%로 확대되며, 탈원전·탈석탄에 이어 LNG도 퇴출되며 태양광·풍력 등 재생에너지 비중은 현재 대비로 12배 증가하는 것으로 계획되어 있다. NDC에 따르면 2030년까지 태양광 125GW, 풍력 34GW 증설을 계획하고 있어 매년 태양광과 풍력을 10GW, 3GW씩 늘려야 목표도달이 가능하다. 태양광과 풍력의 간헐성을 보완하려면 LNG발전 비중도 유사하게 늘려야 한다는 점에서 원전없는 에너지믹스 해법을 찾기는 정말 어렵다.

2030년까지 국내 탄소배출량을 42.5%를 감축하기 위해서는 1.3~3.1억 톤을 줄여야 한다. 전체 배출량의 36%를 차지하는 산업 부문은 4,700만 톤만큼의 온실가스를 줄여야 하는데 포스코와 현대제철이 무탄소공정을 도입해야 맞출 수 있다. 포스코의 수소환원제출법은 2050년에나 가능할 전망이고, 단기적으로는 반도체, 정유화학, 시멘트 등에 대한 감축 압력이 증가될 것으로 보인다.

ESG 투자의 정석

우리나라 전원별 발전량 비중변화

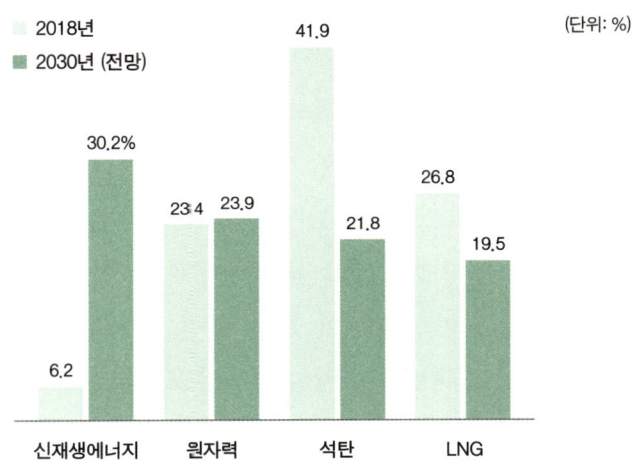

■ 2018년
■ 2030년 (전망)

(단위: %)

신재생에너지: 6.2 / 30.2%
원자력: 23.4 / 23.9
석탄: 41.9 / 21.8
LNG: 26.8 / 19.5

온실가스 배출량 목표

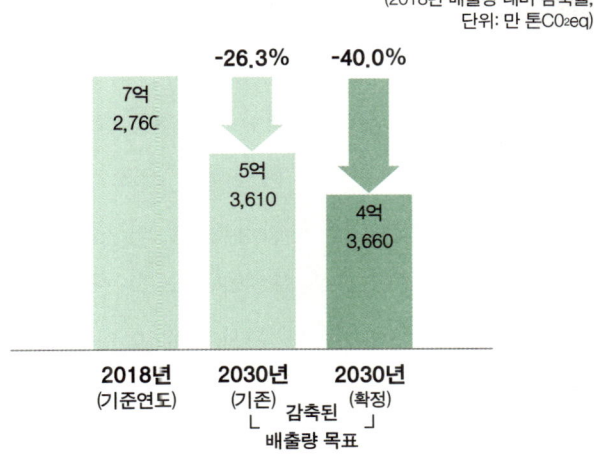

(2018년 배출량 대비 감축률,
단위: 만 톤CO₂eq)

2018년 (기준연도): 7억 2,760
2030년 (기존): 5억 3,610 / -26.3%
2030년 (확정): 4억 3,660 / -40.0%

감축된 배출량 목표

자료: 환경부, 탄소중립위원회

NDC를 이행하기 위해 산업, 에너지, 수송, 인프라, 폐기물 등 5개 분야의 탄소배출 저감을 지원하는 것이 새로 시행되는 정책들의 공통된 목표이다. 한국형 녹색분류체계(K-택소노미)는 녹색경제활동을 분류해서 금융회사나 기업 등 녹색프로젝트를 판별하고자 하는 기관에게 투자 결정에 도움을 주기 위한 목적으로 만들어졌다. 산업 분야에서는 수소환원제철, 비탄산염 시멘트, 불소화합물 대체와 제거 등 온실가스 감축 핵심기술이 포함되어 있다. 발전 분야에서는 재생에너지 생산활동과 관련 기반시설 구축이 포함되어 있고, 수송 분야에서는 전기차, 수소차 등의 무공해차량이 녹색경제활동으로 분류되어 있다. 탄소중립연료E-fuel와 탄소포집 및 활용 저장기술CCUS 등 연구개발이 필요한 기술 역시 택소노미에 포함되어 있다. 탄소중립 핵심기술을 위해 수소환원제철, 바이오연료전환 등에 6.7조 원을 배정하였고, 2차전지 등 2조원 규모의 대규모 투자에 대한 예비타당성 조사도 추진 중이다. 산업계의 녹색전환을 위해서는 2022년에 879억 원을 투입해서 중소·중견기업 사업장의 탄소중립설비를 지원한다. 또한 재생에너지 공급을 확대해 달라는 산업계의 요구를 충족하기 위해 청정에너지가 확산될 수 있도록 각종 규제를 개선하고 태양광·풍력 시설의 적정 이격거리에 대한 기준을 마련하고 원스톱허가를 허용하는 정책도 추진할 계획이다.

ESG 투자의 정석

기업의 의무로는, 자산총액 2조 원 이상의 상장법인은 환경정보를 의무적으로 공개해야 한다. 녹색기업과 공공기관, 온실가스 목표관리제 혹은 배출권 할당업체 같은, 환경영향이 큰 기업에만 부여한 기존의 정보공개 대상기업의 폭을 대거 확대했다. 환경정보는 매년 말 갱신되며, 공개하는 환경정보는 환경정보 공가시스템에서 확인할 수 있다. 렌터카, 버스, 택시 등 영업 목적의 차량을 구입하려는 민간 차량 수요자는 '친환경차 구매목표제' 시행에 따라 구매 혹은 임차하는 신차의 일정 비율 이상을 친환경차로 구매해야 한다. 신축시설에만 부과하던 전기차 충전기 설치의무도 기존 건축시설로 확대되며, 2023년부터는 대규모 전력을 소비하는 일정 규모 이상의 신규 택지개발사업자, 산업단지관리자, 건축물소유자 등을 대상으로 분산에너지 설치가 의무화된다. 분산에너지 설치 의무화는 대규모 전력소비자가 전력의 일부를 자가발전하도록 유도하기 위한 것이다.

스코프 1은 제품생산 과정에서 발생하는 탄소의 양을 집계한 직접배출량이고, 스코프 2는 생산공정에 필요한 전기를 만드는 과정에서 나오는 탄소를 따지는 간접배출량이다. LG전자는 2021년 육불화황(육플루오린화황) 배출을 줄이는 전략으로 전년 대비 12% 감소한 129만 톤의 온실가스를 배출하였고, 현대차는 제조공정에서 LNG 사용효율을 높이는 방식을 통해 11% 감소된 239만 톤의 온실가스를 배출하였다. 현대차는 전기차 및 하이브리드카 판매를 통해 기타 간접배출(스코프 3)을 2019년 9,421만 톤에서 7,562톤으로 감소시켰다. 포스코도 2021년 조강생산 감소에 따른 효과로 460만 톤 감소된 7,565만 톤의 온실가스를 배출했다. 반면 삼성전자는 1,480만 톤의 온실가스 배출로 100만 톤 증가(신공장 시범가동에 따른 일시적 현상이라 주장)했고, SK하이닉스도 웨이퍼세정에 쓰이는 불소 사용이 증가하면서 755만 톤의 온실가스 직접배출로 2년 연속 배출량이 증가했다. 매출을 증가시키면서 온실가스 배출을 줄이는 게 얼마나 어려운지 알 수 있는 대목이다.

우리나라는 세계 10위의 에너지 다소비 국가이다. 반면 에너지 소비효율은 최하위 수준으로 꼽힌다. 국내총생산GDP 1,000달러를 만드는 데 필요한 에너지양이 우리나라는 경제협력개발기구OECD 36개국 중 33위(0.159)로 OECD 평균(0.105)의 1.5배나 된다. 에너지효율화 사업이 필요한 이유이다. 에너지효율화 사업은 에너지 낭비를 줄이고 에너지 저소비 제품을 사용함으로써 에너지 효율성을 높이는 것이다. ESS MSP 사업은 에너지 다소비 기업을 대상으로 ESS를 이

ESG 투자의 정석

용해 전기요금이 저렴한 밤에 에너지를 저장했다가 요금이 비싼 낮이 되면 밤새 저장해 둔 전기를 사용함으로써 생산 단가를 낮춰 주는 사업이다. 국내에 양수발전소가 16곳 있는데, 밤에 남는 전기를 이용해 낮은 곳의 물을 댐으로 퍼 올려 두었다가 전기가 부족한 낮에 수력발전을 하는 방식이다. 또 캠퍼스 에너지효율화 사업을 통해 한국동서발전은 부산 동의대로 하여금 연간 4억 원의 전기요금을 절약할 수 있도록 했다. 동의대는 비용을 전혀 부담하지 않은 채 절감분의 10%인 4,000만 원의 수익을 갖고, 10년 후에는 절감분 전부를 수익으로 얻게 된다.

에너지효율화는 에너지전환 못지않게 온실가스 감축 기여도가 높다. 우리 모두가 에너지절약을 생활화하고 에너지 사용의 효율화에도 의식변화를 일으켜야 할 시기이다.

한국의 지배구조는 언제까지 이럴 수 있을까

2008년 금융위기로 미국식 자본주의는 세계경제에 큰 파장을 미쳤다. 하지만 다음의 그림에서처럼 미국은 보란 듯이 뚜렷한 상승추세를 만들어 가고 있고, 우리나라의 대표지수인 KOSPI는 기울기가 완만해지고 있다. 미국이 글로벌 신기술을 선도하는 빅테크 기업들을 중심으로 넓은 시장에서 생산성을 높여 가는 것도 사실이지만, 우리나라 기업들의 지배구조 문제가 가장 큰 문제로 작용하고 있다고 단언할 수 있다. 기업들의 물적분할 이슈에서 보듯이 지배주주들의 이익과 소수주주들의 이익이 대립하게 되면 지배주주 중심으로 정책이 결정되어 소수주주들이 불이익을 받게 되므로 한국의 상장주식시장은 디스카운트가 높아지게 된다. 삼성물산과 제일모직의 합병에서처럼 상속을 위해 대주주가 편법을 쓰는 것도 문제이고, 에코프로비엠처럼 기업의 내부정보를 이용해 프론트러닝을 하는 불공정도 큰 문제이다. 이렇게 내부통제가 안 되는 기업들이 대한민국 코스피 1위, 코스닥 상위의 기업이라는 것은 한국 자본주의의 민낯을 드러낸 사건들일 것이다.

삼성그룹 상속 과정에서 지배주주가 구속되는 과정을 보았기 때문에 앞으로 다른 기업들은 과거 같은 무리한 상속증여에 뒤따르게 될 편법적 이익과 구속수감이라는 페널티 사이에서 합리적인 선택을 하게 될 것이다. 60%를 상회하는 대주주 상속세가 향후 합리적인 수준으로 낮추어진다면 지배구조 문제는 좀 더 소수주주의 불이익이 줄어드는 과정으로 변화할 수 있을 것이라고 기대해 본다.

금융위기 이후의 S&P 지수와 코스피

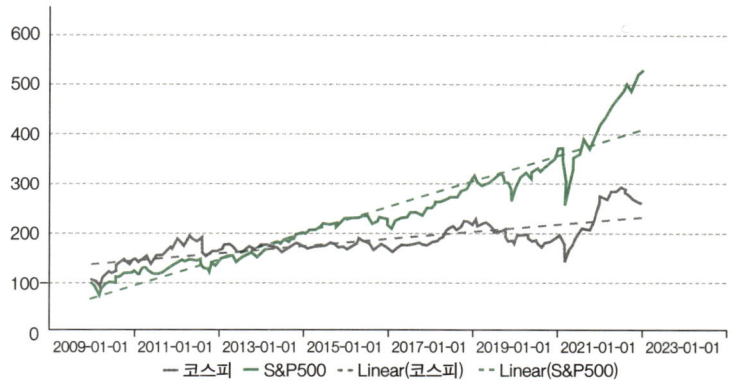

인적분할과 물적분할 개념도

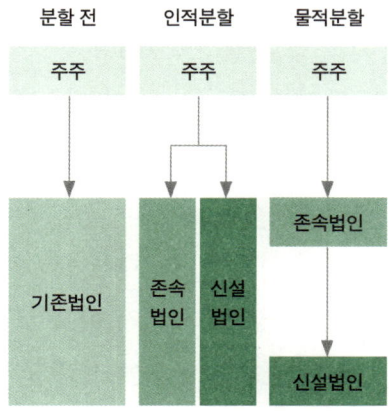

ESG를 위해 금융이 나선다

ESG 투자는 금융회사의 넛지활동을 통해

넛지Nudge란 2017년 노벨경제학상을 수상한 미국의 행동경제학자 리처드 탈러Richrd H. Thaler의 베스트셀러 제목에서 알려진 단어로, 사람들이 결정을 내리도록 정황이나 맥락을 만드는 사람인 선택설계자Choice Architect가 자유주의적 개입주의를 통해 사람들의 선택을 유도하는 부드러운 개입을 의미한다. 정부가 특정한 방향으로의 선택을 금지하거나 강요하는 개입주의는 실패의 가능성이 높고, 팔꿈치로 슬쩍 찌르는 부드러운 방식으로 개입해야 목표달성의 가능성이 높다는 의미이다. 가장 유명한 넛지의 사례로는 암스테르담 공항

ESG 투자의 정석

남자 화장실의 소변기에 붙여 놓은 파리 그림이다. 소변기에 가짜 파리를 붙임으로써 소변이 소변기 밖으로 새어나가는 것을 80% 줄였다. 만일 자유주의자들이었다면 소변기 밖으로 새어나가지 않도록 조심하라는 구호를 붙임으로써 이성적인 사람들의 합리적인 행동을 이끌어 내려 했을 것이고, 개입주의자들은 강력한 벌금을 부과하는 방식을 택했을 것이다.

금융기관이 기업에게 ESG 경영활동을 하도록 강요할 수는 없다. 하지만 금융기관이 기후변화 대응에서 중요한 이유는 자신들의 자금중개 역할을 통해 녹색산업·기업에 대한 대출과 투자를 확대함으로써 저탄소사회 이행에 기여하게 할 수 있다. 친환경기업을 적극 지원하고 녹색산업 투자를 확대하는 데 금융의 역할이 필요하므로 기업들의 자발적인 ESG 경영을 유도할 수 있는 것이다. 금융사는 거래기업의 ESG 경영 실적이 우수하면 금리, 수수료를 감면해 주고 자산운용 및 투자 분야에서도 자산배분을 늘리는 포지티브Positive 전략을 수행할 수 있다. ESG가 효과적인 것은 강제적인 방식이 아니라 금융이라는 매개와 시장메커니즘을 통해 변화를 만들어 낼 수 있기 때문이다. 투자의 구루인 워렌 버핏은 2019년 『파이낸셜타임스』와의 인터뷰에서 "기업에 선행을 강요해서는 안 된다. 만일 ESG 투자를 위해 석탄회사의 문을 닫게 하면 주주나 소비자가 비용을 지불하게 될 것이다"라고 했다. 금융이 부드럽게 기업 변화를 유도하는 ESG 역할을 수행해야 한다는 것을 잘 설명해 주었다고 하겠다.

정부와 금융에게 그린택소노미Green Taxonomy는 넛지를 위한 선택설계라고 할 수 있다. 그린택소노미는 환경적으로 지속가능한 경제활동이 무엇인지 정의하고 어떤 산업 분야가 친환경산업인지 분류하는 체계로, 녹색투자를 받을 수 있는 산업을 판별하는 정책기준이 되는 동시에 친환경투자를 위한 지침서 역할을 한다. 그린택소노미 적용 가이드라인에 포함되면 그린본드 발행, 금리 우대, 녹색채권 발행 등의 혜택이 생긴다. 원전과 LNG발전을 포함시킬 것인가에 대한 논란도 있지만, 결국은 이들을 제외했을 때 발생할 사회적 비용의 부담 문제에 대한 정책적 고민이 포함되어 있는 결론을 내릴 것이다. 녹색활동으로 인정받기 위해서는 온실가스 배출량이 중요한데, LNG발전은 온실가스 배출량이 상당히 높다. 원전과 달리 LNG발전은 전력수급에 맞춰 하루에도 수차례 가동을 멈추었다가 재가동하는 경우가 많아, 이 과정에서 온실가스가 불가피하게 많이 나온다. 우리나라는 2034년까지 24기의 석탄발전소를 LNG발전소로 전환할 계획인데,

ESG 투자의 정석

LNG발전이 그린택소노미의 혜택을 받지 못하게 될 경우 금융비용이 크게 증가할 수밖에 없기 때문에 LNG발전소 계획은 예정대로 진행되지 않을 수도 있다.

M&A에 주요한 고려사항이 된 ESG

환경 (Environment)	• M&A 대상 기업의 사업 인허가 검토 필요 　- 인허가 없이 오염 유발 사업을 하고 있다면 인수 후 징벌적 손해배상 위험이 있음 • 국제사회와 비영리기구들이 제기해온 환경문제를 해소하기 위해 반환경적 사업을 정리
사회 (Social)	• M&A 시 주주를 넘어 이해관계자(Stakeholder)를 고려 　- 대기업의 비주력 프랜차이즈 사업 매각 시 가맹점주와 협력사도 고려, 사업 분할·신설 시 직원 처우 고려 • 인권침해, 민간인 피해 등 반윤리적·비인도적 요소가 있는 사업을 처분 (한화의 분산탄 사업 매각 등)
지배구조 (Governance)	• 피인수 기업의 경영진 비리 여부뿐만 아니라 어떤 경영자를 선임할 것인가도 고려해야 함 • 신규 전문가 초빙의 경우 보상 시스템 개선 필요 • 이사회 구성의 다양성 검토 필요

딜 소싱(Deal sourcing)과 가치산정(Valuation)에서 ESG 중요성 증가

자료 : 언론보도 종합

과거 M&A시장에서는 기업의 사업모델과 현금 흐름에 의한 가치를 중심으로 투자를 했다면, 최근에는 ESG 요인을 감안한 기업가치 평가를 통해 장기성장성과 좌초자산에 의한 손실리스크를 면밀하게 따지고 있다. 스타트업 기업도 초기 단계부터 ESG를 고려하여 장기적인 관점에서 건강하게 성장시키려는 기업들이 늘어나고 있다. 미국 스타트업을 대상으로 한 조사에서도 ESG 경영이 인재확보에 도움이 된다는 대답이 90%를 상회했다. 환경과 사회 문제에 나쁜 영향을 미치는 기업의 제품을 소비하지 않는 소비자들의 '가치소비'는 노동공급자의 입장에서도 직장을 구하는 데 영향을 미치고 있는 것이다.

ESG 발전에는 공시제도와 회계제도의 정립이 필수

국정감사에서 금감원장은 ESG에 대한 것을 재무제표의 주석으로 넣기로 하고, 정식 기재하는 것도 적극적으로 검토해 보겠다고 답변했다. 측정의 신뢰성 및 현행의 회계 개념과 상충되기도 하여 단기적으로 도입되기는 어렵지만 장기적으로는 결국 도입될 수밖에 없다.

기업들이 ESG 경영을 하기 위해서는 ESG 전략, ESG 실행자문, ESG 정보공시, ESG 재무자문 등 다양한 활동이 필요하다. 하지만 아직 구체적인 활동방법과 목표가 정해지지 못

ESG 투자의 정석

했기 때문에 형식적인 지속가능경영보고서 컨설팅비용을 지불하기도 한다. 이에 따라 전 세계적으로 단일화된 ESG 공시기준을 수립하기 위한 움직임이 활발한 가운데, 국내에서도 흩어져 있는 여러 공시기준을 표준화하는 작업이 필요하다는 의견이 확대되고 있다. ESG 정보를 이용하여 투자하고자 하는 투자자들이 증가하고 있는 만큼, 기업이나 투자자들에게 걸림돌이 되지 않도록 통일된 공시기준이 정해져야 한다는 것이다.

IFRS재단도 기준 수립을 위한 준비에 나섰다. 새로운 위원회인 국제지속가능성기준위원회(ISSB)를 재단 내부에 설립하였으며, 2022년 4월에 글로벌 단일의 ESG 공시기준을 제정하기로 했다. 가장 큰 목적은 투자자를 중심으로 한 ESG 공시기준을 마련하는 것이다. 과거의 사회공헌활동(CSR) 등은 기업이 스스로 사회적인 역할을 어떻게 하는지 고민하는 과정이었다면, ESG 관련 정보의 요구는 투자자 등 시장을 중심으로 커져 가고 있는 상황이라는 점을 고려하여 준비하고 있다.

국가 측면에서는 세계 각국이 기후협약을 지키려고 노력하고는 있지만 이를 실천하기 위한 기준이나 프레임워크가 너무 많고 혼재된 기준 때문에 비교가능성이나 정보신뢰성이 낮아져서 단일 기준을 요구하는 목소리가 커져 가고 있다. 실제로 기업들과 투자자들이 비슷한 고충을 토로하고 있다. 따라서 국제표준화가 당연해지고 중복되는 기준이 사라지게 되면 기업이나 투자자 입장에서는 ESG의 활용성이 훨씬 높아질 것이다. 물론 지속가능성보고서 기준을 하나로 정해 놓는다 하더라도 어떤 영향력 있는 투자자가 TCFD(기후변화 재무정보공개 태스크포스) 등 다른 기준을 제시하면 기업 입장에서는 비용과 인력이 이중으로 부담이 되는 상황이 발생할 수도 있다.

투자자 입장에서 ESG 통합 전략을 수행하기 위해서는 주식, 채권의 운용역들이 기업이 공개하고 있는 정보를 수집해서 평가해야 한다. 지금은 중간평가기관, 국가기관보고서 등 여러 곳에서 정보를 취합하고 있는데, 하나의 기준 속에 공시내용까지 들어간다면 투자자들 입장에서는 평가가 쉬워질 수 있다.

2021년에 제정된 K-ESG 가이드라인은 국내외 주요 ESG 평가기관들의 3,000여 지표와 항목을 정리하여 61개의 이행과 평가의 공통사항을 마련한 것이다. 이를 통해 ESG 평가

K-ESG 가이드라인 구성

구분	주요 항목
정보공시 (5)	• ESG 정보공시 방식·주기·범위 등
환경 (17)	• 환경경영 목표 및 추진 체계, 친환경 인증, 환경 법규위반 등 • 온실가스 배출량, 폐기물·오염물질 배출량, 재활용률 등
사회 (22)	• 사회책임경영 목표, 채용, 산업재해, 법규위반 등 • 채용·정규직, 산업안전, 다양성, 인권, 동반성장, 사회공헌 등
지배구조 (17)	• 이사회 전문성, 이사회 구성, 주주권리 등 • 윤리경영, 감사기구, 지배구조 법규위반 등

자료 : 산업통상자원부

국내 ESG 관련사항 공시제도현황

공시수단	공시의무	현황	추진 방향
사업보고서	의무	• 늑색가능성장기본법에 따라 온실가스 배출량, 에너지 사업량 등 정기공시	
지배구조 보고서	의무	• 19년부터 KOSPI 상장법인 중 자산총액 2조 원 이상 기업의무 공시	• 22년~1조 원 이상 의무 공시 • 24년~5,000억 원 이상 의무 공시 • 26년~5,000억 원 미만 의무 공시
지속가능 보고서	자율	• 19년 135건 발간 • 20년 138건 발간 • 21년 9월 기준 48건 발간	• 25년~ 자산 2조 원 이상 KOSPI 상장사 의무공시 • 30년~ KOSPI 전 상장사 의무공시

자료 : 한국거래소

사들 간의 모호한 부분들을 줄이는 기틀이 마련됐고, 투자자들에게도 비재무적 항목의 구체화를 이룰 수 있는 계기를 부여했다.

계속 확대될 ESG 투자 규모

전 세계 ESG 투자규모는 2018년 30.7조 달러에서 2020년 35.3조 달러로 증가했고, 2030년에는 130조 달러로 증가할 것으로 예상된다. 러셀인베스트먼트 리서치의 2020년 발표에 따르면 E에는 13%, S에는 5%의 중요도를 두고 G에는 82%의 중요도를 둔다(E나 S나 중요한 의사결정은 C-Level의 최고경영진 몫이다). 당장은 직관적으로 이해할 수 있는 환경 분야

글로벌 지속가능 투자자산 추이 (단위: 십억 달러)

지역	2016	2018	2020
유럽	12,040	14,075	12,017
미국	8,723	11,995	17,081
캐나다	1,086	1,699	2,423
호주, 아시아	516	734	906
일본	474	2,180	2,874
합계	22,839	30,683	35,301

※유럽과 호주는 집계방식의 변화가 있었다.　자료 : GSIA

의 투자가 각광을 받고 있으나 점진적으로 지배구조 관점의 투자가 크게 관심을 끌게 될 영역임을 알 수 있다. 또한 전체 자산의 36%가 지속가능 투자의 비중을 차지하고 있고, 지속해서 높아질 것으로 예상된다.

미래의 ESG는 빅데이터와 비재무정보의 활용

수학자이자 물리학자인 윌리엄 톰슨은 "자기가 주장하는 것을 측정하여 이를 숫자화할 수 있으면 이는 진정한 지식이지만, 그렇지 못하면 이 지식은 보잘것없고 만족스럽지 못한 것이다"라고 말했다. 이렇게 숫자화는 근대과학에 매우 중요한 요소가 되었고, 이제는 자연과학뿐만 아니라 사회과학은 물론 인간의 일상생활에까지 깊이 파고들게 되었다. 투자에 있어서도 설령 측정 결과의 불확실성과 오차의 발생 가능성을 감안하더라도 계량화 과정은 매우 중요하다. 투자자들이 많이 활용하는 재무데이터는 정량적이기 때문에 소위 퀀트 분석이 용이하지만, ESG데이터는 정량데이터 시계열이 짧고 비정량데이터가 많아서 통제하기가 상당히 어렵다. 통일된 ESG데이터의 축적이 이루어지고 ESG데이터가 투자에 유의미하다는 컨센서스가 확대된다면 향후로는 인공지능(AI)

과 빅데이터를 활용하여 초과성과를 내는 도구로 활용될 수 있을 것으로 보인다.

물리학계에서는 인간이 미래를 완벽히 시뮬레이션할 수 있다고 믿는 아인슈타인의 상대성이론과 인간이 보는 데이터는 계속해서 변하기 때문에 미래를 완벽히 계산하려는 시도보다는 시나리오별 발생 확률을 고민하는 시도가 합리적이라고 믿는 보어의 양자역학이 경쟁해 왔다. 경제학에서는 인간을 합리적인 존재로 해석한 아담스미스의 고전학파와 인간은 동물적인 충동을 가지고 있어 반드시 합리적이지는 않고 예측하기 어렵다고 주장한 케인즈학파가 경쟁했다. 인공지능학계는 1950년대 프랭크 로젠블랫이 개념을 정립하였고, 2000년대부터 제프리 힌턴의 딥러닝Deep Learning이 주도하고 있다. 딥러닝 추종자들은 수많은 데이터와 머신러닝 기술, 그리고 발전하는 컴퓨팅 기술만으로 강인공지능을 만들 수 있다고 생각한다. 반면 게리 마커스 등은 막대한 데이터 및 컴퓨팅파워를 이용한 통계알고리즘은 강인공지능의 충분조건이 아닌 필요조건 중의 하나에 불과하다고 본다. 그들은 방대한 데이터를 학습시킨다고 해서 추론의 능력, 추상적 개념을 이해하는 능력, 표상을 만드는 능력, 상식학습 능력 등 강인공지능에게 필요한 여러 능력들이 개발되지 않는다고 하면서 딥러닝만능주의를 반대한다. 하지만 이는 딥러닝이 완벽하지 않다는 의미일 뿐, 딥러닝이 쓸모없으니 하지 말자는 이야기는 아닌 것이다.

데이터과학은 수학, 통계학, 컴퓨터공학 등을 이용하여 데이터를 지식으로 가공하는 방법론과 과정을 통칭한다. 빅데이터는 기존 데이터의 확장된 개념으로 열과 행이 존재하는 전통적 데이터 프레임 형태에 국한되지 않고, 측정이나 기록을 통해 생성된 음성, 사진영상, 문서 등을 포함하는 포괄적인 개념이다. 머신러닝Machine Learning은 데이터분석을 의미하는데, 전통적인 통계분석기법에 컴퓨터공학적 방법론을 접목하여 더욱 다양한 분석을 시도한다. 투입하는 자원 대비 얻어내는 결과의 효율성이 높지 않아서 잘 사용하지 않았던 분석들도 컴퓨터공학의 발전에 따라 충분히 고려해 볼 만한 방법론이 되고 있다. 빅데이터분석은 데이터의 형태가 다양해짐에 따라 전통적인 방법에서 확장된 방법을 사용하는데, 이는 향후 ESG 분석의 주요 방법론이 될 것이다.

머신러닝의 학습방법에는 독립변수와 종속변수가 모두 존재하는 데이터로 모형을 작성하는 지도학습과, 독립변수만이 존재하는 데이터르써 모형을 작성하는 비지도학습, 그리고 강화학습이 있다. 지도학습을 통해 만드는 모형은 예측 모형을 만들 때 사용되고, 비지도학습은 데이터의 상태를 설명하거나 비슷한 유형을 묶어 군집을 분류하는 모형 작성에 적합하다. 강화학습이란, 정해진 환경에서 선택가능한 행동 중 하나를 선정하여 그 행동에 대한 보상을 최대화하는 과정이나 방법론을 의미한다.

인공지능은 유형에 따라서는 메타데이터, 로그데이터, 거래데이터, 분석데이터, GIS데이터, 문서데이터, 멀티미디어데이터, 센서데이터, 활동데이터 등으로 분류되고, 형식에 따라서는 정형데이터, 반정형데이터, 비정형데이터 등으로 분류된다. 인공지능 같은 객관적 평가방법이 향후로 많이 활용될 수밖에 없는 이유는 인간이 투자를 하는 데 있어서 중립적인 의사결정 과정을 갖기 어렵기 때문이다.

그 이유는 첫 번째로 추론적 사고의 문제점 때문이다. 이는 직관적 관점에서 결론을 내린 다음 이에 적합한 증거자료를 찾는 방식을 지적한 것인데, 요즘처럼 정보가 범람하는 시기에는 어떠한 결론에 대해서든 그것을 지지해 주는 증거들이 있게 마련이다. 주식시장의 상승을 지지하는 증거, 주식시장의 하락을 지지하는 증거는 무한히 많다. 우연히 자신이 내린 결론이 맞으면 스스로 추론적 사고가 정확했다는 착각에 빠지게 되고, 이후에는 착오를 일으킬 확률이 더욱 높

ESG 투자의 정석

아진다. 가장 심각한 것은 무의식의 차원에서 선제적으로 결론을 내리는 경우이다. 이때는 잘못에 대하여 자각을 하기도 힘들다. 이는 일반투자자뿐 아니라 펀드매니저들에게서도 종종 발생되는 문제이다. 두 번째는 제한된 자료만으로 결론을 내리고 이를 강하게 믿기 때문이다. 미리 결론을 내리는 것을 지양한다고 하더라도 사전에 검토할 수 있는 자료에는 한계가 있게 마련이다.

분석의 시간이 넉넉할 때는 각종 지표를 보면서 천천히 생각해 볼 수 있기 때문에 다행이지만, 분석의 시간이 부족할 때는 핵심적인 지표만으로 생각을 정리할 수밖에 없다. 그런데 핵심적인 지표는 시기Subperiods에 따라 크게 변할 수 있다는 점에서 해석의 오류가 만들어질 수 있다. 세 번째로, 인간은 심리적으로 안정이 되지 않은 상태에서 결론을 내리는 경우가 많기 때문이다. 이전까지 판단에 오류를 범했던 사람이라면 의기소침해져서 평소 신뢰하는 사람의 의견으로 쉽게 의견을 바꿀 수 있다. 주식에서 손실이 확대될 때 자신을 믿지 못하고 지인의 의견에 쉽게 동조하는 경우가 자주 있다. 또 인간은 불만이 있을 때는 무턱대고 무언가에 반대하려는 욕구가 있다. 기업가치가 지속적으로 하락하여 손실이 커지고 있음에도 '모 아니면 도'라는 심정으로 오판을 하는 경우도 종종 볼 수 있다.

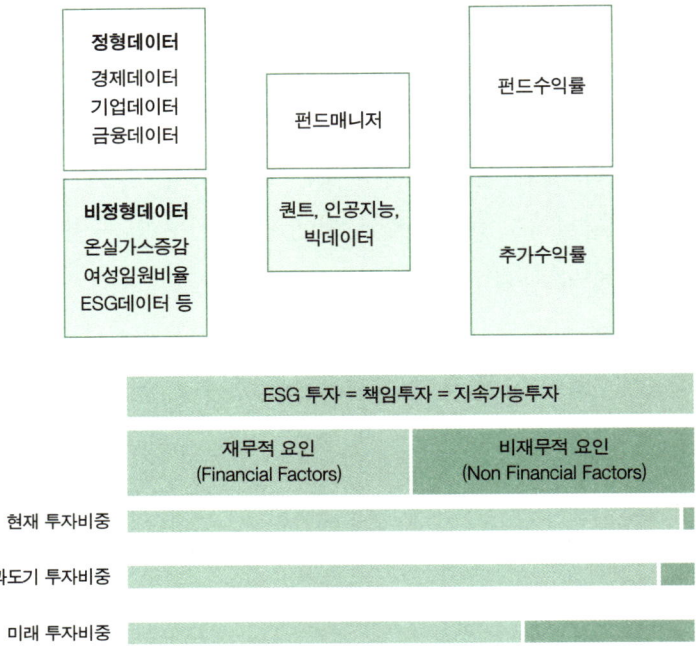

미래의 ESG 투자방법의 변화

ESG 투자는 투자이익을 얻기 위해 기존의 재무적 요인과
비재무적 요인을 결합한 투자라고 하였다. 재무적 요인과 주
식수익률의 회귀관계 및 상관관계는 오랜 기간 검증이 되어
왔기 때문에 투자 주체들이 직관적으로 이해하기 쉽다. 하지
만 비재무적 요인과 주식수익률과의 관계는 아직 유의미한

값으로 인정받기 쉽지 않다. 또한 비재무적 요인들은 비정형 데이터가 많고 데이터의 규격화도 쉽지 않다. 따라서 규격화된 공시가 안정화될 때까지는 재무적 요인이 투자에 더 높은 비중을 차지할 수밖에 없다. 장기적으로는 ESG데이터들이 빅데이터와 인공지능의 발전과 더불어 추가수익률을 낼 수 있는 도구가 될 것으로 생각한다.

투자 기본사항과 ESG 투자의 진화

연기금은 투자에 ESG를 어떻게 활용하나

개인투자가들의 주식투자 연간 기대수익률은 천차만별이다. 2~3배를 기대하는 사람들도 있고, 금리 이상만 벌었으면 좋겠다는 사람들도 있다. 고수익을 추구하는 투자자들의 특징은, 투자종목의 수를 축소하고 주가가 오를 것 같은 시점에 주식을 빠르게 사는 투자를 추구한다. 종목 선정이 뛰어나고 시장 분위기를 잘 파악하여 투자할 수 있는 능력자에게 이보다 좋은 투자 방법은 없다. 하지만 시장은 상당히 효율적이기 때문에 소수의 뛰어난 투자가들을 제외하고 이런 능력을 갖추기가 쉽지 않다. 그래서 위험 대비 수익률을 높이

ESG 투자의 정석

기 위해 장기투자자들은 자산배분을 한다.

연기금은 운용 규모가 크기 때문에 포트폴리오의 변화가 서서히 일어나게 된다. 그래서 연기금의 포트폴리오 운용을 항공모함의 움직임에 비유하곤 한다. 연기금의 기대수익률은 기관의 성격마다 조금씩 다르지만 국내 연기금의 경우 기금의 실질가치를 보전하기 위해 '실질경제성장률 + 소비자물가상승률 ± 조정치'로 구성된다. 이 목표를 달성하기 위하여 중장기 전략적 자산배분strategical asset allocation●을 기본 축으로 해서 비교적 단기의 전술적 자산배분tactical asset allocation●을 통해 단기 시장변화에 대응한다. 이러한 자산배분은 개별 기업의 세세한 변화보다는 경제지표의 굵직한 흐름에 관심을 갖게 된다. 국내 연기금은 대내외적인 상황을 감안하여 해외자산과 대체자산의 비중을 높이는 방향으로 포트폴리오를 운용하는 추세이다. 2020년 기준으로 연기금 전체의 목표수익률은 '실질경제성장률 + 물가상승률 ± 조정치 = 4.1~5.3%'로 산정된다(기관마다 다름). 연기금의 전략적 자산배분안의 리스크한도를 보면, 향후 5년 동안의 누적 운용수익률이 같은 기간의 누적소비자물가상승률 이하로 떨어질 가능성 Shortfall risk을 15% 이하로 두고 있다.

전략적 자산배분: 투자자의 투자목적과 제약조건이 정해진 이후 포트폴리오 최적화를 통해 자산들의 비중을 결정하는 과정(예: MVO(Mean-Variance Optimization), 블랙리터만 모형 등)

전술적 자산배분: 단기적으로 벤치마크 혹은 전략적 자산배분 대비 초과수익을 얻기 위해 특정 자산군에 액티브하게 배분하는 방법

우리가 관심을 갖는 국내주식의 기대수익률은 고든Gorden
의 배당할인모형에서 배당성향이 일정하고, 장기적으로 배
당성장률이 GDP(국내총생산) + CPI(소비자물가지수) 에 수렴하
는 것으로 가정한다. 2019~2023년의 기대수익률은 6~6.5%
를 기대한다. 국내채권의 기대수익률이 2.1~3.0%로 산정된
것을 감안하면 3.5~3.9%p의 주식프리미엄을 기대한다는 것
을 알 수 있다.

연기금은 국내주식투자의 대략 절반가량을 KOSPI 200
을 벤치마크로 하는 패시브직접투자와 KOSPI를 주벤치마크
로 하는 액티브위탁투자로 운용한다. 이 중 위탁투자는 다
양한 스타일로 구성되어 있는데, 예를 들어 액티브위탁은 순
수주식형, 중소형주형, 책임투자형, 액티브퀀트형, 장기성
장형, 대형주형, 배당주형, 가치형 등으로 구성되어 있다. 그
가운데 ESG와 관련된 책임투자형은 10~20% 정도를 차지하
고 있다. 국내주식 유형에서는 책임투자형을 주벤치마크인
KOSPI 대비로 초과수익을 낼 수 있는 스마트베타* 요인으
로 접근하고 있다는 의미이다. 아마도
장기적으로는 ESG 투자나 책임투자를
단순히 스타일펀드의 한 유형으로 보기
보다는 투자자산의 전반적인 가이드라

스마트베타(Smart Beta): 시장
수익률(베타) 대비로 초과수익
률을 내는 팩터 요인을 말한
다. 소형주(Size), 가치주(Value),
모멘텀(Momentum), 저변동성
(Low Vol) 등이 있다.

인으로 삼는 방식으로 진화하게 될 것이다.

　연기금들은 기금 특성을 반영한 ESG 평가방법론을 만들어서 기존 지표에 대한 재무적 상관관계 분석 등을 통해 평가지표 등을 개선하고 있다. 이 방법론은 지속가능성 및 재무성과의 연계성을 고려한 ESG 이슈를 선정하고, 재무적 지표(Tobin Q, EBITDA)와의 상관관계 분석을 통해 유의미한 관계를 보인 지표를 채택하는 프로세스를 갖는다. 산업별 이슈 구분은, 환경·사회는 산업별로 각 이슈의 익스포저 값을 산출한 후 산업에서 특정 이슈의 익스포저 값이 평균 이하면 제외한다. 산업별 ESG 가중치는 산업별 이슈 가중치에 따라 결정되는데, 환경·사회 이슈가 6개 이상이면 환경·사회 50%, 지배구조 50%이고, 4~5개면 환경·사회 40%, 지배구조 60%이며, 3개 이하면 환경·사회 30%, 지배구조 70%이다. 환경·사회 총 가중치를 익스포저로 안분하여 이슈별 가중치를 설정하며, 지배구조는 중요도에 따라 안분한다. 개별 기업별로 이슈 선정 시에 사용된 기업데이터를 이용하여 평가점수 및 평가등급을 산정한다. 이를 통해 900개 이상 기업의 ESG 등급을 내부평가한다. 국내주식 액티브 투자가능종목군에 신규종목을 편입시키거나 점검할 때 ESG 보고서를 첨부하고 운용역의 의견을 추가하며, BM 대비 초과편입된 하위등급 종목(C·D 등급)을 점검해서 액티브 운용중인 D 등급 종목은 원칙적으로 BM 대비 초과편입을 금지시킨다(단 신규 상장종목은 예외적으로 만 1년 경과 이후 도래하는 ESG 정기평가에서부터 D 등급 BM 초과편입을 제한한다). 그리고 책임투자 대상 자산군을 국내 주식 일부에서 기금 전체 자산군으로 확대(대체투자는 법령 및 자산 특성 등을 감안하여 추후 검토)한다.

ESG 통합전략은 국내외 주식 및 채권으로 확대하고 적용 방식을 강화하며, 국내주식 기업과의 대화 시에 환경, 사회 관련 중점관리사안을 추가하는 한편, 해외주식에도 ESG 요소를 고려한 중점 관리사안을 선정하고 기업과의 대화전략 이행 기반을 마련하고자 한다. 또한 연기금 수탁자 책임활동에 관한 지침에 따른 의결권 행사를 강화하고 있고, 의결권 행사방향의 주주총회 개최 전 공개를 원칙으로 하고 있으며, 위탁운용사에 의결권 행사를 위임하고 있다. 위탁운용사의 ESG 평가활용체계, 책임투자 활동사례 모니터링, 운용보고서 내에 비재무적 요인(ESG 평가보고서) 포함 등의 사항에 관한 의무화를 추진하고 있다. 자산시장에 존재하는 위험에는 체계적 위험과 비체계적인 위험이 존재하는데, ESG 활동을 활용한 투자를 통해서 비체계적인 위험을 낮추고 위험조정 수익률을 올릴 수 있을 것이다.

ESG 투자의 정석

국민연금의 ESG 평가지표

구분	ESG 이슈	정의	평가지표
환경 (Environment)	기후변화	탄소배출관리수준(3)	온실관리시스템, 탄소배출량, 에너지소비량
	청정생산	환경유해물질 배출관리수준(5)	청정생산관리시스템, 용수 사용량, 화학물질 사용량, 대기오염물질 배출량, 폐기물 배출량
	친환경 제품 개발	환경 친화적 제품 개발 노력수준(4)	친환경제품 개발활동, 친환경 특허, 친환경제품인증, 제품 환경성개선
사회 (Social)	인적자원 관리 및 인권	근로환경과 인권 및 다양성 관리수준(7)	급여, 복리후생비, 고용, 조직문화, 근속연수, 인권, 노동관행
	산업안전	작업장 내 안전성 관리수준(3)	보건안전시스템, 안전보건 경영시스템 외부인증, 산재다발사업장 지정
	하도급 거래	공정하고 합리적인 협력업체 관리수준(4)	거래대상선정프로세스, 협력업체 지원활동, 하도급법 위반사례, 공정거래자율준수 프로그램
	제품안전	제품 안전성 관리수준(3)	제품안전시스템, 제품안전 경영시스템 인증, 제품안전사고 발생
	공정경쟁 및 사회발전	공정경쟁 및 사회발전 노력수준(4)	내부거래위원회 설치, 공정경쟁 저해행위, 정보보호시스템, 기부금

	주주의 권리	주주권리 보호 및 소통 노력수준(3)	경영권 보호장치, 주주의견 수렴장치, 주주총회 공시 시기
지배구조 (Governance)	이사회 구성과 활동	이사회의 독립성 및 충실성 수준(6)	대표이사와 이사회 의장의 분리, 이사회 구조의 독립성, 이사회의 사외이사 구성 현황, 이사회 활동, 보상위원회 설치 및 구성, 이사보수 정책 적정성
	감사제도	감사의 독립성 수준(3)	감사위원회 사외이사 비율, 장기재직 감사 또는 감사위원 비중, 감사용역 비용 대비 비감사용역 비용
	관계사 위험	관계사 부실로 인한 위험성 수준(3)	순자산 대비 관계사 우발채무 비중, 관계사 매출거래 비중, 관계사 매입거래 비중
	배당	배당 등 주주가치 환원 노력수준(4)	중간·분기배당 근거마련, 총주주수익률, 최근 3년 내 배당 지급, 과소배당

자료 : 국민연금

종목선정에도 ESG가 필요하다

투자자에게 있어 숫자의 중요성은 아무리 강조해도 지나치지 않다. 투자와 관련된 대략의 수치, 비율, 증가율에 대한 감을 유지하면 투자에 많은 도움이 된다. 개인투자자들은 삼성전자가 6만전자(6만 원대 주가)인지 7만전자(7만 원대 주가)인지에 관심을 갖지만 기관투자가들은 삼성전자의 시가총액

ESG 투자의 정석

이 몇 조인지, 전체 시가총액 중의 몇 %를 차지하는지에 관심을 갖는다. 이를 통해 대략의 주요 데이터를 역산할 수 있기 때문이다. 예를 들면 삼성전자의 시가총액이 450조 원이고 KOSPI에서 차지하는 비중이 20%라고 한다면 우리나라 시가총액은 2,250조 원이다(450/0.2=2,250). 시가총액 2위인 SK하이닉스의 시가총액이 85조 원이라면 시가총액 비중을 3.8% 정도로 어림할 수 있다((85/2,250)×100=3.8). ETF 등 지수를 추종하는 패시브 자금이 급증하고 지수의 편출입에 따른 시장충격이 커지고 있으므로 대략의 숫자는 필요할 때 바로 찾을 수 있도록 감을 갖는 것이 좋다.

특히 주식투자자들은 기업분석을 통한 섹터효과와 종목선택효과를 통해 수익을 추구하는 비중이 높기 때문에, 투자하고자 하는 기업들의 매출액, 영업이익, 순이익, 자본총계, 부채총계, 감가상각, 순부채 등의 레벨과 증가율에 따른 영향이 굉장히 크다. 삼성전자의 PER이 15배라고 하면 당기순이익은 30조 원 수준으로 환산할 수 있고(450/15=30), PBR이 1.5배라면 자본총계는 300조 원으로 추정할 수 있다(450/300=1.5). 기업의 재무데이터와 시가총액을 이용하여 우리가 일반적으로 주식투자에 참고하는 PER, PBR, PSR* 등의 상대가치를 뽑아 낼

- PER = Price/EPS
  = 시가총액/순이익
- PBR = Price/BPS
  = 시가총액/자본총계
- PSR = Price/SPS
  = 시가총액/매출액

수도 있고 순이익률, 자산회전율, 재무레버리지 등을 이용하여 ROE를 분석할 수도 있다. 영업이익률, 부채비율 등 주요 회계자료와 재무공식은 자본시장에서 돈을 벌고자 하는 투자자들에게 있어서는 너무나 기본적으로 공부해야 할 비율 공식이기도 하다.

또한 경제데이터는 레벨과 비율을 대략적으로 파악하고 있는 것이 좋다. 대표적 거시경제데이터인 세계 각국별 GDP를 살펴보면, 2021년 IMF 추정치 기준 미국 22.7조 달러, 중국 16.6조 달러, 일본 5.3조 달러, 한국 1.8조 달러로 한국에 비해 미국은 12배, 중국은 9배, 일본은 3배의 경제규모를 갖고 있다. 중국은 미국의 73%를 차지하여 투키디데스의 함정*에 빠진 미국과의 무역분쟁을 확인할 수 있고, 또 한국과 일본과의 무역분쟁에 대한 이유도 수치를 통해 확인할 수 있다. 한국의 명목 GDP는 2020년 기준 2,000조 원 수준(1,993조 원)이므로 우리나라 시가총액(2,250조 원)은 GDP보다 10% 높은 수준이다. 2021년도 국내예산은 550조 원 수준(555조 원)으로 GDP의 27%를 차지한다. 투자자들은 이러한 대략의 금액과 비율을 수치화하는 습관을 들이는 것이 좋다.

이는 산업데이터도 마찬가지

투키디데스의 함정: 신흥 강국이 부상할 경우 기존 패권국가가 이에 대한 두려움을 느끼고 무력을 통해 이를 해소하려 하면서 결국 전쟁이 발생한다는 이론

이다. 비율적으로 대략의 큰 틀을 이해하고 자신만의 추정치를 만들어가는 과정이 재무적 투자방법론의 정석적인 투자 과정이기도 하다. 자동차산업의 시장점유율데이터를 보면 2019년 기준 폭스바겐은 1,034만 대로 13%, 도요타는 970만 대로 12%, 르노-닛산은 920만 대로 11%, GM은 775만 대로 9%, 현대·기아차는 720만 대로 8%, 포드는 490만 대로 6%를 차지하고 있다. 큰 변화가 없었다는 가정 하에 2020년도에 테슬라가 50만 대를 생산하면서 전 세계 자동차 시가총액 총합을 넘어섰으니, 테슬라에 대해 투자가들이 얼마나 많은 기대를 하고 있는지 알 수 있을 것이다.

반면 ESG의 데이터들은 수치화해서 비교하기가 쉽지 않다. 산업별 특성이 다르고 기업별 산출방식, 집계방식이 모두 달라서 이런 데이터를 그대로 사용하면 오류가 발생할 가능성이 크다. 주식투자의 방식이 설명변수와 주가수익률과의 인과관계, 상관관계를 찾는 작업이라고 한다면 아직 ESG 데이터는 설명변수로서의 역할을 하기에 부족한 점이 많다. ESG데이터가 향후 회계보고서와 같은 공식적인 수치화와 데이터의 안정화를 얻을 수 있게 되는 데에는 꽤 많은 시간이 필요할 것이다. 하지만 일목요연하게 투자정보를 정리하는 습관을 통해 개연성 있는 ESG데이터를 비율화, 환산화하게 된다면 ESG 투자의 논리성을 키울 수 있을 것이다. 이에 대한 감을 잡기 위해 3부에서는 산업별 원가 비중이나 기업의 시장점유율, 증설규모 등을 자주 언급할 것이다.

ESG 투자는 지속가능한 투자를 말한다

기후, 환경의 문제는 공유지의 비극°으로 설명할 수 있다. 환경오염 문제는 한도를 넘어서면 자연의 정화능력으로 해결되지 않는다. 그래서 강제적으로 탄소중립정책을 전 세계적으로 시행하지 않을 수 없는 상황인 것이다. 그렇다면 어떻게 해야 지속가능한 환경활동이 될 수 있을까? 정답은 이익을 보던 주체는 이익의 일부를 양보해야 하고, 손해를 보는 주체도 일정 부분의 손실을 감수해야 하고, 정부는 균형이 이루어질 수 있도록 감시 및 넛지 활동을 해야 할 것이고, 투자자는 시장메커니즘을 유지할 수 있는 기업에 투자해야 할 것이다. 각 주체의 행동이 지속가능한 생태계 내에서 이루어질 수 있어야 한다.

공유지의 비극: 지하자원, 초원, 공기 등과 같은 개방적인 자원에 대해 개인이 자신만의 이익에 따라 행동함으로써 자원의 고갈을 일으키게 되는 경제·과학적 상황

ESG 투자의 정석

환경비용의 균형점

고탄소 사용기업의 손익계산서   저탄소 사용기업의 손익계산서   지속가능기업의 손익계산서

	FY 1			FY 1			FY 1
매출액	1,000		매출액	1,000		매출액	1,050
매출원가	600		매출원가	1,000		매출원가	850
매출총이익	400		매출총이익	0		매출총이익	200

1번 기업은 고탄소사용기업으로, 석탄을 이용하여 환경은 오염시키지만 에너지비용을 낮추어 40%의 매출총이익률을 만들어 낸다. 반면 2번 기업은 저탄소사용기업으로, 청정에너지를 사용하여 높은 원가부담을 지니는 대신 0%의 매출총이익률을 내는 사회적 기업이다. 기업의 목적은 무엇인가? 이익의 극대화라고 하면 절반은 맞고 절반은 틀리다. 왜냐하면 손익계산서의 이익은 일정 기간의 개념이기 때문이다. 정답은 영속적인 기업이 되도록 노력해야 하는 것이다. 1번 기업은 이익극대화는 이루었지만 공유지에 환경비용을 전가하고 있기 때문에 ESG가 강화되는 미래에는 영속기업이 될 수 없다. 2번 기업은 이익이 안 나기 때문에 영속기업이 될 수 없다. 그렇다면 지속가능 기업을 만들기 위해서는 어떤 구조가 되어야 할까? 주체들 간의 상생이 필요하다. 첫 번째는 원가가 높아지고 이익이 감소하는 것을 감내하며 친환경

에너지를 사용해야 한다. 두 번째로 소비자들이 친환경제품을 사용함에 따라 발생하는 비용을 일부 감내해야 한다. 세 번째로 생산자는 현명한 투자와 R&D를 통해 소비자의 지불용의가격Willingness To Pay[●]에 맞는 가격결정을 해야 한다. 똑같은 제품을 가격만 올리면 최근 이슈가 되는 전 경제의 순환적 그린플레이션의 원인이 될 것이다. 마지막으로 정부는 생산자와 소비자의 적절한 범위 내에서 생태계가 이루어지도록 법과 제도로 균형을 이룰 수 있도록 해야 할 것이다.

이러한 생태 과정에서 투자자는 어떤 투자를 해야 할 것인가? 첫째로 친환경 성장산업에 투자하는 기업과 수혜를 받는 기업, 둘째로 환경비용을 제품가격에 합리적으로 전가시킬 수 있는 혁신기업, 셋째로 적절한 환경투자를 통하여 평판을 높이는 기업 등이 투자의 대상이 될 것이다.

사회의 관점은 경제적 관점보다는 사회, 문화, 지역적 차별에 의한 불균형을 줄이는 상생의 개념이기 때문에 투자의 관점에서 가장 도외시되는 분야이다. 크레디트 스위스의 여성임원 증가가 기업의 이익을 증가시킨다는 보고서 등이 있고 당위성도 있지만 통계학적 유의성은 없다. 따라서 투자에 있어 사회의 관점을 감안한 투자 논리는 다음과 같다.

지불용의가격: 소비자가 상품에 대해 지불할 용의가 있는 최고 가격. 지불 가능금액이라고도 한다.

사회 관점의 균형

중소기업의 매출 Breakdown

	FY 1	FY2
판매량	100	150
판매단가	10	7
매출액	1,000	1,050

중소기업의 손익계산서

	FY 1		FY 1
매출액	1,000	매출액	1,050
매출원가	600	매출원가	600
매출총이익	400	매출총이익	450
판매관리비	200	판매관리비	300
영업이익	200	영업이익	150

경제구조상 대기업은 기득권자이고 중소기업은 약자인 경우가 많다. 특허 등 경쟁력을 갖춘 중소·강소기업은 예외이다. 일반적으로 삼성전자, 현대차 등 완제품 생산기업들은 많은 중소 하청기업과 거래를 하고 있다. 예를 들어 핸드폰이라는 완제품을 만드는 데 위의 중소기업은 생산 초기에 일정 수준의 영업마진을 보장받으며 제품을 생산해 낸다. 하지만 핸드폰이 많이 팔리게 됨에 따라 대기업은 일정 기간마다 강제단가인하(Cost Reduction, 소위 CR)를 단행한다. 대기업은 단가를 30% 인하시켰으나 판매량을 50% 올려줬기 때문에 중소기업의 총매출액은 증가했다고 주장하지만, 중소기업의 입장에서는 판매량을 늘리기 위한 생산시설 증대, 고정비용 증가 등의 이유로 제품 사이클 하락기의 리스크를 고스란히 떠안게 된다. 즉 단기손익계산서에는 안 보이는 재무상태표

의 리스크가 발생한다.

　따라서 사회의 관점에서는 첫째로 대기업은 CR을 억제하고 부품가격의 비용을 합리화시키며 완제품의 고급화를 통해 제품가격 상승에 노력해야 하는데, 이 역시 소비자의 지불용의가격Willingness To Pay 수준에 맞춰 가격결정을 해야 한다. 둘째로 중소기업은 단가를 인하하는 대신 꾸준한 R&D와 친환경제품 개발에 힘쓰고, 단가인하의 억제를 통해 발생하는 이익을 일부 투자해야 한다. 셋째로 소비자는 ESG 기업의 제품을 소비함으로써 개인효용이 높아질 수 있는 제품을 선택해야 한다. 넷째로 정부는 이러한 상생의 생태계가 이루어지는 데 발생하는 기간의 불일치를 해소할 수 있도록 제도적 균형 아이디어를 만들어야 한다.

　지배구조의 관점에서는, 지배주주는 경영권 프리미엄을 과도하게 수취하고 있는 반면 국민연금처럼 아무리 많은 주식비중을 갖고 있어도 소수주주에 불과한 투자자들은 주가 저평가의 피해를 받고 있다.

지배구조 관점의 균형 : 지배주주와 소수주주의 이중가격제도

	Valuation	지배주주	소수주주
지분율		20%	80%
펀더멘탈가치(2,000)	PBR 1.0	400	1,600
시장가치(1,000)	PBR 0.5	-	800
지배주주가치	PBR 10	4,000	-

위의 표를 보면 지주회사는 기업의 펀더멘탈 대비로 50%
이상 저평가를 받고 있다. 어차피 팔 주식이 아니면 지배주
주의 상속증여에는 낮은 주가가 우월한 전략이기 때문이다.
소수주주는 주식시장에서 평가되는 시가총액에 의해 지분
가치를 받는데, 그 밸류에이션이 너무 낮다. 반면에 지배주
주는 어차피 M&A 시에 경영권을 포함한 매각을 하기 때문
에 별도의 가치를 부여받는다. 기업의 펀더멘탈에 근거한 소
수주주와는 다를 수밖에 없다. 위의 표에서 보듯이 소수주주
들은 기업의 PBR 1배에 크게 못 미치는 PBR 0.5배라는 저평
가가치로 주식시장에서 거래되는 반면, 지배주주는 시장보
다 20배 높은 밸류에이션으로 차별화된 평가를 받게 되는 구
조이다. 하지만 언제까지 이러한 불평등이 지속될 수는 없을
것이다.

결국 ESG 활동은 각 영역별로 미래 환경에 맞는 균형을 찾아가기 위한 도구가 된다. 우리는 투자를 함에 있어 어떤 상태가 균형에 맞는 방향성인지를 판단해서, 이를 추구하는 기업들을 찾아내는 투자를 해야 할 것이다.

ESG 투자의 정석

ESG

PART 3

ESG 시대에 떠오르는
산업 & 비즈니스와 투자의 정석

환경산업 투자 재분류하기

환경산업을 3단계로(성숙-인지-개념)

    2050년까지 탄소중립을 만들기 위해 탈탄소산업이 크게 확대될 전망이다. 하지만 사업 분야 별로 수익모델이 상업화되는 데 드는 시간은 각각 다르다. 그래서 투자의 방법도 달라야한다. 기존 탄소산업과 탈탄소산업의 비용이 역전되는 그리드패리티grid parity*에 근접하여 양산투자효과의 가시성이 높은 성숙 단계의 분야도 있고, 실증 단계에서 수익이 가능할 것으로 기대되는 인지 단계의 산업도 있으며, 이론적으로는 너무 좋은데 정부가 마중물을 부은 뒤로도 10년 이상의 연구와 실증이 필요

그리드패리티: 신재생에너지와 전통에너지의 발전단가가 동일해지는 시점

ESG 투자의 정석

환경산업의 단계별 분류

성숙(Mature) 단계의 환경산업			인지(Cognitive) 단계의 환경산업		
전기차	2차전지셀	양극재	수소차	수소차부품	수소연료전지
음극재	분리막	배터리장비	액화수소	CCU/CCUS	리싸이클
동박	알루미늄박	전해액	폐기물	순환자원	기타
풍력	태양광	기타	성숙 단계의 신기술: 음극재실리콘, 분리막전고체 등		

개념(Conceptual) 단계의 환경산업		
수소환원제철법	핵융합	E-Fuel
수전해기술	대체육	그린플라스틱
성숙, 인지 단계의 신기술: SMR 등		

한 개념 단계의 분야도 있다. 예를 들면, 테슬라의 성공 이후
로 전기차와 2차전지는 산업화가 확실시되는 성숙mature된
환경 분야이고, 수소차나 CCUS, 폐기물산업 등은 중기적으
로 산업화가 진행될 것임을 인지cognitive하는 단계이며, 수소
환원제철법, SMR(소형모듈원자로), 핵융합 등은 상업화가 이
루어지기까지 많은 연구와 시간이 필요한 개념conceptual 단
계이다.

발전 단계별로 어떻게 투자할 것인가

　성숙 단계에서는 정부의 보조금과 지원이 점차로 줄어들고 기업의 수익이 가시화되면서 좋은 조건의 재무적 투자를 받아 공격적인 설비투자가 진행된다. 따라서 글로벌상품화 가능성, 전략적·재무적 투자자들의 역량, 장기적 시장점유율, 우수한 원가경쟁력, 남다른 신기술 도입 등이 주요 투자 이슈로 작용하게 된다. 인지 단계에서는 정부의 적극적인 지원과 기업들의 적극적 참여 여부, 성숙 단계로의 진행가능 여부 및 향후 정부의 정책방향 등이 주요 투자촉매가 된다. 상업화가 10년이 넘게 걸리는 개념 단계는 정부의 정책방향이 가장 큰 영향을 미치고, 이슈화될 때마다 신기술 개발이나 실증 단계의 성공 여부, 인지 단계로의 발전가능성 등이 변동성 확대의 테마 형태로 작동할 것이다. 바이오 업체의 경우 전임상, 임상 1상, 2상, 3상별로 투자방법을 각기 달리해야 하는 것과 같다.

ESG 투자의 정석

성숙 단계의 환경(Environment) 산업

성숙 단계 투자는 이런 것이다

성숙 단계의 대표적인 분야는 전기차와 2차전지, 풍력, 태양광이라고 볼 수 있다. 이미 우리는 주변의 아파트 주차장에서도 충전하고 있는 전기차를 흔하게 볼 수 있다. 전기차 보급율 세계 1위이고 전기차 판매비중이 54%인 노르웨이가 미래의 우리 모습이 될 것이다. 전기차 세계 1위인 테슬라는 2020년도 50만 대, 2021년도 93만 대로 전년 대비 87% 증가하면서 시장점유율 20%를 차지하고 있다. 전기차 수요는 2020년 200만 대에서 2021년도 400만 대 이상으로 100% 이상 증가했다. 글로벌 신차 수요가 8,000만 대 수준임을 감안

할 때 전기차의 비중은 아직 미미하지만 성장세는 앞으로 가
파르게 상승할 것이 틀림없다. 전기차의 상업성이 입증됨에
따라 폭스바겐, 현대·기아차, BMW 등 기존 자동차업체뿐
아니라 리비안, 루시드모터스, 피스커 등 신생 전기차 전문
업체들에 대한 관심도 높아지고 있고, 니오, 샤오펑, 리오토

성숙 단계 환경산업

전기차	2차전지셀	양극재
음극재	분리막	배터리장비
동박	알루미늄박	전해액
풍력	태양광	기타

성숙 단계의 환경산업 주가 추이

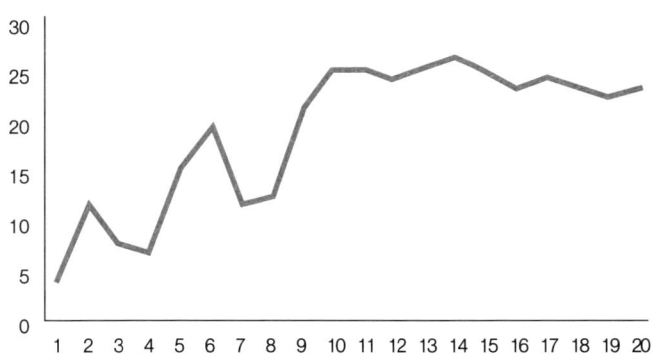

※ 매출성장률이 둔화되기 전까지 상승추세는 지속되며 높은 밸류에이션을 유지하나,
성장률이 Peak out하는 시점부터는 성장주로서의 매력이 급격히 둔화된다.

등 중국 3대 전기차 업체 등의 규모도 커지고 있어 전기차시장을 놓고 일대 대격들이 일어날 것으로 보인다.

전기차의 성숙 단계 진입으로 전기차의 40%를 차지하는 2차전지의 수요도 폭발적으로 증가하고 있고, 2차전지 소재, 부품, 장비 또한 검증된 신성장산업으로 분류되고 있다. 특히 에너지전환에 따라 그리드패리티에 근접하게 되면서 냉정하게 친환경으로 분류할 수 있는 에너지는 풍력, 태양광, 수력 외에는 없어 보인다(송배전비용은 제외). 원자력은 원가경쟁력은 있지만 논쟁적이고, CCUS를 장착한 탄소발전도 엄밀하게 친환경은 아니다. 따라서 지형적 조건이 필요한 수력은 차치하고 풍력과 태양광은 전 세계가 오랜 기간 검증한 성숙 단계의 환경산업으로서 매년 20% 이상 증가가 예정된 성장산업으로 분류할 수 있다.

이미 상업화가 검증된 전기차, 2차전지, 풍력, 태양광산업 등은 시장에서 미래 ROIC(투하자본 대비 수익률)가 미래 WACC(가중자본비용)보다 높을 것이라고 평가됨으로써 낮은 펀딩코스트를 이용해 투자가 확대되고 규모의 경제가 이루어진다. 이런 부류의 산업은 글로벌화와 대규모 설비투자 및 수주, 재무적 투자자의 자금유치 등을 살펴봄으로써 산업의 성장을 직접적으로 확인할 수 있다. 투자자의 입장에서 장기 성장성이 검증된 산업은 높은 시장변동성과 단계별 상승의 특징을 가지므로 시장의 노이즈로 하락폭이 커질 때 실적을 확인하는 방법, 즉 일정 수준(고점 대비 30~40%) 이상 하락 시 점진적으로 저가매수를 하는 전략이 수익률 측면에서 유리하다. 시간이 지나 성숙 단계가 고도화되면 성장주로서의 매력도는 떨어지고 밸류에이션이 하락 단계로 변화하게 된다.

전기차 전문업체와 레거시(legacy) 자동차업체의 대결

  미국과 중국의 신생 전기차 메이커들은 공격적인 투자계획을 발표하고 있다. 자동차산업은 탑승자의 안전이 중요한 산업이므로 스마트폰을 만드는 것처럼 간단하지 않다. 이에 따라 전기차 100만 대 이상의 양산을 경험한 테슬라와 자동차 완성도 및 판매채널에서 우위에 있는 폭스바겐, 현대·기아차, GM, 포드 등 기존 내연기관차 제조업체들의 점유율 경쟁이 향후 관전포인트가 될 것이다. 또한 전기차 투자에 극도로 보수적이었던 도요타조차도 노스캐롤라이나에 12.9억 달러(약 1조 5,000억 원)를 투자해서 2025년까지 4개의 생산라인

ESG 투자의 정석

을 건설하겠다며 전기차시장 참전을 선언했다. GM은 2025
년 전기차 100만 대 판매가 목표이고, 포드는 2023년까지 연
간 60만 대 판매를 목표로 하고 있다. 우선은 북미의 픽업트
럭시장에서 회사별 제품경쟁력을 확인할 수 있을 것이다.

미국 출시예정 전기 픽업트럭

	리비안 RIT	테슬라 사이버트럭	GM Hummer EV	Ford F-150 Lightning
주행거리(km)	370/505/644	402/483/805	563/483/402	370/483
배터리 용량	135,180kWh	200-250kWh	200kWh	125,170kWh
가격($)	61,500	39,900	픽업: 122,595 / SUV: 79,995	39,974

자료 : 각 사

테슬라는 앨런 머스크라는 괴짜 CEO의 리더십과 SF영화
에서나 볼 수 있는 신기술의 적용으로 시대의 아이콘이 되었
다. 단순히 전기차(EV)에서 1위를 하고 있는데 그치지 않고,
기존 오토파일럿 첨단보조주행기능에다 한층 향상된 부분
자율주행기술인 FSDFull Self Driving* 구독서비스를 더한 데
이터 기반 서비스 제공으로 수익창
출을 가일층했다. 향후 P2P 라이드
쉐어링, 로보택시 등의 모빌리티도
구상하고 있다. 또한 전기차 플랫

FSD: 테슬라 차량에는 오토파일럿
기능인 차선 내 중앙 유지, 전방차량
간격 유지 기능이 기본적으로 탑재
되는데, 이 외에 내비게이션 기반 자
동주행, 자동 차선변경 등의 부가기
능을 추가한 것이다.

폼기반 구축을 위한 충전인프라 보급, 태양광 및 ESS 에너지 사업 진출, 관계기업인 스페이스X를 통한 글로벌 위성통신 망인 '스타링크' 구축 등 혁신적인 비즈니스 모델을 만들고 있다. 현재는 전기차기업의 성격을 띠고 있으나 장기적으로 데이터기반 서비스기업으로 확장될 것으로 보인다.

2020년 배터리데이에서 전기차 주행거리를 54% 늘리고 kWh당 제조원가를 56% 절감하며 기가팩토리 설비투자금액을 69% 낮출 수 있다고 하는 등, 기술을 선도할 뿐 아니라 원가까지 절감할 수 있는 양산기술까지 보유하였다고 평가되고 있다. 기존의 캘리포니아 60만 대, 상하이 45만 대 캐파에

테슬라 HW 3.0 센서구성과 커버리지, Automotive Teardown Tracks(2020)

자료 : POSRI

ESG 투자의 정석

베를린 70만 대, 텍사스 50만 대의 설비가 추가된다면 225만 대 생산체계를 갖추게 된다. 특히 베를린 공장이 가동되면 관세를 낮추어 유럽 침투율이 크게 증가할 것으로 기대된다.

현대·기아차는 정의선 회장 취임과 동시에 경쟁사보다 빠르게 E-GMP라는 전기차 플랫폼을 구축하면서 변화의 가능성을 보여 주었다. 하지만 기존 캐시카우인 내연기관차량의 급격한 카니발라이제이션Cannibalization을 방어하려다 보니 친환경차량에 대한 적극성이 떨어지는 모습을 보여 주고 있다. 오프라인 유통시장의 강자였던 롯데그룹이 온라인시장 진출에 따른 카니발라이제이션에 주저하는 사이 쿠팡이나 마켓컬리 같은 전문 온라인업체에 소비자들의 관심을 빼앗겼던 것과 같은 상황이 될 수도 있다는 점에서 빠른 글로벌헤게모니 장악이 필요하다. 현대차는 2022년까지 4개 모델(GV60, GV80 EV, 아이오닉6, 코나EV 후속)을 출시할 예정이고, 기아차는 2개 모델(니로 2세대, 소형 SUV EV)을 출시할 계획이다. 현대·기아차의 EV 판매비중은 2019년 전체 판매대수 725만 대 대비 2.6% 수준이었는데, 2026년에는 89만 대로 17%, 2030년에는 187만 대로 36%를 목표로 하고 있다. 현재 글로벌 전기차시장에서 5~6%의 점유율을 지니면서 테슬라, BYD, 폭스바겐, GM에 이어 5위권을 유지하고 있는데 2030년에는 글로벌 전기차 시장에서 12%의 M/S를 목표로 하고 있다.

현대차그룹의 E-GMP 구조

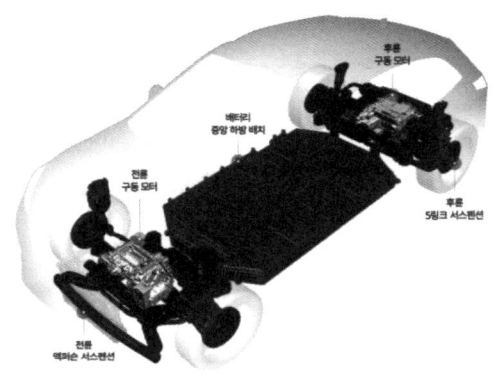

E-GMP의 부품배치도

자료 : 현대차그룹

　폭스바겐은 중국시장 점유율 1위의 높은 브랜드 인지도를
보유하고 있고, MEB 기반의 ID시리즈를 통해 전기차시장에
서 중국의 로컬업체, 테슬라 등과 경쟁 중이다. 중국은 글로
벌 전기차시장에서 성장이 가장 빠르게 성장하는 지역이다.
2021년 파워데이에서 통합 셀Unified Cell 도입, 50%의 배터리

비용 절감(엔트리 기준), 유럽내재화(2030년 230GWh) 계획 등을 발표하며 전기차에 대한 의지를 나타냈다. 특히 노스볼트, CATL 등과의 협업을 통해 각형 배터리 채용 확대계획을 밝히면서 한국 배터리업체들의 파우치형과 다른 방향으로 진행하는 모습을 보이고 있다. 각형은 대량생산이 용이하고 안정성이 뛰어나지만 무게가 무겁고 에너지밀도가 낮다는 단점이 있다. 하지만 전고체배터리로의 진화, 중국 배터리업체와의 협력 등이 용이하기 때문에 각형을 선택한 것으로 추정되며, 중국과 유럽 시장에서 전기차주도권을 잡기 위해 노력할 것으로 보인다. 폭스바겐의 2019년 EV 판매비중은 전체 판매대수 1,100만 대 대비 1.3% 수준이었는데, 2025년도에 300만 대로 30%, 2030년도에는 600~800만 대로 50%를 목표로 하고 있다.

폭스바겐의 케미스트리와 원가절감계획

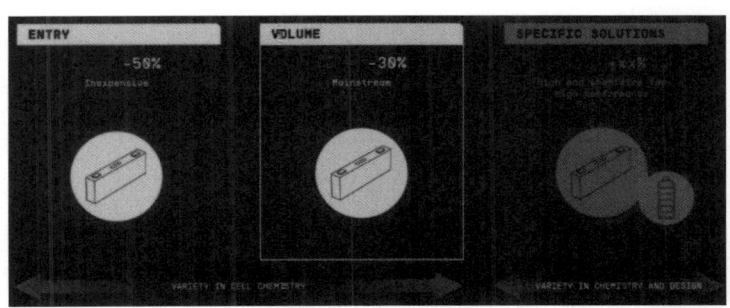

자료: 폭스바겐

미국 신생전기차회사인 **리비안**은 2009년 MIT 출신 로버트 스캐린지가 설립한 미국 전기차 스타트업이다. 2017년 미쓰비시의 일리노이 공장을 인수를 통해 생산을 시작했다. 주요 사업모델은 B2C 대상으로 전기차 RV를 판매하는 것이고, B2B로는 전기차 플랫폼과 배터리사업을 추진하고 있다. 전기차 모델은 초기 미국 내 수요가 높은 SUV/픽업트럭/밴에 집중하고, 2022년부터는 유럽 및 중국에서 로컬형 SUV를 판매할 계획이다. 플랫폼사업으로는 포드의 투자를 받아 리비안 플랫폼을 통해 BEV 모델을 개발하는 방식과 아마존에서 투자를 받아 전기밴을 생산하는 방식 등을 택하고 있는데, 아마존은 2023년에 10만 대를 주문한 것으로 알려져 있다. 테슬라의 사이버트럭, 로즈타운의 인듀어런스, GM의 GMC 허머 EV, 포드의 F-150 EV 등과의 경쟁이 격화될 전망이나, 아마존이나 포드 등에 대한 전략적 투자자유치와 성공적 IPO를 통해 100억 달러의 설비투자자금을 확보함으로써 성장의 교두보를 구축했다. 리비안은 2023년까지 15~20만 대의 생산설비를 갖출 계획을 갖고 있다.

　　또 하나의 미국 전기차업체인 **루시드**는 럭셔리전기차 브랜드로, 2021년 첫 전기세단인 루시드에어를 출시했다. 현재 생산능력은 연간 3만 4,000대 수준이나 2022년에는 2만 대 생산을 목표로 하고 있으며, 2023년 말까지는 9만 대로 늘리고 SUV 라인업을 추가해서 총 생산 대수를 40만 대로 확대할 계획이다. IPO를 통해 보유한 현금이 2021년 3분기 말에 5조 원에 달하고 있어 당분간 투자자금의 어려움은 없지만, 공격적인 확장계획을 뒷받침할 추가적인 자금조달이 필요하므로 2025년까지는 신차의 제품경쟁력을 시장에 증명해야 할 것으로 보인다.

중국 전기차시장의 3인방 중 **니오**는 텐센트가 투자한 중국 프리미엄 전기차업체이다. 니오데이에서 2022년 4분기 초고용량 150kWh 전고체전지를 신차에 도입하겠다고 밝혔고, 배터리 구독옵션을 통해 배터리가 출시될 때마다 스왑을 통한 업그레이드를 시행하겠다고 밝혔다. NAD Nio Autonomous Driving 기능을 통해 고속도로주행뿐 아니라 도심주행도 가능한 기능을 제공할 계획이다. 니오는 현재 10만 대의 생산캐파를 갖고 있는데, 허페이 JAC 공장에 15~30만 대, 허페이 Neo Park에 30만 대를 증설할 계획이다. **샤오펑**은 알리바바가 투자한 회사로 광동에 10만 대 캐파를 보유하고 있는데, 향후 광동에 20만 대, 우한에 1만 대를 추가증설할 계획이다. **리오토**는 창저우에 10만 대 캐파를 보유하고 있는데, 향후 장저우에 12만 대, 베이징에 10만 대를 증설할 계획이다. 2021년도에는 샤오펑이 니오와 리오토를 제치며 폭발적인 성장세를 보였다.

	기업명	종목코드	기업명	종목코드
주요 전기차업체	테슬라	TSLA.US	피스커	FSR.US
	폭스바겐	VOW.GR	상하이자동차	600104.CN
	현대차	005380.KS	BYD	002594.CN
	기아	000270.KS	니오	NIO.US
	리비안	RIVN.US	샤오펑	XPENG.US
	루시드	LCID.US	리오토	LI.US

전기차의 40%인 2차전지셀

전기차에서 2차전지가 차지하는 비중은 40%를 상회한다. 최근 핀란드의 한 남성은 테슬라 2013년 모델S를 다이너마이트로 폭파시키는 영상을 유튜브에 올렸다. 테슬라S의 성능이 떨어져 서비스센터를 찾았다가, 배터리 교체에 2만 달러를 요구하자 차라리 차량을 폭파함으로써 전기차 유지비가 비싸다는 사실을 알리려고 했다는 것이다. 이 정도로 전기차에서 배터리의 가격은 절대적이다. 하지만 높은 배터리 교체비용에도 불구하고 전기차의 수요는 매년 크게 증가하고 있고, 그에 따라 배터리의 수요도 큰 폭으로 증

글로벌 배터리업체 : EV 배터리 시장점유율

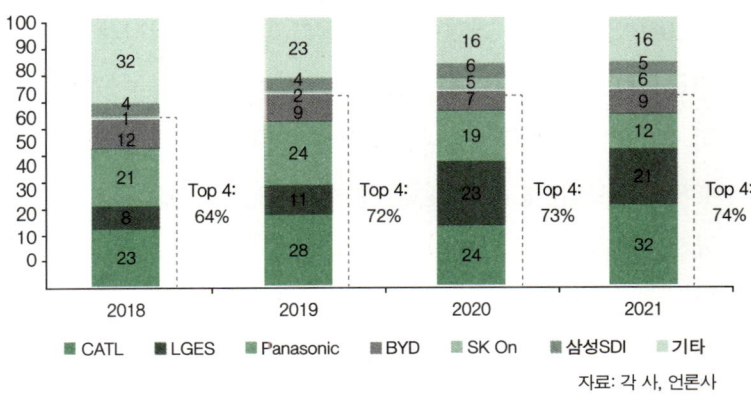

자료: 각 사, 언론사

가하고 있다. 2021년 185GWh였던 글로벌 배터리 수요는 2030년 2,035GWh까지 증가할 것으로 전망되고 있다. 전기차 배터리와 ESS[*] 시장을 합치면 2030년에는 반도체산업의 규모를 넘어서는 거대산업이 될 것으로 보인다.

전기차 배터리산업은 10여 년간의 적자상태를 지나 서서히 이윤을 창출하는 단계로 진입했다. 그동안 배터리사업은 시장성장세에 비해 투자금이 더 큰 구조였다. 또한 LG에너지솔루션의 리콜과 SK이노베이션의 소송에서 보듯이 큰 비용이 발생하는 예측불가능한 비즈니스모델로 여겨졌으나, 이제는 투자가

ESS(Energy Storage System): 에너지 저장시스템으로, 원하는 시간에 전력을 생산하기 어려운 태양광, 풍력 등의 신재생에너지를 미리 저장했다가 필요한 시간대에 사용할 수 있게 한 시스템이다.

공격적으로 이루어지고 있다.

2010년 초 10여 개였던 세계 전기차배터리 공장은 2021년 기준으로 운용 및 건설 중인 공장이 145개로 증가했다. 특히 유럽지역의 배터리 생산능력은 1,230GWh로 북미지역의 488GWh보다 세 배가 많다. 현재 진행 중인 배터리 관련 신규사업은 아시아 지역이 전체 글로벌 투자 규모의 56%, 북미지역이 31%를 차지하고 있다. LG에너지솔루션, SK온은 북미지역에 공격적인 투자계획을 발표하면서 투자규모를 늘리고 있고, 미국과 유럽은 중국 배터리 의존도를 낮추기 위해 자국 내에 생산인프라를 확대하고 있다. 이에 따라 우리나라 3대 배터리업체는 최대시장인 미국에서의 공격적인 투자를 결정했다. 미국도 배터리를 반도체만큼 중요한 미래산업의 핵심축으로 보기 시작했고, 한국기업을 핵심파트너로 생각하기 시작했다.

미국 3대 완성차업체인 GM, 포드, 스텔란티스와 한국의 배터리 3사는 전기차 400만 대 생산규모인 연 330GWh 공장에 27조 원을 투자하기로 했다. 2021년 기준 1,500만 대 규모의 미국 자동차시장에서 전기차가 차지하는 비중은 3% 수준인데, 이들은 향후 10배 규모의 배터리 공장을 증설하겠다는 계획을 갖고 있다. 배터리는 부피가 크고 무거우며 전기차 제조비용의 40%를 차지하기 때문에 미국의 완성차업체들은 현지합작 생산을 통해 공급안정성을 확보하려고 하고 있다. 미국은 GDP의 3%를 차지하고 180만 명의 직간접 일자리를 보유하고 있는 자동차산업을 중시해서 전기차로의 전환을 통해 경쟁력을 갖추고자 하며, 또한 우리 배터리기업들은 자동차산업의 중심지에서 직접 생산을 할 수 있다는 장점과 한국이 RE100을 맞추기 위한 친환경에너지 공급에 적합하지 않다는 현실에 주목한다. 이것이 미국의 완성차업체들과 한국의 배터리 3사가 결합하게 된 상황이라고 할 수 있다.

전기차용 2차전지에는 액체전해질을 사용하는 리튬이온 배터리를 많이 사용하는데, 가볍고 우수한 전압 특성을 갖는다. 양극(+)과 음극(-)으로 분리된 양극에 액체로 된 전해질이 통과할 때 충전과 방전의 과정이 이루어진다. 배터리의 4대 핵심소재는 양극재, 음극재, 분리막, 전해액으로 구성된다. 2차전지 소재의 주요 이슈를 보면, 양극재는 테슬라의 LFP(인산철) 채용에 따른 시장확대 가능성, 음극재는 실리콘 소재의 사용의 확대, 분리막은 전고체배터리의 개발 등의 신기술 이슈가 맞물려 있다. 2차전지 배터리의 점유율은 CATL 32%, LG에너지솔루션 22%, 파나소닉 14%, BYD 8%, SK온 6%, 삼성SDI 5% 등으로, 한중일 3국이 각축전을 벌이고 있다.

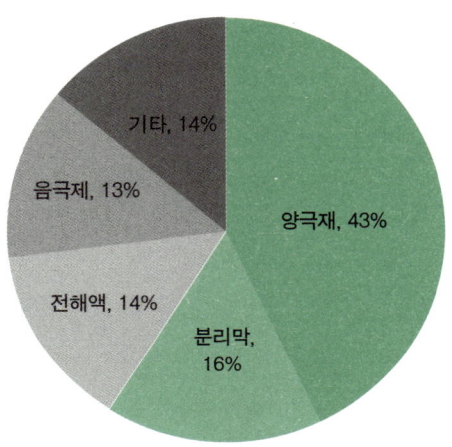

2차전지 재료비 구성

- 양극재, 43%
- 분리막, 16%
- 전해액, 14%
- 음극제, 13%
- 기타, 14%

자료 : NH투자증권

테슬라는 배터리데이에서 선행 배터리기술인 4680배터리를 공개했는데, 기존 2170배터리 대비 길이가 2배 정도인 데 비해 용량은 다섯 배가 많으며 주행거리는 16%가 증가한 것이다. 4680배터리는 용량 대비 소재가 적게 사용되므로 가격을 낮추고 전기차에 탑재하는 배터리 개수를 줄일수 있다. 현대차의 아이오닉5에 배터리셀이 300개 들어간다면 4680은 60개가 들어간다. 삼성SDI는 원통형 배터리 크기를 키우는 방식을, SK온은 파우치 배터리 길이를 늘이는 연구를 하고 있으며, LG에너지솔루션은 원통형과 파우치형 배터리 크기를 늘리는 등 폼팩터 변경을 통해 테슬라의 배터리정책에 대응하려 하고 있다. 또한 테슬라가 저가형 모델에 리튬인산철(LFP)을 채용하겠다고 선언한 후 LFP가 주목받고 있다. 중국 궈센은 고사양 LFP 배터리셀의 에너지밀도를 210Wh로 올리는 것을 목표로 하고 있는데, 이는 우리가 예상하던 LFP의 한계를 넘어선 것이라고 한다. 이에 SK온도 전기차 배터리 양극재로 삼원계(NCM)에 이어 LFP를 추가했고, 테슬라, 폭스바겐에 이어 현대차와 스텔란티스도 LFP, 각형 기반의 셀투팩 혹은 셀투섀시를 준비하고 있다. 파우치, 원통형 기반의 LG에너지솔루션은 각형과 LFP 진출을 계

국내 배터리 3사의 주요기술

LG에너지솔루션: 배터리 포트폴리오

	삼원계	LEP
원통형	○	
파우치형	○	진출 계획
각형	진출 계획	

삼성SDI: 배터리 포트폴리오

	삼원계	LEP
원통형	○	
파우치형		
각형	○	

SK온: 배터리 포트폴리오

	삼원계	LEP
원통형		
파우치형	○	진출 계획
각형	진출 계획	

참고: 중대형 배터리 기준, 자료: 삼성증권 정리

획하고 있고, 파우치형 기반의 SK온 또한 각형과 LFP 진출을 검토하고 있다. 그리고 파나소닉은 각형과 원통형, CATL은 각형과 파우치형을 각각 개발 중이다.

LG에너지솔루션은 LG화학(051910.KS)에서 물적분할하여 설립된 2차전지 전문 제조 및 판매업체로, 스마트폰과 노트북에 사용되는 원통형 전지를 시작으로 전기차용 2차전지로 제품군을 확장해 갔다. 2021년 기준 연간 155GWh의 생산능력을 보유 중이며, 2025년까지 400GWh로 확대할 계획이다. 현재 전기차용 배터리 사용량 기준 글로벌 점유율 22%로 중국 CATL(32%)에 이은 세계 2위 업체이다. 2019년 국내 ESS 리콜로 4,200억, 현대차 코나 리콜로 6,900억, GM 볼트 7,200억, 글로벌 ESS 4,200억 등 3년간 2조 3,000억 원의 리콜 비용이 발생하여 부진한 실적을 보였으나 공격적인 증설을 통한 시장선점과 안정적인 기술력으로 북미시장 성장에 따른 수혜가 예상되며, 향후 CATL과 함께 배터리시장의 강력한 2강으로 군림할 것으로 기대된다.

CATL은 2011년 ATL에서 분사해서 설립된 현재 글로벌 1위의 2차전지업체이다. 매출액의 대부분이 2차전지에서 창출되고 있으며, 중국의 전기차시장 및 자국산업육성정책

ESG 투자의 정석

에 따라 내수시장을 중심으로 큰 폭으로 성장하고 있다. 중
국시장에서 폭스바겐, BMW 등과의 레퍼런스를 갖고 있고,
15GW를 시작으로 100GW까지 확대할 예정인 독일시장을
중심으로 해서 유럽시장으로의 진출을 계획하고 있다. 인산
철LFP 방식이 주력이나 NCM 방식도 하이니켈을 중심으로
비중을 확대하고 있다. 또한 양극재(Dynonic), 음극재(푸타이
라이), 전해액(천사첨단신소재), 분리막(은첩), 리튬화합물(강봉리
튬) 등 우수한 소재공급망을 보유하고 있어 글로벌 경쟁력을
갖추고 있다.

중국 EVB 시장 내 업체별 점유율 (2019년 연간 기준)

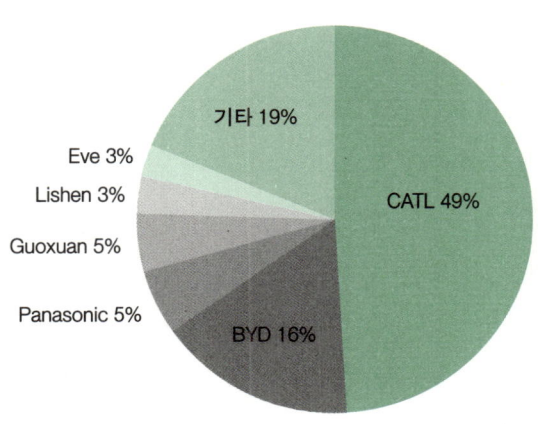

자료 : SNE리서치, 대신증권

SK온은 SK이노베이션(096770.KS)에서 물적분할한 배터리 전문업체로 연 40GWh 규모의 배터리 생산능력을 보유하고 있는데, 2025년 220GWh, 2030년 500GWh로 확대할 계획이다. 투자자금 조달을 위해 물적분할 이후 상장(IPO)를 준비하였으나, 유사한 구조로 상장되었던 LG에너지솔루션 상장 시의 시장충격으로 인해 상장시기가 늦춰질 것으로 보인다. 헝가리 3공장, 중국 옌청공장, 미국 포드와의 합작사 투자 등을 감안할 때 2027년까지 13~15조 원의 투자자금을 필요로 하는데, 모회사 격인 SK이노베이션의 투자자금에 전적으로 의존하기는 어려운 구조이므로 전략적 투자가를 통한 프리IPO나 해외상장을 검토할 가능성도 있다.

삼성SDI는 2차전지셀과 전자재료 사업을 영위하는 기업이다. 성장성 중심으로 투자하는 다른 전기차용 2차전지업체들과 달리 수익성 위주의 보수적인 투자전략으로 생산설비를 증설하고 있기 때문에 투자속도가 경쟁사들에 비해 느리다. BMW와 폭스바겐 등 유럽 자동차 기업으로부터 2차전지를 수주한 뒤 이에 맞춰 헝가리에 전기차용 2차전지공장을 건설했으며, 지속적으로 이 지역에 투자를 확대하고 있다. ESS용 2차전지 부분에서는 시장점유율 1위를 기록하고 있는데, 재생에너지 설치 확대에 따른 ESS 출하량 증가가

ESG 투자의 정석

기대된다. 현대차와 리비안에 원통형 전지를 공급할 것을 발표하는 등 기존의 전동공구향 시장이 전기차로 확대되고 있다는 점이 긍정적이다. 국내 유일의 각형 배터리업체로서 폭스바겐의 각형 셀 채용계획에 따른 수혜가 가능할 것으로 보인다.

노스볼트는 전기차용 배터리를 생산하는 유럽 업체로, 스웨덴에 첫 배터리공장을 설립한 이후 독일 등지로 생산기지를 확대하면서 유럽 내 최대 배터리셀업체로의 도약을 노리고 있다. 스웨덴 기가팩토리는 2022년에 100만 대의 전기차용 배터리를 공급할 수 있는 연 60GWh의 생산능력을 갖출 계획이며, 2030년까지 총 생산능력을 150GWh로 올리려는 계획을 갖고 있다. 배터리 내재화를 선언한 완성차업체 폭스바겐이 지분 20%를 인수하여 2021년에 140억 달러(18조 원)에 달하는 배터리셀 물량을 선주문하는 등 양사가 전략적 제휴를 맺고 있다.

	기업명	종목코드	기업명	종목코드
주요 2차전지 셀업체	CATL	300750.CN	파나소닉	6752.JP
	LG에너지솔루션	373220.KS	BYD	002594.CN
	SK온	-	노스볼트	-
	삼성SDI	006400.KS		

배터리 원가의 43%를 차지하는 양극재

양극재는 리튬계 산화물을 알루미늄 포일에 코팅하여 리튬이온의 화학반응을 통해 전기에너지를 생성하는데, 양극활물질은 리튬전지 핵심소재로서 금속염의 구성성분에 따라 LCO, LCM, NCA, LMO 및 LFP 등으로 구분된다. 배터리 원가에서 양극재가 차지하는 비중은 43%로, 양극재는 배터리에서 가장 크고 중요한 핵심소재가 된다. 양극재의 원재료는 니켈, 코발트, 망간, 알루미늄을 사용하는데, 한국 업체들은 에너지밀도가 높은 NCM/NCA 삼원계를, 중국 업체들은 가격경쟁력이 높은 LFP(인산철)를 주로 사용한다. 전기자동차용 차세대 양극재 개발 방향은 에너지밀도가 높은 하이니켈(니켈 80% 이상 함유) 양극재와, 충방전효율이 높고 수명이 향상된 단결정 양극재로 진행되고 있다. 양극재의 시장점유율은 벨기에의 유미코어 10%, 일본의 스미토모 7%, 니치아 7%, 한국의 LG화학 6%, 에코프로비엠 6%, 엘앤에프 6%순이다.

테슬라는 LFP 배터리(리튬, 인산, 철)를 저가형인 스탠다드 모델에 채용하겠다고 함으로써 삼원계가 주력인 국내배터리 업계를 긴장하게 만들었다. LFP는 중국 업체들의 주력 배터리방식으로, 가격경쟁력을 배경으로 한국의 주력상품인 삼

ESG 투자의 정석

원계 배터리와 경쟁하고 있다. LFP 배터리는 코발트 대신 가격이 저렴한 철, 인산을 쓴다. 가격이 삼원계의 70~80% 수준으로 저렴하고 안정성이 높은 것이 장점이지만, 부피가 크고 에너지밀도가 낮아서 주행거리가 삼원계의 절반 정도라는 것이 치명적인 단점이었다. 그런데 중국 기업들이 기술 개발을 통해 이를 70% 수준까지 끌어올리자 전기차 1위 기업인 테슬라가 LFP 배터리 채용을 선언한 것이다. 이어서 벤츠, 포드, 폭스바겐도 LFP 도입을 선언했다. 배터리 비용이 전기차 전체 몸값의 40%를 차지하는 만큼 자동차업체로선

양극재종류별 특징

	LCD	NCM	NCA	LMO	LFP
분자식	LiCoO2	Li(Ni, Co, Mn)O2	Li(Ni, Co, Ai)O2	LiMn2O4	LiFePO4
성분	리튬/코발트	리튬/니켈/코발트/망간	리튬/니켈/코발트/알루미늄	리튬/망간	리튬/철/인
구조	층상구조	층상구조	층상구조	스피넬 구조	올리빈 구조
전자용량 (mAh/g)	145	120~	160~	100	150
작동전압(V)	3.7	3.6~	3.6~	4.0	3.2
안전성	높음	다소 높음	낮음	높음	매우 높음
수명	높음	중간	높음	낮음	높음
기술 난이도	쉬움	다소 어려움	어려움	다소 어려움	어려움
용도	소형	소형, 중대형	중형	중대형	중대형

자료 : SNE리서치, IBK투자증권

가격경쟁력을 위한 타당한 선택으로 볼 수 있다. 특히 이 같은 성장에는 중국 정부의 정책이 핵심으로 작용했는데, 전기차 보급 초기부터 배터리 성능기준을 적용하여 보조금 차등 지급을 해 왔다. 기준을 만족시키지 못하면 시장에서 살아남지 못하게 관리하였고, 중국 배터리기술의 수준이 올라오기 전까지는 한국, 일본의 배터리를 배제하면서 자국산업 보호 정책을 활용했다.

최근 중국정부는 이전보다 강력한 배터리 시장기준을 발표했는데, 한국이나 일본을 견제하기 위해 시장진입 허들을 높였던 과거와 달리 이번에는 자국의 산업경쟁력을 높이는 정책을 채택했다. 중국 공업신식화부는 리튬이온 배터리업계에 대한 관리를 강화해서, 산업발전과 기술진보를 위한 리튬이온 배터리업계 규범조건과 리튬이온 배터리업계 관리방법의 개정안을 발표했다. 중국 내 리튬이온 배터리기업은 배터리 관련 제품의 생산, 판매, 서비스 인프라 구축 외에, 연간 매출액의 3% 이상 연구개발 투자, 연간 생산능력의 50% 이상 생산량 확보 등을 필수조건으로 내걸어야 했다. 과거에는 없었던 기준으로, 한국이나 일본의 기업에 대해서도 중국 내에 R&D조직을 갖추게 했다.

높은 수준의 배터리 기술기준도 마련했다. 정보기술기기

등 소비전자형 배터리셀은 에너지밀도가 kg당 230Wh 이상이고 팩에너지밀도는 kg당 180Wh 이상이며 충방전 수명은 50회를 넘어야 한다고 규정했다. 전기차용 삼원계(NCM, NCA) 배터리의 경우는 에너지밀도 kg당 120Wh 이상, 팩에너지밀도 kg당 150Wh 이상으로 규정했다. 현재 LFP 배터리셀 에너지밀도가 kg당 140~160Wh인 것과 비교하면 10% 이상 높아진 수치이다. 국내 기업이 주로 생산하는 삼원계 배터리는 이미 210Wh 이상이어서 문제될 게 없지만, 중국 기업의 상당수는 기술고도화가 시급한 상황이다. 중국은 일정 기간은 자국의 후발 산업을 보호하다가 계획한 시간이 지나고 나면 기술을 갖추지 못한 기업을 도태시키는 전략을 쓰고 있다. 한편 IT소재의 최강자였던 벨기에의 유미코어는 2차전지 투자에 보수적으로 대응하다가 한국 기업의 공격적인 증설에 뒤처졌다는 평가를 받고 있다.

에코프로비엠은 에코프로(086520.KS)에서 물적분할하여 상장한 2차전지 양극활물질업체이다. 양극재는 양극활물질, 도전재, 바인더 등으로 구성되는데, 양극활물질이 원가의 97%를 차지한다. 에코프로비엠은 글로벌 NCA양극재시장에서 세계 2위의 점유율을 보유하고 있다. NCA 제품 생산을 위해 삼성SDI와 합작해서 에코프로이엠의 설립에 2,520

억 원의 투자를 단행했는데, CAM6 양극재공장에서 연 3.6
만 톤을, CAM7에서 연 5.4만 톤을 양산할 예정이다. SK이
노베이션과 10조 원의 양극재 공급계약을 체결하고 3년간
(2024~2026) NCM양극재 공급을 수주하여, 양극재 설비에
1,340억 원의 투자를 계획 중이다. 현재는 연 2만 8,800톤의
생산규모이다. 에코프로글로벌을 중심으로 미국과 유럽에
중간지주사를 만들어서 양극재/전구체 리사이클을 아우르
는 NCA, NCM 합작법인 설립을 준비하고 있다. 헝가리에 10
만 8,000톤 규모의 양극재 생산공장을 건설 중인데, 이는 전
기차 135만 대 규모에 해당한다. 2025년까지 국내외 양극재
공장에서 생산할 규모를 29만 톤에서 55만 톤으로 상향조정
했다(국내 23만 톤, 유럽 14만 톤, 미국 18만 톤 등).

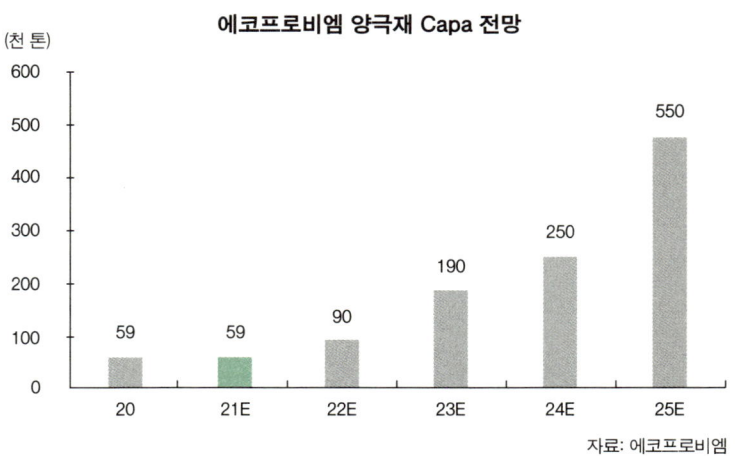

에코프로비엠 양극재 Capa 전망

자료: 에코프로비엠

ESG 투자의 정석

엘엔에프는 NCM/NCMA 등 삼원계와 사원계 양극재 및 전구체 매출비중이 100%인 양극재회사이다. 국내 주요 고객사는 삼성SDI와 SK온인데, 기존 파우치형 배터리 생산에 주력하던 국내 주요 고객사들이 테슬라향 NCMA 원통형 배터리를 공급하기 시작하면서부터 양극재 매출이 크게 증가하기 시작했다. LG에너지솔루션 향으로 2020년 1조 4,500억 원 규모의 양극재 공급계약을 체결하였고 SK온과도 1조 원대의 하이니켈 NCM양극재 수주계약을 체결함으로써 향후 매출이 더욱 증가할 것으로 예상된다. 성장하는 전기차시장에 대응하기 위해 생산능력을 2021년 4만 톤으로 확대했고, 2024년에 국내 20만 톤, 2025년에는 국내외 35만 톤까지 확대할 계획이다.

엘앤에프 생산설비 투자계획

구분	기존		구지	추가 증설	중기 목표
	혜관	대구			
CAPA	5,000톤/연	15,000톤/연	100,00톤/연	α	120,000톤/연 + α
생산제품	NCM523, LCO	Nickel 50~70% NCM	NCM, High Nickel NCMA	차세대 NCMA	LCO, LMO, NCM High Nickel NCM NCMA
완공 예정	-	-	'22년 말	-	-
CAPEX	-	-	4,500억	-	-

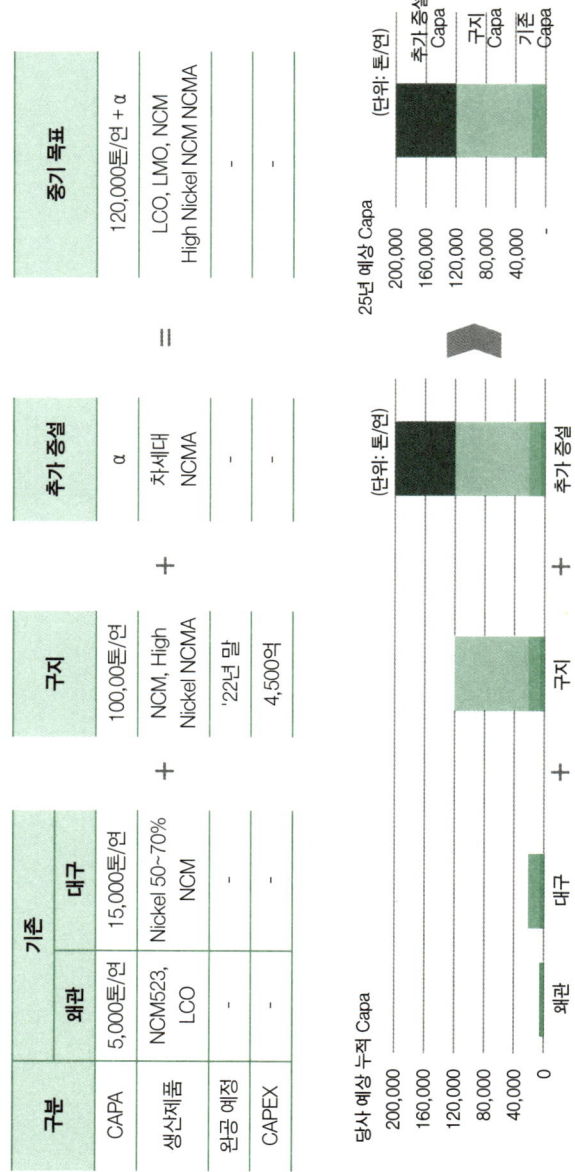

당사 예상 누적 Capa (단위: 톤/연)
200,000 / 160,000 / 120,000 / 80,000 / 40,000 / 0
혜관 + 대구 + 구지 + 추가 증설

25년 예상 Capa (단위: 톤/연)
200,000 / 160,000 / 120,000 / 80,000 / 40,000 / -
추가 증설 Capa / 구지 Capa / 기존 Capa

ESG 투자의 정석

코스모신소재는 소형IT용 LCO를 시작으로 2차전지 양극재를 시작한 NCM의 후발주자이다. 삼성SDI에는 ESS용, LG에너지솔루션에는 EV용 622 니켈저함량 양극재를 공급하고 있다. 양극재사업에서 매출비중은 ESS가 80%, EV가 15%, IT가 5%로, 상위권 업체와는 기술 및 양산능력 격차가 존재한다. 1,500억 원을 투자해 연산 5만 톤 규모의 NCM 2차전지 양극활물질 설비를 증설 중이다. NCM(니켈 94% 함량) 양극재를 개발하였고, 충주에 2만 톤 캐파를 증설하여 2023년 말까지 7만 톤 캐파로 확대할 계획이다.

포스코케미칼은 양극재, 음극재를 모두 생산하는 2차전지 종합소재업체로 구미(1만 톤)와 광양(3만 톤)에 양극재 공장을 보유하고 있다. 증설이 완료되면 광양공장에서 연간 9만 톤의 양극재를 생산할 수 있다. 현재의 4만 톤 캐파를 2025년까지 27만 톤(광양과 구미에서 16만 톤, 해외에서 11만 톤), 2030년에는 40만 톤까지 확대할 계획이다.

	기업명	종목코드	기업명	종목코드
주요 2차 전지 양극재 업체	에코프로비엠	247540.KS	유미코어	UMI.BE
	엘앤에프	066970.KS	스미토모	-
	코스모신소재	005070.KS	니치아	-

실리콘소재가 첨가될 음극재

2차전지 음극재는 흑연을 구리 포일에 코팅하여 양극에서 나오는 리튬이온의 흡수, 방출을 통해 외부회로를 통해 전류를 흐르게 한 것이다. 인조흑연계, 천연흑연계, 저결정성 탄소계 및 금속계 등으로 구분된다. 배터리 4대 소재 중의 하나로서 배터리 제조원가의 13%를 차지한다. 음극재는 배터리 충전 시 리튬이온을 저장하는 역할을 하며 배터리 수명과 충전 속도에 관여한다. 음극재의 구성은 동박, 활물질, 도전재, 바인더로 이루어진다. 음극재의 성능을 높이기 위해 구조적으로 안정성을 갖추고 화학반응성이 낮은 흑연을 사용하는데, 흑연은 천연흑연과 인조흑연으로 나뉜다. 천연흑연 채택 시 초기 용량은 우수하지만 충전과 방전이 반복될수록 용량이 급감하는 단점이 있다. 반면 2,500도 이상 고온의 열처리를 통해 만든 인조흑연은 수명이 우수하고 고출력 구현이 가능하지만, 가격이 2배 이상 비싼 단점이 있다.

음극재의 기술적 발전은 실리콘 음극재에서 정점을 이루는데, 흑연보다 10배 이상 리튬이온을 저장할 수 있어 주행거리를 대폭 증가시킬 수 있다. 단점은 가격이 인조흑연보다 2배 이상 비싸다는 점이다. 현재 국내 배터리 3사는 실리콘을 3~5% 수준으로 첨가하여 사용하는 것을 연구하고 있다. 고급

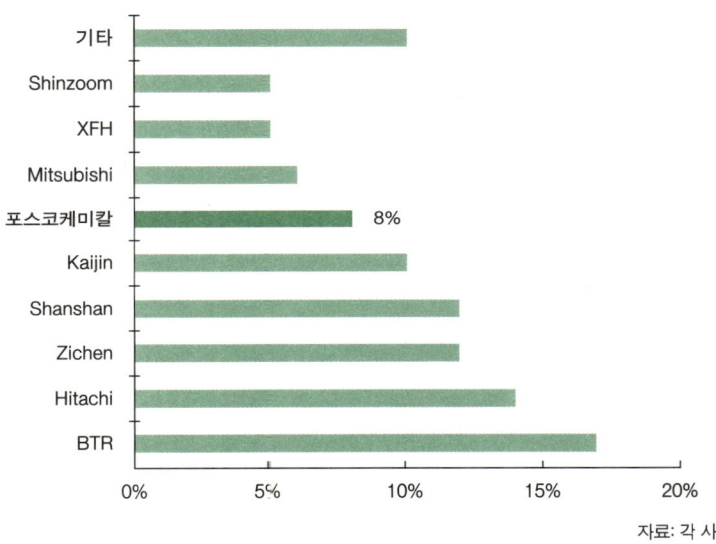

음극재시장 점유율(2020년)

기타
Shinzoom
XFH
Mitsubishi
포스코케미칼 8%
Kaijin
Shanshan
Zichen
Hitachi
BTR

0%   5%   10%   15%   20%

자료: 각 사

스포츠카인 포르쉐의 타이칸에 실리콘 음극재가 채용되었다.

　포스코케미칼은 국내에서 유일하게 양극재와 음극재를 동시에 생산하는 업체로, 천연흑연 음극재는 2021년 기준 6.9만 톤에서 2025년에는 17.2만 톤으로 확대되며 2023년부터는 인조흑연도 양산할 예정이다. 흑연 광관(탄자니아 흑연광산) - 구형 흑연(칭다오준석지분투자) - 코팅용 피치(자회사 피앤오케미칼) - 천연흑연 음극재 생산(연 4만 5,000톤)으로 이어지는 천연흑연 음극재와, 침상코크스(자회사 피엠씨텍) - 코팅용 피치(자회사 피앤오케미칼) - 인조흑연 음극재 생산(연 1만 6,000톤)으로 이어지는 인조흑연 음극재의 밸류체인을 갖고 있다. 피치는 석유를 증류해 제조하는 탄소 소재로, 자회사인 피앤오케미칼이 연 1만 5,000톤을 생산한다. 2030년까지 피치는 약 27만 톤의 생산설비를 목표로 하고 있다. 포스코케미칼은 2025년까지 17만 2,000톤, 2030년까지 26만 톤으로 음극재 설비를 확대할 계획이다.

대주전자재료는 실리콘 음극재를 상용화한 국내 유일의 업체로, 실리콘 음극재 시장은 올해 4,000톤 규모에서 2024년 3~4만 톤, 2030년에는 20만 톤으로 확대될 전망이다. 올해 월 400톤 생산능력에서 내년에 1,000톤, 2025년에 1만 톤으로 확대하여 시장상황에 대응할 계획인데, 2만 톤 생산 시 9,000억 원의 매출이 예상된다. 실리콘 음극재 기술력을 인정받아서 포르쉐 타이칸 모델향으로 실리콘 음극재를 공급하고 있으며, '소부장 강소기업 100' 과제를 수주하여 다양한 실리콘 소재를 개발 중이다.

한솔케미칼은 2차전지 음극재용 바인더와 자회사 테이팩스를 통한 2차전지용 테이프 매출을 일으키면서 2차전지 소재 매출을 시작하고 있다. 음극재용 실리콘 첨가 생산설비 신증설을 발표하였고, 850억 원을 투자하여 2022년 말까지 750톤의 생산설비를 구축할 예정이다. SiC기술을 사용하여 2024년에는 1,500톤을 100% 가동하여 약 1,200억 원의 매출을 창출하고, 2030년에는 1만 톤을 생산하여 6,400억 원의 매출을 올릴 계획이다.

SK(SK머티리얼즈 합병)는 미국 Group14과 조인트벤처를 설립하고 8,500억 원을 투자하여 연간 2,000톤 규모의 실리콘 음극재 공장을 건설하고 있다. 또 다른 관계사인 SKC도 재무적 투자자와 컨소시엄을 맺고 영국의 실리콘 음극재업체인 Nexion에 지분을 투자하면서 1,200톤 규모의 초기 생산 규모를 언급하였다.

주요 2차 전지 음극재 업체	기업명	종목코드	기업명	종목코드
	포스코케미칼	003670.KS	미쓰비시케미칼	4188.JP
	대주전자재료	078600.KS	SK	034730.KS
	한솔케미칼	014680.KS	SKC	011790.KS

2차전지 4대소재 중 하나인 전해액

　전해액Electrolyte은 양극의 환원반응과 음극의 산화반응이 화학적 조화를 이루도록 활물질이 산화되면서 도선으로 전자를 방출하는 이온매개체로, 유전율·점도가 높은 고리형 카보네이트계와 유전율·점도가 낮은 사슬형 카보네이트계가 혼합된 공용매에 전해액인 리튬염을 일정 농도로 용해하여 제조한다. 즉 전해액은 두 전극 사이에 이온 전달이 가능하게 하는 물질로, 2차전지의 에너지밀도, 수명, 안정성에 영향을 미치며 전지의 성능을 좌우한다. 전해질염, 유기용매, 첨가제로 구분되며 배터리 원가 구성의 14%를 차지하고 있는데, 중대형 전기차용 전해액은 진입장벽이 존재해 제한적인 업체만 참여하고 있다. 2차전지가 전고체로 변화하게 된다면 전해액도 액체 전해질에서 고체 전해질로 바뀌게 되므

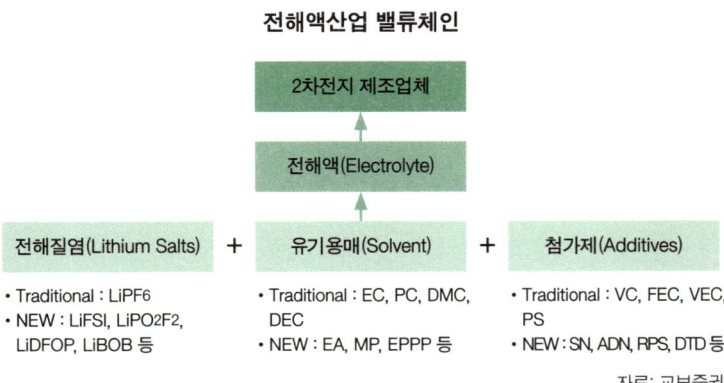

전해액산업 밸류체인

2차전지 제조업체

↑

전해액(Electrolyte)

↑

전해질염(Lithium Salts)	+	유기용매(Solvent)	+	첨가제(Additives)

- Traditional : LiPF6
- NEW : LiFSI, LiPO2F2, LiDFOP, LiBOB 등

- Traditional : EC, PC, DMC, DEC
- NEW : EA, MP, EPPP 등

- Traditional : VC, FEC, VEC, PS
- NEW : SN, ADN, RPS, DTD 등

자료: 교보증권

로 연구개발이 필요한 분야이다.

전해질염은 액상에서 이동통로 역할을 하며 리튬이온 전지에 사용되는 주된 전해질은 LiPF6이다. 관련업체로는 천보, 후성, 솔브레인 등이 있다.

첨가제는 전지의 수명, 안정성을 위해 소량 첨가되는 물질로서 에너지출력, 밀도, 수명 등 에너지 성능을 좌우한다. 관련업체로는 천보, 켐트로스, 리켐, Ube, 미쓰비시 등이 있다. 유기용매는 염을 용해하기 위해 사용되는 유기액체로, 염의 용해와 리튬이온의 이동을 위한 낮은 점도의 특성을 갖춰야 한다.

천보는 2차전지용 전해액의 원료인 전해질염과 첨가제를 생산하는 기업으로, 특히 고부가가치 라인업인 특수전해질(F, P, B, D)과 첨가제(VC, FEC)의 확대를 통해 장기성장동력을 확대하고 있다. 2020년 연 2,420톤의 생산설비를 2023년 1만 4,000톤, 2025년 2만 톤으로 확장할 계획이다. 지속되는 고객사의 요청물량 증가 및 시장선점을 위해 투자를 확대하고 있다.

후성은 불소화학기술과 고도화된 공정노하우를 가진 화학소재 전문업체로 매출액 기준 제품별 비중은 반도체 소재

28%, 2차전지 소재 25%, 냉매 25%, 기타 22%로 구성된다. 중국 영세업체들이 원재료인 황린(P4), 형석 등의 조달이 어려워지고 전력난이 겹치면서 2차전지 소재인 전해질(LiPF6)의 생산을 중단함에 따라 수혜를 보고 있다. 경쟁사는 일본의 칸토덴카Kanto Denka, 스텔라케미파Stella Chemifa 등이다.

엔켐은 2차전지와 EDLCElectric Double Layer Capacitor용 전해액 및 첨가제 제조업체이다. 특히 전기차용 전해액을 주력으로 확대하고 있는데, 2021년 기준 6만 5,000톤 생산규모를 2025년까지 22만 5,000톤으로 확대증설할 계획이다. 전해액의 원료인 전해질(LiPF6)의 가격급등을 장기공급계약과 조인트벤처 설립을 통해 대응하고 있다.

	기업명	종목코드	기업명	종목코드
주요 전해액/전해질업체	천보	278280.KS	솔브레인	357780.KS
	후성	093370.KS	엔켐	348370.KS
	동화기업	025900.KS		

2차전지의 안전에 중요한 역할을 하는 분리막

분리막Separater은 양극과 음극의 직접적인 물리적 접촉

방지를 위한 격리막, 다공성 폴리에틸렌, 폴리프로필렌 필름으로 구분되며, 제조공정에 따라 습식과 건식으로 나뉜다. 배터리의 안전성을 위한 핵심소재이다. 분리막의 주요 성능은 배터리의 단락방지, 이온의 이동차단, 배터리의 성능강화 등 3가지이다. 배터리셀 재료비 원가의 16%를 차지하면서 4대 소재 중 2번째로 비중이 높다.

건식은 기계적으로 기공을 만들기 때문에 제조공정이 간단하지만 기공 크기를 균일화하기 힘들고 강도가 약하다. 반면 습식은 첨가제를 추가해서 화학적으로 기공을 만들기 때문에 제조공정이 복잡하고 추가비용이 들지만, 기공 크기를 균일하게 만들 수 있고 기계적 강도가 강해서 이온이 자유롭게 이동할 수 있다. 전기차용 습식 분리막의 점유율은 SK아이이티(27%), 아사히카세이(24%), 도레이(24%) 등의 순이다. 은첩고분 등 중국 업체는 설비기준으로 53%를 차지하지만 상위업체와 기술격차가 있어 저가형인 중국 내수 전기차모델에 특화되어 있다. 2021년 현대차 코나 EV, GM Volt의 화재 시 배터리 분리막이 리콜의 원인이라는 의구심이 일어남에 따라 분리막의 중요성이 더욱 높아지고 있고, 분리막을 없애기 위한 전고체배터리의 개발 노력도 강화되고 있다.

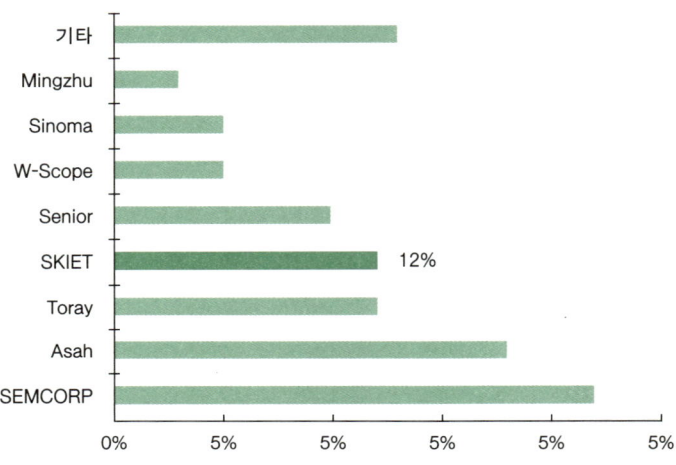

분리막 시장 점유율

구분	건식	습식
필름 단면 구조	2~3층	단층
주요 원재료	PP, PE, 기타 재료	PE, 용제, 기타 첨가제
가공 형성 방식	연산을 통한 물리적 힘	용매를 이용한 화학적 추출
내열 특성	강함	약함
기계적 강도	약함	강함
가공크기	불균일	균일
박막화	어려움	쉬움
가격	저가	고가
초기 투자비용	낮음	높음

건식과 습식 분리막 비교

자료: 산업자료, IBK투자증권

ESG 투자의 정석

분리막산업의 가장 큰 위협은 전고체배터리를 통해 리튬이온전지 4대재료 중 전해액과 분리막을 없애고 이를 고체전해질로 대체하는 것이다. 액체전해질이 온도변화에 따른 배터리팽창을 유발한다는 점을 없앰으로써 외부의 극한조건에서도 정상적으로 조동이 가능하고 에너지밀도도 높지만, 아직 상용화까지는 시간이 필요할 것으로 보인다. 현대차는 솔리드에너지시스템(SES)에 1,200억 원을 투자하였고, BMW와 포드는 솔리드파워에 1억 3,000달러를 투자하였으며, LG에너지솔루션과 삼성SDI도 개발노력을 하고 있다. 일본 도요타는 1,000개 이상의 특허를 보유하고 있고 황화물계 전고체배터리 시제품을 생산하여 연구 부문에서 가장 앞선다는 평가를 받고 있다.

SK아이이티테크놀로지는 2차전지 분리막업체로 높은 기술력을 보유한 업체이다. 분리막은 다른 2차전지 소재업체 대비로 초기 고정비 비중이 높아서 매출액 대비 감가상각비가 높다는 특징을 갖고 있다. 분리막(17%), 배터리셀(9%), 동박(6%), 양극재(3%)의 감가상각비 구조로, 분리막은 초기이익을 내기 어렵고 투자에 대한 부담이 크지만 사업이 안정화되면 경쟁자가 진입하기 어려운 구조로 변화된다. SK아이이티테크놀로지는 습식 분리막 위주로 공장 증설을 지속하고 있는데, 2024년 27억m², 2025년 40억m² 규모의 생산설비를 갖추는 데 5조 원을 투자할 계획이다.

더블유씨피는 전기자동차용 2차전지 분리막 생산기업이다. 글로벌 제품경쟁력을 갖춘 습식 분리막 제조기업으로 한국 내 양대 분리막 제조기업 중 하나이다. 삼성SDI와 장기공급계약을 체결하는 등 글로벌 상위 2차전지 제조사에 전기차용 분리막을 공급중이며, 수요증가에 따라 증설을 확대하고 있다. 현재 6억m²의 설비를 보유하고 있고, 2022년 말까지 10억m²로 확대하여 삼성SDI의 5세대배터리 생산에 대응할 계획이다.

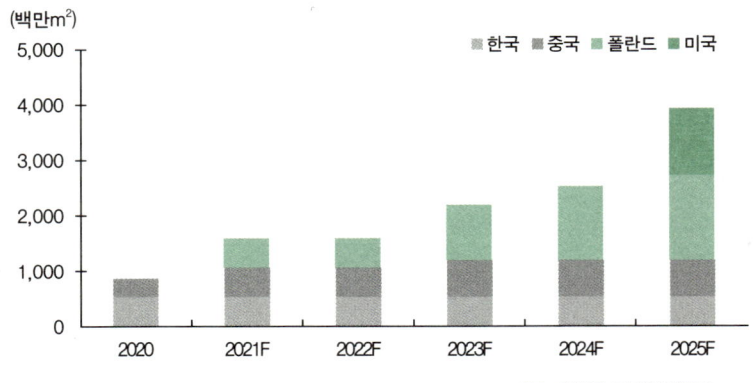

SK아이이티 지역별 생산능력추이 및 전망

자료 : SKIET, 미래에셋증권

ESG 투자의 정석

은첩고분은 생산능력 기준 세계 1위인 중국의 건식분리막회사로 셈코프Semcorp, 쑤저우지엘리Suzhou Jieli, 뉴미테크 Newmi Tech 등을 공격적으로 인수하며 외형을 확대하고 있다. 헝가리 소재 분리막공장을 4억㎡까지 확대하여 2020년 기준 30억㎡의 생산규모를 점하고 있는데, 2023년에는 63억㎡까지 증설할 계획이다. 습식 분리막 기술을 보유하고 있는 아사이카세이와 분리막공장 조인트벤처를 설립하는 등 두 회사가 사업적 시너지를 얻고자 하고 있다.

아사이카세이는 습식 분리막을 생산하는 하이포아Hipore, 건식 분리막을 생산하는 셀가드Celgard를 연결자회사로 두고 있다. 배터리 분리막 사업을 포함하는 스페셜티솔루션 사업 부문은 전체매출의 14%를 차지하고 있다. 2020년 말 11억㎡의 설비를 2021년 말까지 15.5억㎡로 확대하였으며, 2022년 미국 노스캐롤라이나에 연산 1.5억㎡의 건식 분리막 공장, 2023년 연산 6.5억㎡의 습식 분리막 공장을 계획하고 있다.

퀀텀스케이프는 미국의 전고체배터리 전문업체로, 폭스바겐으로부터 3억 달러의 투자를 유치하고 2021년에 캘리포니아에 파일럿생산을 시작하였다. 15분 이내에 80% 충전가능한 전고체배터리 개발 실험 결과를 발표하기도 하였으며, 2024년 전고체배터리 양산을 목표로 하고 있다. 1GWh 설비를 2023년까지 준비한 후 2024년부터 양산 검증에 들어갈 계획이므로, 의미 있는 매출은 20GWh가 생산되는 2027년 이후가 될 것으로 보인다.

주요 분리막 업체	기업명	종목코드	기업명	종목코드
	SK아이이티	361610.KS	아사이카세이	3407.JP
	더블유씨피	-	퀀텀스케이프	QS.US
	은첩고분	002812.CN		

얇게, 넓게, 길게 만들어야 하는 동박과 알루미늄박

동박은 2차전지 음극재의 기판재료로 셀업체의 캐파증설에 따라 시장규모가 확대될 것으로 전망된다. 배터리셀 소재비 원가의 5%를 차지하며, 주요 원재료인 구리와 전해도금 과정에 필요한 전기료가 제조원가의 80%에 가까운 특징을 가진 산업이다. 전해도금이 진행된 완제품의 경우에는 보관상의 이유로 배터리셀 공장에 인접해서 공급해야 유리하다.

SK넥실리스는 SKC(011790.KS)가 인수한 동박업체로, LS가

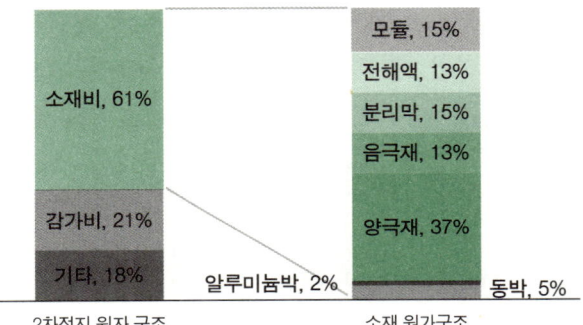

동박 및 알루미늄박 원가 비중

소재비, 61%

감가비, 21%

기타, 18%

2차전지 원자 구조

알루미늄박, 2%

모듈, 15%

전해액, 13%

분리막, 15%

음극재, 13%

양극재, 37%

동박, 5%

소재 원가구조

자료 : 교보증권

KKR에게 매각한 KCFT를 인수하여 자회사로 편입하였다. 이에 따라 SKC의 동박사업 연결 매출비중은 2020년 16%에서 2023년 28%로 확대될 전망이다. 관계사인 2차전지셀업체 SK온의 해외증설 속도가 높아지고 있어 현재 3.4만 톤의 캐파에서 2025년에는 국내 1.8만 톤, 말레이시아와 유럽에 각각 5만 톤 등 총 20만 톤 이상으로 늘어날 것으로 보인다.

일진머티리얼즈는 국내 2차전지용 동박업체 가운데 가장 먼저 해외에 생산기지를 두고 양산 가동하고 있다. 삼성SDI와 LG화학향 비중이 80% 중반 정도를 차지하고 있고, 나머지는 BYD 등 중국 업체이다. 말레이시아 생산법인 IMM의 양산생산이 본격화되면 수익성이 개선될 것으로 기대된다.

솔루스첨단소재는 유럽에만 생산설비를 갖고 있고, 2021년부터 본격적으로 동박 매출이 시작됐다. 2025년까지 2차전지용 동박 9만 톤 캐파를 보유하는 것을 목표로 하고 있다. 롯데정밀화학이 PE를 통해 동사에 투자하여 롯데그룹 내 친환경산업 포트폴리오를 만들어 가고 있다.

한편 아연제련업체인 **고려아연**도 2차전지용 전해동박사업에 투자해서 2022년 1단계 1만 3,000톤을 완료한 후, 향후 5만 톤 이상 추가투자할 것으로 전망되고 있다.

알루미늄박은 양극 집전체에 사용되고, 동박은 음극 집전체에 사용된다. 집전체란 전기저항이 낮으며 충전과 방전 중에 활물질로 전류를 전달하거나 활물질로부터 전류를 전달받도록 구성된 요소로, 전기를 모아두거나 활물질로 전류를 전달하는 양극과 음극의 기둥 역할을 한다. 알루미늄박은 배터리셀 재료비 원가의 2%를 차지하고 있다. 노벨리스코리아, 조일알미늄이 알루미늄잉곳을 가공해서 호일, 판재 등 스트립 형태로 판매하면 동일알미늄, 롯데알미늄, 삼아알미늄 등의 업체가 추가가공하여 배터리업체와 식품회사에 판매한다. 알루미늄의 두께는 10~11마이크로미터, 동박의 두께는 6~8마이크로미터가 주로 사용되고 있는데, 기술개발을 통해 4마이크로미터의 극박화를 시도 중이다.

동원시스템즈는 2012년 인수한 대한은박지를 통해 2차전지 소재산업 진출 기반을 마련했고, 2016년부터 2차전지에서 전자가 이동하는 통로 역할을 하는 부품인 알루미늄 양극박을 생산해 공급하기 시작했다. 또한 2021년 2차전지용 캔 제조회사인 엠케이씨를 인수하여 원통형 스틸캔 시장에 도전할 발판을 만들고 또 일본 업체들이 독점하고 있는 파우치셀 소재사업도 준비하는 등, 포장재회사로부터 2차전지용 소재업체로의 변화를 시도하고 있다.

삼아알미늄은 국내 최고 알루미늄박 제품경쟁력을 바탕으로 고객사들의 연이은 해외진출 및 증설 요청을 받고 있다. 배터리셀업체인 SK온이 동사로부터 2차전지 알루미늄박의 70%를 조달하는 것으로 알려져 있고, 2020년 기준 시장점유율은 27%이다.

동일알미늄은 DI동일(001530.KS)이 90.4%의 지분을 보유하고 있는 2차전지용 알루미늄박 제조업체로, 배터리 3사에 모두 알루미늄박을 공급하고 있다. 2020년 기준 시장점유율은 39%이다.

주요 동박/알 루미늄박 업체	기업명	종목코드	기업명	종목코드
	SK넥실리스	-	동원시스템즈	014820.KS
	일진머티리얼스	020150.KS	삼아알미늄	006110.KS
	솔루스첨단소재	336370.KS	동일알미늄	-

전기충전소가 있어야 전기차가 간다

전기차 대중화를 위해 가장 먼저 해결해야 할 일은 충전소 확대이다. 현재 판매되는 전기차 대다수는 1회 충전 시 주행거리가 최대 400km 수준이다. 급속충전은 배터리 용량의 80%를 충전할 때까지 30분에서 1시간이 소요된다. 고속도로 휴게소나 공공기관 등 외부에 설치된 충전기 대다수가 급속충전기이다. 급속충전은 배터리수명 보호와 과충전 방지를 위해 80%까지 충전을 권장한다. 반면 완속충전은 7kW 기준으로 방전상태에서 완전충전까지 평균 9시간이 소요된다. 현대차그룹이 만든 전기차 초고속충전소 E-Pit은 주차공간 일부를 활용해서 충전기를 설치하는 새로운 개념의 충전소를 준비하고 있다. 충전소를 캐노피 구조로 세워 충전 중인 차량과 고객을 악천후로부터 보호하는 등 안전한 충전공간을 제공한다. E-Pit은 기존 급속충전기보다 3배 이상 높은

ESG 투자의 정석

350kW급 고출력 충전기를 사용하여, 현대 아이오닉5, 기아 EV6 기준으로 배터리 잔량 10%에서 18분 만에 80%까지 충전할 수 있도록 되어 있다. E-Pit은 현대차그룹 주도로 세워졌지만 DC콤보타입1 충전규격을 쓰는 전기차라면 제조사 관계없이 누구나 이용할 수 있고, 플로그앤차지(PNC) 결제 방식을 도입해서 케이블을 꽂으면 자동으로 회원인증과 충전, 결제를 한번에 진행할 수 있게 만들어졌다. 테슬라는 세계 3,000곳에 자체 충전소인 슈퍼차저를 운영하면서 전기차 선두업체로 올라섰다. 폭스바겐은 유럽과 중국, 북미 등에 2025년까지 4만 5,00C개의 충전기를 확보할 계획이다. GM도 미국 전역에 4만 개의 충전기를 설치하겠다고 발표했다.

또한 현대·기아차는 유럽의 초고속충전 인프라구축 전문 업체인 아이오니티의 지분 20%를 인수했다. 아이오니티는 블랙록으로부터 1조 원 가까운 신규투자를 받은 기업인데, 2025년까지 고속도로뿐 아니라 유럽 내 주요 도시와 간선도로까지 포함하여 고전력(350kW)을 활용한 초급속충전소를 현재의 4배 이상인 7,000개까지 증설할 계획이다. 각 충전소에 설치된 충전기의 수 역시 기존 평균 6대에서 12대로 2배 늘릴 방침이다. 급속·완속충전은 현지업체디지털충전솔루션과 제휴하여 유럽 내 도매상을 거점으로 2,400기의 건설을 지원하고 있다.

SK는 충전시스템 기업 시그넷이브이를 인수하고 또 SK E&S파킹클라우드 지분 47%를 인수하며 전기충전사업에 뛰어들었다. 롯데정보통신은 충전업체 중앙제어를 인수해서 롯데마트 점포에서 전기차 충전소를 운영할 계획이다. 또한 GS칼텍스는 70여 개의 주유소에 충전기 100개를 설치할 예정이고, 현대오일뱅크는 2023년까지 충전소 200개를 설치하여 전기차 시대에 대비하고 있다. 미국은 바이든의 전기차 로드맵에 따르면 미 전역에 충전소 50만 개를 건설하기 위해 인프라 예산 75억 달러를 투입할 계획이다.

바다로 나가는 풍력에너지

풍력은 태양광과 더불어 발전단가와 효율성 측면에서 가장 경쟁력 있는 에너지원이다. 풍력발전은 터빈, 타워, 블레이드, 하부구조물로 이루어지는데, 블레이드가 바람의 운동에너지를 기계적인 회전력으로 변환시키면 이를 증속기에서 증폭시킨 후 다시 발전기를 통해 전기에너지로 변환하는 구조이다. 우리나라는 좁은 육지와 풍량의 부족으로 육상풍력에 한계를 보이고 있다. 육상풍력의 대안으로 눈을 돌리게 된 해상풍력발전시장은 유럽을 중심으로 큰 폭으로 성장하고 있고, 한국 및 중국 등 아시아 국가들이 본격적인 투자를 논의하고 있다. 영국은 풍량이 많은 섬 지형의 이점과 정부의 지원이 합쳐져서 해상풍력의 최강국으로 성장했고, 중국은 정부의 지원을 통해 단숨에 세계 3위의 해상풍력 강국으로 도약하고 있다. 해상풍력의 경우 낮은 높이의 난류층으로 인해 풍력터빈이 설치되는 위치의 바람 품질이 우수하고, 균일한 바람이 불어 풍력발전기의 수명도 길어지는 장점을 갖고 있다. 우리나라도 풍력발전 보급을 촉진하기 위해 풍력발전보급특별법안을 제정했는데, 정부 주도의 입지 발굴, 발전지구 인허가 등의 전 과정을 지원하도록 규정하고 있다.

우리나라 풍력발전산업의 가장 큰 문제점은 국내 제품의 경쟁력이 낮다는 점이다. 우리나라에 누적 설치된 풍력발전소 가운데 외산 터빈의 비중은 53.6%이다. 발전사업 허가를 받아 육상풍력발전단지를 짓고 있거나 향후 건설 예정인 46개 풍력발전소 3,347GW 중 공개된 24군데의 비중을 확인해 보면 외산 80%, 국산 20%로 외산 비중이 절대적이다. 풍력터빈은 전체 투자비의 50%를 차지할 정도로 중요한 부품인데, 우리나라의 두산중공업과 유니슨 등의 풍력터빈은 주력인 발전용량 4MW에서도 가격경쟁력이 낮다고 평가되고 있다. 국산터빈 가격은 MW당 외산 대비 20% 이상 높게 형성되어 있고 설치 및 운영경험도 많지 않다. 풍력터빈의 발전 효율은 로터(회전부) 직경에 좌우되는데, 유니슨의 경우 주력인 4MW 규모(U151, U136 제품)의 로터 직경은 151m, 136m으로 에너콘, 베스타스, 지멘스가메사, GE 등 외산 동급 제품의 138m~170m와 비교할 때 약간 뒤쳐진다. 특히 에너콘 제품은 주요설비를 따로 떼어 운송한 후 현장에서 직접 조립할 수 있어 산악지형 중심인 우리나라의 육상풍력 입지조건에 적합하다고 평가되기도 한다. 가격 면에서도 국산 터빈의 가격이 MW당 약 13억 원 수준인 데 비해 외산은 9억 원 수준에 불과하므로 발전사업자들이 외산을 선호할 수밖에 없는 상황이기도 하다.

중국 동방전기는 순수 자국기술로 만든 중국 최초의 7MW급 해상풍력터빈을 정식으로 설치했다. 현재 유럽 해상풍력 터빈의 평균 정격용량이 8.2MW임을 고려하면 상당한 기술 진전을 이루었다고 하겠다. 세계적으로도 초기 단계인 부유식 해상풍력 설비(5.5MW)가 중국 최초로 계통연결되었으며 밍양에너지는 11MW급 대형터빈을 유럽시장에 역으로 수출하는 성과를 이루기도 하는 등, 2018년부터 중국은 해상풍력 분야에서 주도국인 영국을 제치며 1위로 올라섰다.

글로벌 해상풍력 누적 설치용량 기준 점유율

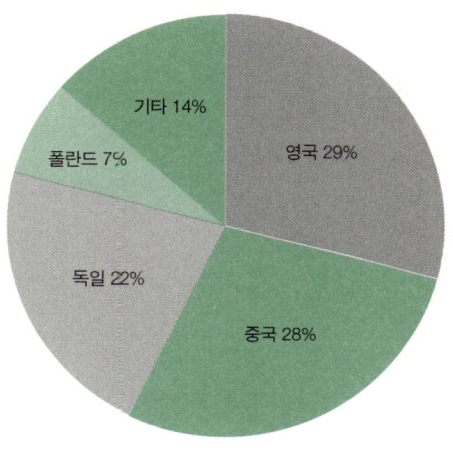

기타 14%

폴란드 7%

영국 29%

독일 22%

중국 28%

자료 : GWEC

씨에스윈드는 2006년 8월에 설립되어 2014년 11월 상장된 풍력타워 글로벌 1의 기업이다. GE, 베스타스, 지멘스가메사 등 글로벌 주요 풍력터빈기업에 풍력타워를 공급하고있다. 중국, 베트남, 말레이시아, 영국 등에 생산설비를 보유하고 있으며 미국시장 침투를 확대하기 위해 미국 북동부 해안에 해상풍력타워공장을, 중부지역에 육상풍력타워공장을건설하였다. 재생에너지 정책강화에 따른 글로벌 풍력투자증가에 힘입어 신규수주가 장기적으로 확대될 것으로 예상된다.

씨에스베어링은 GE를 주고객사로 하는 풍력터빈 베어링 제조회사이다. GE의 1~5MW 육상터빈에 대한 베어링모델을 구축하였고, GE 내 베어링 공급비율이 37%를 차지하고 있다. 모회사인 씨에스윈드와의 협업을 통해 지멘스가메사, 베스타스와도 대형해상풍력용 베어링 인증절차를 밟고 있다. 원가경쟁력 있는 베트남공장 가동과 해상풍력용 베어링 공급을 통해 장기적인 매출 확대가 예상된다.

코오롱글로벌은 국내 육상풍력 지분투자와 EPC를 통해 사업을 확대해 가고 있는 건설회사이다. 10년 이상 노후화된 육상 저용량터빈을 대용량터빈으로 확대하는 리파워링시장에 진출하여, 2024년 400MW짜리 완도해상풍력을 시작으로 해상풍력시장을 선점하고자 한다. 또한 풍력단지에서 발생하는 신재생에너지를 활용하여 그린수소 생산사업도 추진하고 있다.

세아제강은 생산능력 150만 톤을 보유한 국내 최대 강관업체이다. 주로 미국을 대상으로 송유관과 유정관을 공급하고 있는데 최근 해상풍력발전의 하부구조물에도 사용되면서, 모노파일, 재킷 등을 생산하며 해상풍력발전에 참여하고 있다. 또한 동사의 지주사인 세아제강지주는 해상풍력의 세계1위 국가인 영국에 연산 16만 톤의 모노파일공장을 건설할 것을 발표함으로써 새로운 성장동력을 확대하고 있다.

삼강엠엔티는 후육강관 전문업체로, 글로벌 1위 기업인 오스테드의 대만 해상풍력 프로젝트에 납품하면서 해상풍력 분야의 강자가 됐다. 2024년까지는 대만의 해상풍력 수요가 많고 2025년부터는 한국, 일본, 베트남이 가세함에 따라 더욱 큰 폭의 성장이 예상된다. SK에코플랜트가 35.67%의 지분을 인수함으로써 동반성장이 기대되고 있다. 증자자금으로 5,000억 원을 들여 해상풍력발전 하부구조물 생산공장을 건립할 계획이다. 이를 통해 7,000억 원 수준의 매출이 장기적으로 1조 원 이상으로 상향될 전망이다.

국도화학은 세계 에폭시 2위 기업으로 시장점유율은 20%이다. 에폭시의 전통적인 전방산업은 조선/건설용 페인트였는데, 최근 업계의 풍력블레이드향 매출비중이 10~20%까지 확대되었다. 유리/탄소섬유와 에폭시로 구성되는 풍력블레이드의 에폭시는 원가비중이 25%이다. 베스타스, 지멘스, 헥셀 등 글로벌 풍력업체에 에폭시를 공급하면서 동사 매출에서 5%를 차지하던 풍력비중이 10%까지 상승했다. 경쟁사인 세계 1위 에폭시업체 올린Olin은 풍력비중이 20% 수준이다.

주요 풍력업체	기업명	종목코드	기업명	종목코드
	베스타스	VWS.DC	세아제강	306200.KS
	지멘스가메사	SGRE.SM	세진중공업	075580.KS
	씨에스윈드	112610.KS	씨에스베어링	270909.KS
	동국S&C	100130.KS	오스테드	ORSTED.CO
	삼강엠앤티	100090.KS	코오롱글로벌	003070.KS
	국도화학	007690.KS	Olin	Olin.US

그리드패리티에 근접하고 있는 태양광

태양광발전은 실리콘에서 순도 높은 폴리실리콘을 생산해서 웨이퍼와 셀 과정을 거쳐 태양광모듈을 만들고 이 모듈을 인버터, 배터리 등에 연결해서 발전소를 만드는데, 태양광을 일정 수준 이상 쪼이게 되면 광전효과에 의해 전자가 움직여서 전기가 흐르게 되는 원리를 이용한 것이다. 태양광발전의 LCOE(Levelized Cost Of Electricity; 균등화발전비용)는 2020년대 들어 크게 감소했다. 이는 발전에 소요된 모든 비용을 발전용량으로 나누어 현재가치로 환산한 개념인데, 태양광모듈의 원재료인 폴리실리콘 가격이 급락하면서 풍력 수준의 경쟁력을 갖추게 된 것이다. 재생에너지의 여러 가지 문제점에도 불구하고 지속적인 원가경쟁력을 갖춰나가고 있어 태양광은 풍력과 더불어 친환경에너지의 중심이 될 것이 분명하다.

태양광시장의 주요 이슈는 원재료인 폴리실리콘 생산과
정에서 중국이 신장지역의 위구르족을 강제노역시킨 것에
대해 미국이 '위구르인권정책법안'을 통과시킨 사건이다. 폴
리실리콘의 원료인 메탈실리콘의 12%를 생산하는 호신실리
콘, 폴리실리콘의 35~40%를 생산하는 다초에너지 등 중국
업체들이 미국의 제재에 직격탄을 맞았다.

태양광발전 LCOE의 감소

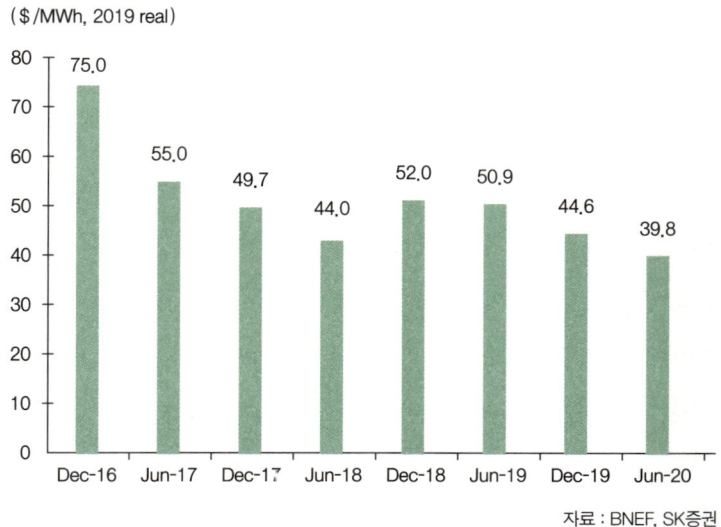

자료 : BNEF, SK증권

미래기술로는 탠덤Tandum 구조와 페로브스카이트Perovskite 전지기술이 중요하다. 탠덤은 광흡수층 두 개를 이용하여 받아들일 수 있는 파장영역을 넓히는 방식이고, 페로브스카이트는 무기 및 유기화합물을 섞은 3차원 구조소재로서 자체의 전기전도성이 높고 저온에서도 제작이 가능한 것이 특징이다. 이 두 가지 기술을 접목하면 셀 효율이 30%를 넘게 되어 다른 에너지원 대비 경쟁력을 갖출 수 있을 것으로 평가받고 있다.

우리나라는 풍력 부품과 마찬가지로 태양광 부품 가격경쟁력이 높지 않다는 문제점이 있다. 한국에너지공단에 따르면 작년 국내 태양광모듈 보급량은 총 3,967MW인데, 이 가운데 국산 셀을 사용해 만든 태양광모듈 비중은 22%(877MW)에 불과하다. 국산 대비 20% 저렴한 가격의 중국산 모듈 점유율이 2008년 22%에서 2011년 57%까지 상승하였던 것이다. 2012년 미국의 중국산 태양광모듈 관세부과 이후 중국산 점유율이 하락하기 시작하였지만, 최근 새만금 태양광발전의 경우 국내에서 만드는 모듈의 부품인 셀의 75%가 중국산이라는 예에서 보듯이 여전히 중국의존도가 높다. 또한 태양광의 원료인 폴리실리콘은 세계 유통량의 45%가 중국 신장지역에서 생산되어 중국 비중이 80%에 달한다. 중국이 낮은 원가를 바탕으로 밸류체인을 장악하고 있어 국내 기업이

ESG 투자의 정석

경쟁력을 갖추기 쉽지 않은 분야인 것이다.

미국은 태양광발전을 지속적으로 확대하고 있는데, 2021
년 미국의 태양광모듈 수입규모는 2020년의 26.7GW에
서 27.8GW로 커졌다. 미국에서 제조한 태양광모듈 규모는
5.2GW로 수입용량 27.8GW의 18.7%를 차지한다. 미국 태
양광모듈 수입시장에서 국가별 점유율을 보면, 1위였던 말레
이시아가 42%에서 31%로, 2위였던 베트남이 38%에서 29%
로 감소하고 태국과 한국 등 다른 아시아 국가의 점유율이 증
가했다. 미국 에너지부는 2035년까지 전력의 40% 이상을 태
양과 발전기를 통해 공급할 계획인데, 현재 미국의 태양광전
력 비중은 3% 수준에 불과해 큰 폭의 시장확대가 예상된다.

한화솔루션의 자회사인 **한화큐셀**은 한화솔루션의 그린에
너지 부문으로, 고출력 제품생산을 위한 라인전환과 차세대
기술 페로브스카이트 기반 탠덤 셀 연구 등을 위해 1.5조 원
을 투자하고 있다. 충북 진천과 음성에 국내 최대규모의 태
양광셀과 모듈 공장을 건설하고 있는데, 연간 4.5GW 태양
광셀과 모듈을 생산하기 위해 2021년까지 1.5조 원을 투자
한 핵심 제조시설이다. 생산제품 중 50%를 수출하고 있으
며 2,000명의 인원을 고용하고 있다. 추가투자를 통해 2025
년까지 연간 7.6GW(국내 1,200만 명이 사용할 수 있는 양)로 확대

할 계획이다. 탠덤 셀은 기존 실리콘 태양광 셀 위에 차세대 태양광 소재인 페로브스카이트를 쌓는 형태로 만드는데, 상부에 자리한 페로브스카이트 부분에서 단파장 빛을 흡수하고 하부의 실리콘 태양광 셀에서 장파장 빛을 추가로 흡수함으로써 장파장 위주로 흡수하던 기존 실리콘 태양광 셀 대비 높은 효율을 얻을 수 있다. 한화큐셀은 셀 기준 10GW(한국 4.5GW, 말레이시아·중국·미국에 5.5GW), 모듈은 총 12.4GW(한국이 4.5GW, 나머지 3개국이 7.9GW)의 설비를 보유하고 있다. 추가투자를 통해 한국의 생산능력을 2025년까지 셀, 모듈 모두 7.6GW로 확대할 계획이다.

한화솔루션은 자체개발 중인 고효율태양광전지(셀)와 수전해 기반 그린수소, 수소혼소기술(수소와 천연가스를 혼합하여 연소시키는 기술) 등을 동원해 기후변화에 대응한다는 방침을 갖고 있는데, 이를 위해 2021년 프랑스 재생에너지 전문 개발업체인 RES프랑스 지분 100%를 7.3억 유로(9,800억 원)에 인수했다. RES프랑스의 개발·건설관리 부문과 약 5GW의 태양광, 풍력발전서 개발사업권을 인수한 한화큐셀은 이로써 전 세계 기준 재생에너지 사업권이 약 15GW로 늘어났으며 풍력사업 역량까지 확보할 수 있게 되었다. 한화큐셀은 또 미국 태양광사업에서의 경쟁력을 강화하기 위해 미국산

저탄소폴리실리콘공장 두 곳을 운영 중인 노르웨이 상장사 REC실리콘의 지분 16.7%를 1.6억 달러(1,900억 원)에 인수했다. 향후 태양광 수요가 급증할 것으로 예상되는 미국시장에서 선제적으로 대응하기 위해서이다. 미국에서 연간 생산량 1.7GW 규모의 조지아주 모듈공장을 운영하고 있는데, 미국 내 전체 모듈생산량(6.2GW)의 27%를 생산하고 있다. 미국에서 태양광 육성 법인이 통과하면 추가로 모듈생산능력을 확대하고 태양광 밸류체인 전반에 대한 투자를 늘리려는 계획을 갖고 있다.

징코솔라는 세계 최대의 태양광모듈 생산능력을 보유하고 있는 기업이다. 2020년 기준 태양광모듈 생산능력은 21GW로서 웨이퍼, 셀, 모듈의 수직계열화를 갖추고 있어 경쟁사 대비 높은 이익률을 올리고 있다.

융기실리콘은 세계 최대의 태양광잉곳, 웨이퍼 생산기업이다. 태양광셀과 모듈도 생산하고 있어 셀과 모듈의 생산능력은 글로벌 2위이다. 절대적인 시장지배력을 보유하고 있는 웨이퍼의 글로벌 시장점유율은 40%를 상회한다.

다초뉴에너지는 중극 신장지구에 위치한 폴리실리콘업체

로서 값싼 석탄원료와 인건비를 통해 경쟁사 대비 생산원가가 낮은 장점을 갖고 있다. 8.5만 톤의 생산능력을 보유한 세계 4위 업체이다.

	기업명	종목코드	기업명	종목코드
주요 태양광 업체	한화솔루션	009830.KS	융기실리콘	601012.CN
	OCI	010060.KS	징코솔라	JKS.US
	다초뉴에너지	DQ.US		

인지 단계의 환경(Environment) 산업

인지 단계 투자는 이런 것이다

인지 단계의 환경산업은 최근 시장의 이해도가 높아지면서 연구소 수준을 넘어서서 본격적인 실증 과정으로 들어가는 단계이다. 실증 과정을 거쳐 원가경쟁력과 대량생산에 대한 청사진이 확정되면 본격적으로 양산화 및 상업화 과정에 들어가게 되는데, 이때 막대한 고정비용 부담을 필요로 하는 경우가 많아 여러 가지 어려움을 겪을 수도 있다.

발전 단계별로 기술이 개선됨에 따라 계단식으로 주가 수준이 높아지기는 하지만, 아직은 대량양산에 대한 확신이 생긴 상황은 아니므로 정부정책과 기업투자의 여건에 따라 많

은 변동이 생길 수 있다. 일정 시간이 지나 상업화에 성공하
게 되면 성숙 단계로 한 단계 레벨업하게 된다.

인지 단계의 환경산업

수소차	수소차부품	수소연료전지
액화수소	CCU/CCUS	리싸이클
폐기물	순환자원	기타

성숙 단계의 신기술: 음극재(실리콘), 분리막(전고체) 등

인지 단계의 환경산업 주가 추이

※ 성숙 단계로 진입하기 전까지는 호악재에 따라 높은 변동성을 보이고, 성숙 단계로
   들어서면 단계별로 밸루에이션이 레벨업된다.

그레이수소부터 그린수소까지

탄소(C)가 타면 온실가스인 이산화탄소(CO_2)가 되고, 수소 (H)가 타면 이론적으로 환경오염이 없는 물(H_2O)이 된다. 이 화학식이 수소가 탄소중립을 위한 미래의 친환경에너지원으로 기대감이 커지는 이유이다. 수소는 우주의 75%를 차지하고 있고 우리 지구상에서도 가장 많은 원소이긴 하지만, 친환경수소는 아직도 쉽게 얻을 수 없는 희소자원이다.

연료탱크에 수소를 채우고 활용하기 위해서는 정밀화학 기술이 상업성 있게 고도화되어야 하고 폭발위험을 낮추는 과정도 필요하다. 뜨거운 수증기로 천연가스를 개질하는 기술이 지금은 일반적인데, 이는 1톤의 수소를 생산하는 데에 10톤의 이산화탄소가 배출되므로 탄소중립과는 거리가 먼 방법이다. 태양광, 풍력, 원전에서 생산한 전기로 물을 전기분해하는 수전해기술을 갖추어야 진정한 수소생태계의 조건이 갖추어질 수 있다. 하지만 이에 대한 경제성을 갖추기 위해서는 신재생에너지의 생산단가를 크게 낮추어야 하는 어려움이 있다. 우리나라도 NDC 2030을 달성하기 위해서는 수소에너지 비중을 높여야 하는데, 수소의 생산, 운송, 저장, 충전, 유틸리티(수소차 등)의 인프라를 갖추어 수소생태계를 만들기 위해서는 많은 돈과 노력이 필요하다.

수소경제의 핵심인 수소는 화석연료로부터 생산되는 그레이(Grey)수소, 그레이수소에 CCUS(탄소포집 및 활용·저장기술)를 설치하여 이산화탄소를 제거한 블루(Blue)수소, 친환경에너지로 물을 전기분해(수전해)하여 생산되는 그린(Green)수소로 구분된다. 현재는 생산원가가 낮은 그레이수소가 96%를 차지하고 있지만 CCUS기술의 발전, 신재생에너지와 결합한 수전해 등의 과정을 통해 그린수소로 발전해 나가게 될 것이다.

EU의 그린택소노미에 포함되기는 했지만 원자력을 친환경으로 보지 않는 쪽에서는 원자력에너지와 수전해를 결합시켜 수소를 생산하는 것을 핑크(Pink)수소로 분류하기도 한다.

글로벌 수소소비량 전망

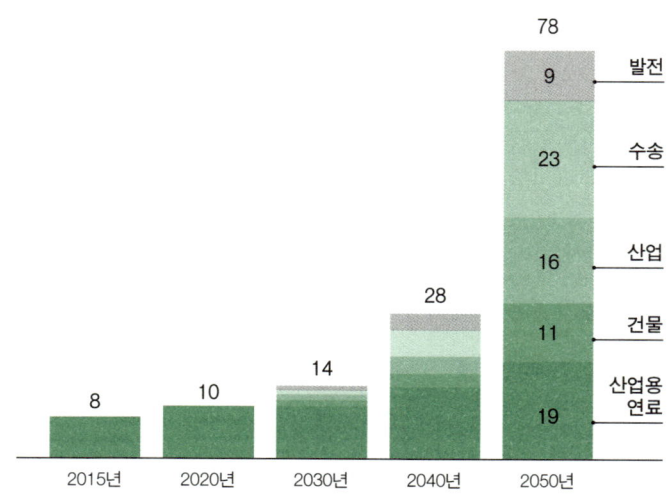

자료 : 맥킨지

ESG 투자의 정석

우리나라는 2030년까지 수소사용 목표를 종전 194만 톤에서 390만 톤으로 확대하고, 그 중 청정수소 비율을 50%로 높이는 계획을 발표하였다. 그린과 블루수소가 청정수소로 분류되겠지만, 국내의 신재생발전 가능 부지 및 효율성을 감안하면 당분간은 블루수소 중심으로 산업화가 될 것이다. 그러나 블루수소로 인정받기 위해서는 CCUS 부분의 발전이 동행되어야 하고, 포집된 탄소를 가스전 등 대규모 장소에 저장해야 하는 어려움이 있다. 천연가스를 개질한 수소의 평균비용은 0.5~1.7달러/kg이며, 재생에너지를 이용할 경우 평균 3~8달러/kg으로 훨씬 비싸다. 물론 재생에너지기술의 발전에 따라 이를 이용한 전기와 전해조가격이 빠르게 하락하고 있어 가격차이가 축소되고 있지만, 탄소세 부과로 그레이수소의 생산비용이 증가함에 따라 CCUS 설비가 없는 그레이수소는 0.9달러/kg의 비용이 추가된다. 수소 생산비용은 계획대로 2030년 1달러/kg를 달성해야 20달러/MWh로 환산되는 경제성을 갖출 수 있다. 따라서 탄소중립 달성을 위해 국내 청정수소 생산을 확대하려면 CCUS를 둘러싼 제도적·기술적 개발이 필요하고, 포집된 탄소의 수요처를 발굴·개발하는 한편, 국내외에서 탄소저장 및 활용이 가능한 기술 및 비즈니스모델 확보에 노력해야 한다.

액화수소에 대한 연구도 확대되고 있다. 고압기체수소는 200bar(압력의 단위) 이상의 고압으로 수소를 저장해야 하지만, 액화수소는 기체수소를 영하 253도 극저온으로 냉각하는 방식으로 생산하기 때문에 고압기체수소와 달리 대기압에서 저장이 가능하고 부피도 1/800 수준으로 축소되어 대용량 저장이 가능하다. 액화수소를 고압기체 튜브트레일러 운송과 비교하면 70% 이상의 운송비가 절감이 된다. 25톤급 액화수소 탱크로리를 이용하면 한 번에 운송할 수 있는 양이 고압가스 튜브트레일러에 비해 10배 증가한다. 수소 도매가격의 40% 이상을 차지하는 운송비를 낮추어 수소경제성을 확보할 수 있다는 것이다. 국내 기업이 주력하는 수소 생산 모델은 부생수소 및 추출수소로, 천연가스 가격의 하락 없이는 큰 폭의 생산단가 절감은 불가능하다. 이에 운송비 절감을 통한 전체 공급단가의 절감을 위해 활용가능한 것이 액화수소이다.

아직 초기 기술 단계인 청록수소는 메탄이 주성분인 천연가스를 고온반응기에 주입해서 수소와 고체탄소로 분해하는 것인데, 이 과정에서 이산화탄소가 나오지 않는다는 점에 착안한 기술이다. 기술을 보유하고 있는 미국의 모놀리스 지분을 SK가 인수했다. 또한 SK가스도 천연가스 열분해 원천기술을 보유한 스타트업 씨제로에 투자하면서 다양한 수소산업을 준비하고 있다.

수전해방식 비교

구분	알칼리 수전해 (AEC)	고분자전해질막 수전해(PEMEC)	고체산화물 수전해 (SOEC)
	1세대	2세대	3세대
전해질	알칼리용액 (격막+25~30% KOH 등)	양이온교환막 (Nation 등)	이온전도성 고체산화물(YSZ 등)
촉매	Ni/Fe 등	Pt, Lr 등	Ni 도핑 세라믹 등
작동온도(℃)	60~90	50~80	700~1,000
작동압력(bar)	10~30	20~448	1~15
전류밀도(A·㎠)	0.25~0.145	2~3	0.3~1.0
시동 소요시간	1~5min	<10s	15min
스택효율(% LHV)	63~71	60~68	100
시스템효율(% LHV)	51~60	46~60	76~81
에너지소비(kWh·Nm^3)	5.0~5.9	5.0~6.5	3.7~3.9
최대전력(kW,스택당)	2,000	6,000	<10
내구성(×1,000h)	55~120	60~100	8~20
초기비용(€·kw-1)	800~1,500	1,400~2,100	2,000
유지비용(%/yr)	2~3	3~5	n/a

그린수소의 핵심은 전기를 활용해서 수소와 산소를 분해하는 장비인 전해조가 될 것이다. 글로벌 태양광 1~2위를 다투는 중국 룽지그린에너지는 2022년 1.5GW 규모의 전해조 설비를 추가로 마련하여 현재 운영하는 500MW의 3배 규모를 증설할 계획을 갖고 있다. 또 중국 국유발전기업인 국가

발전투자에서 2027년까지 10GW 규모의 전해조설비를 짓겠다는 계획을 발표하는 등, 중국기업들은 그린수소시장에 발 빠르게 대응하고 있다. 이에 따라 전년 대비 5배가 증가할 것으로 예상되는 2022년도 세계 그린수소 생산량에서 중국은 전체의 60%를 차지할 전망이다. 중국 그린수소의 생산단가는 현재 kg당 3.22달러로 블루수소의 2배에 달하지만, 중국은 2060년까지 생산단가를 낮추고 전체 에너지 비중의 20%를 수소로 대체하겠다고 계획하고 있다. 또한 미국, 유럽, 일본 등도 그린수소 생산이 상용화 단계에 접어들고 있다. 전 세계에서 진행 중인 94개의 그린수소(P2G) 생산프로젝트 중 독일이 64건으로 가장 앞서 있고, 일본도 10MW급 알칼라인 수전해 시스템을 개발해서 20MW 태양광발전을 연계한 1,200Nm³/h(시간당 수소부피) 규모의 그린수소 생산프로젝트를 추진하고 있는 중이다.

한편 『월스트리트저널』에 따르면 나미비아는 1년 중 300일 동안 강한 햇빛이 있고 대서양을 접하고 있어 바람의 세기도 우수하다. 효율성 높은 신재생에너지원을 갖고 있으면 그린수소생산에 유리한데, 나미비아에서 생산된 그린수소가 세계에서 가장 저렴할 것으로 전망한 독일 정부는 나미비아의 그린수소 타당성 조사 및 시범 프로젝트에 4,000만 유

ESG 투자의 정석

로(540억 원)를 투자했다. 독일 정부는 2025년 이전에 그린수소를 수출한다는 계획을 갖고 있으며, 낮은 수심으로 그린수소를 수출할 선박의 정박이 어렵고 바닷물을 담수화하는 과정을 거쳐야 함에도 투자를 더욱 확대하고 있다. 탄소중립을 목표로 내세운 국가들의 수요가 점차 늘어나면서 모로코, 호주 등 다양한 국가에서 그린수소 생산에 뛰어들고 있다. 수소산업화의 과도기에는 블루수소를 활용한 수소사용생태계를 갖추어 나가면서, 그 사이에 신재생에너지와 수전해를 활용한 그린수소의 원가경제성을 갖추어 친환경에너지믹스의 축으로 수소생태계를 구축해야 할 것이다.

한국가스공사는 정부투자기관으로 설립되었다. 국내사업부의 활동을 보면 천연가스 도매판매는 전적으로 동사가 맡고 있고 소매판매는 지역별 도시가스사가 담당하고 있으며, 해외사업으로는 E&P(석유개발), LNG사업, 인프라사업 등을 영위하고 있다. 주요 수소사업을 위해 수소생산/수입, 수소충전소, 수소/연료발전, CCUS 등을 중심으로 신산업 추진전략인 비전 2030을 발표하였는데, 이를 통해 2030년까지 LNG도매, 자원개발, 수소사업에서 각각 1조 원씩으로, 총 영업이익 3조 원을 달성하는 사업 포트폴리오를 목표로 한다고 밝혔다.

수소사업 관련 밸류체인

생산
현대오일뱅크, 한국조선해양, S-oil, 롯데케미탈, SK이노베이션, SK가스, 포스코인터내셔널, 한화솔루션, 한국가스공사, 현대제철

저장
현대오일뱅크, 한국조선해양, 효성중공업

운송
현대오일뱅크, 한국조선해양, SK E&S

충전
현대오일뱅크, SK에너지/가스, 한화솔루션/과학시스템/중합화학, 효성중공업, 이엠코리아, 디케이이로, 제이엔이, 이화티, 에코바이오, 비엠티

활용

수소연료전지 : 현대모비스/제철, 코오롱인디, 상아프론테크, 비나텍, 동아화성
수송용 : 현대차, 현대차로템, 한국조선해양
산업용 : 현대건설기계
건물용 : 미코, 동아화성, 에스퓨어셀
발전용 : 현대일렉트릭, 현대오일뱅크, 두산퓨어셀, EG

CCUS
그레이수소 → 블루수소 → 기체수소 → 트레일러/파이프라인 → OFF-site
유니드
고압압축
극저온냉열 — 효성첨단소재
그린수소
고체물질저장 → 고체수소
화학반응 → 액상수소
액화수소
탱크로리 : 일진하이솔루스, 엔케이, 한화솔루션, 유니크, 세종공업, EG
ON-site

자료 : 한국가스공사

SK E&S는 SK그룹의 LNG발전 전문기업으로, 수소생산, 재생에너지 등을 발판으로 친환경에너지 기업으로 변신하려는 비전을 갖고 있다. 수소, 재생에너지, 에너지솔루션 등 신사업을 통해 2025년 기업가치 35조 원 규모의 글로벌 친환경에너지기업 변신을 선언했다. LNG에서 수소를 뽑아내고 태양광사업, 풍력발전사업을 확대하는 등 신사업 비중을 50%로 키울 계획이다. 2023년까지 SK 인천석화단지에 연 3만 톤 규모의 수소액화플랜트를 건설하고, 2025년까지 충남 보령 LNG 터미널 인근에도 연간 25만 톤 규모의 설비를 준공하며, 인천 등 수도권을 중심으로 수소충전소 100곳을 설치할 계획이다. 전남 신안의 육상풍력발전소 등에서 2.5GW의 재생에너지를 운영, 건설 중인데, 2025년까지 7GW로 확대하여 원전 5개 규모의 재생에너지 규모를 갖추고 탄소배

SK그룹의 밸류체인

자료 : SK

출권 120만 톤을 보유하는 것을 목표로 하고 있다.

효성중공업은 전력산업의 핵심설비인 송배전설비사업 외에도 건설 부문, 그린에너지사업(수소액화플랜트) 등을 영위하고 있다. 세계 최대 액화수소기업인 독일의 린데그룹과 액화수소 공장 및 충전소를 구축하고 있다. 2023년 가동 예정으로 연간 500억 원, 1.3만 톤 규모의 액화수소를 생산하고 울산에도 1.1만 톤 규모의 액화수소플랜트 사업을 추진할 계획이다.

SK가스는 LPG, 액화천연가스를 개질하여 수소시대로 가는 중간 단계에서 역할을 할 것을 목표로 사업 포트폴리오를 개선하고 있다. LPG업계 5위인 동사는 시장점유율 20%를 차지하는 것을 목표로 하고 있으며, 2040년 수소 매출 5조 원을 달성해서 빅3에 진입하려는 계획을 갖고 있다. 울산 소수복합단지 건설을 1단계로 수소산업을 블루, 그린, 청록수소 등으로 확장하고, 암모니아를 석탄혼소발전 등에 적극적으로 활용하고자 한다. 차량용보다는 산업용, 발전용 부문에서 사용되는 수소에 주목하고 있다. 2030년까지 LPG충전소 100곳에 수소충전소를 설치할 계획인데, 우선 2024년부터 LNG/LPG/수소를 혼소할 수 있는 가스복합발전소를 가동

ESG 투자의 정석

할 예정이다. 향후 탈황설비용 수소도 이산화탄소 저감을 위해 블루·그린수소로 전환될 것이고 석탄을 사용하는 제철설비에 수소환원 제철기술 도입이 이어질 것으로 보여 산업용 수소가 수요 폭증할 것에 대비하고 있다.

린데는 글로벌 1위의 산업용 가스생산기업이다. 정유화학, IT산업 등 다양한 전방산업에 산소, 질소, 아르곤, 헬륨, 수소 등 다양한 특수가스를 공급하고 있다. 제조업, 정유화학, 철강금속 등 경기민감형 산업에서 60%, 헬스케어, 음식료, 전자 등에서 40%의 매출비중을 보이고 있다. 수소의 생산, 저장, 운송, 유통, 충전 등 수소 밸류체인 내의 모든 단계에서 솔루션을 제공하고 있으며, 세계 최대 액화수소 생산공장 및 운송시스템을 확보해서 200여 개의 수소충전소와 80여 개의 수전해공장을 운영하고 있다. 영국의 수전해기업인 ITM파워 지분을 20% 인수했고, 향후 조인트벤처를 설립해서 독일에 세계최대 규모의 고분자전해질(PEM)전해조공장을 건설할 계획이다. 또한 효성중공업과 울산에 세계최대 규모의 액화수소공장을 건설하려고 한다.

두산은 원자력을 활용하여 그린수소 생산을 실증하고 있다. 두산은 울진군의 원자력발전소에서 발생하는 증기를 활

용해 그린수소를 생산하는 고체산화물 수전해(SOEC) 기술의
개발을 준비하고 있다. SOEC는 고온 수전해라고도 불리는
데, 물을 끓여 발생되는 증기를 폐열 등으로 전기분해하여 이
산화탄소 배출이 없는 그린수소를 생산하는 방식이다. 차세
대 원전인 SMR 개발이 완료되면 수소수요지 인근에 SMR을
건설하고, 여기에 SOEC 기술을 적용하면 대량의 수소생산과
저장, 운송비용 절감이 가능해진다. SOEC 기술은 이미 상용
화된 알칼라인 수전해나 고분자전해질(PEM) 수전해 기술보다
효율이 높다고 알려져 있다. 앞으로 원자력발전소 외에 열병
합발전소, 화력발전소, 소각로 등에도 폐열을 활용한 SOEC
기술을 적용해서 대량의 청정수소를 생산할 계획이다.

주요 수소 생태계 업체	기업명	종목코드	기업명	종목코드
	한국가스공사	036460.KS	린데	LIN.GR
	SK가스	018670.KS	효성중공업	298040.KS
	SK E&S	-	두산	000150.KS

고용을 살리는 수소차와 수소차 부품

수소차는 수소연료전지로부터 전기를 얻어 주행하는 전
기자동차이다. 전기자동차에 들어가는 배터리 대신 수소연

ESG 투자의 정석

료전지를 주전원으로 하는 것이다. 수소차의 장점은 연료성
능이 우수하고 배기가스가 나오지 않으며 충전속도가 빨라
편의성이 좋다는 점이다. 반면 수소는 부피가 크고 자연감소
하는 비중이 크다는 것이 단점이다. 또한 블루수소와 그린수
소의 생산비용이 높아서 그레이수소를 사용해야 하는데, 이
는 온실가스를 배출하는 것과 마찬가지라는 문제점이 있다.
그리고 아직은 충전인프라가 부족하여 수소차생태계를 구성
하는 데 많은 시간과 비용이 든다. 무엇보다도 수소차는 생
산원가가 높기 때문에 보조금정책 등 규모의 경제를 갖추기
위한 여러 지원들이 뒤따라야 전기차 수준의 가격경쟁력을
갖출 수 있다. 수소차는 전기차 대비 사용부품수가 많아서

수소차 원가구성

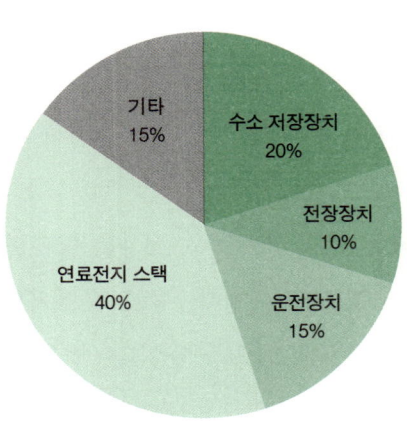

자료 : 업계 자료, BNK투자증권

고용 측면에서 강점을 갖고 있기 때문에 실업률을 관리해야 하는 국가에서 관심을 가질 수밖에 없다.

　수소차의 원가구조에서는 연료전지용 스택이 40%로 가장 큰 비중을 차지하고 수소저장장치가 20%를 차지한다. 수소차에서 가장 중요한 스택은 50개의 셀을 직렬로 연결한 것으로, MEA(막전극접합체), GDL(기체확산층), 분리판, 가스켓 등으로 구성되어 있다. 이 중 MEA가 원가의 43%, GDL이 21%, 분리판이 18% 등을 차지한다. 또한 수소저장장치인 고압수소저장탱크에서는 이를 만드는 탄소섬유가 75%의 원가를 차지한다. 이에 따라 수소차를 생산하는 현대차와 도요타, 스택을 만드는 현대모비스, MEA의 원재료인 불소계 수지 ePTFE를 생산하는 상아프론테크, MEA를 생산하는 코오롱인더·비나텍, 촉매층을 만드는 교세라, GDL을 만드는 도레이, 탄소섬유를 생산하는 효성첨단소재, 고압수소저장탱크를 만드는 일진하이솔루스 등이 주요 밸류체인이 된다.

　2022년 한국 내에서 판매될 수소차는 글로벌 수소차 판매의 50%에 이를 것으로 보인다. 주요 수소차업체는 점유율 60%의 현대차, 34%의 도요타 등이다. 정부의 수소차 육성 로드맵에 따르면 2040년까지 국내에서만 290만 대의 수소차를 판매하고 1,200개의 수소충전소를 설치할 계획이다. 이미 수소차생태계의 활성화가 준비되어 있는 것이다.

현대차그룹은 수소사회를 위한 비전에서 2020년 8,000대 생산으로부터 2030년 50만 대의 수소차 생산으로 확충할 계획을 발표하였다. 현재 충주공장이 가동 중인데, 투자 예정인 현대모비스 청라공장과 중국 광동법인 등을 통해 수소차에 대한 투자를 더욱 확대할 계획이다. 유럽에서는 2030년까지 주요 도로 50km마다 수소충전소 설치 법제화를 추진하고 있어, 법안이 통과되면 유럽 보급이 더 확대될 수 있다. 2022년부터는 대형 수소화물차 엑시언트를 통해 국내에서 화물운송을 시작할 예정이고, 2030년까지 1만 대의 수소화물차를 운송에 투입하겠다는 계획도 갖고 있다. 하지만 원가 경쟁력을 갖출 수 있는 상업화의 과정까지는 시간이 많이 남았고 또 제네시스 수소차 개발 지연에서 보듯이 예상했던 타임스케줄에 미치지 못하는 결과가 나올 수 있다는 점도 염두에 두어야 한다. 수소차에 가장 기술력이 앞서 있다고 평가받는 도요타도 주력 친환경차량을 PHEV에서 전기차로 전환하는 모습을 보이고 있다는 점 등에서, 수소차 투자는 당분간 승용차보다는 상용차와 연료발전 분야에 대한 투자가 중심이 될 것으로 보인다.

현대차그룹은 2030년까지 수소연료전지 생산량을 50만 대로 확대하고, 수소연료전지를 넥쏘 표준으로 대량생산하며, 3세대 수소연료전지시스템을 100kW와 200kW로 개발하고 있다. 현대모비스는 1조 3,216억 원을 들여 인천 청라에 신규거점을 구축하고 2023년부터 생산가동할 예정이다.

상아프론테크는 불소계 수지 전문업체로서 ePTFE를 개발하여 수소차의 주요소재를 국산화하였다. 수소차에서 가장 중요한 스택의 전체생산비 43%를 MEA가 차지하고 있는데, 멤브레인막은 그 중의 20%를 차지하는 주요소재이다. PEM연료전지 및 수전해 수소 핵심소재인 불소계 멤브레인막을 국산화하여 고어사의 제품을 대체하고 있다. 수소차와 발전용 연료전지 PEMEC 등에 모두 적용가능한 소재를 보유하고 있어 장기적으로 볼 때 수소생태계 발전에 따른 수혜가 예상된다.

효성첨단소재는 수소저장기술의 핵심인 탄소섬유를 만드는 국내 유일의 기업이다. 탄소섬유는 충전소 압력용기, 튜브트레일러, 수소차용 압력용기에 사용되는데, 일본의존도가 높아서 국산화 요구가 많은 소부장산업의 핵심이다. Type-4의 수소차용 고압수소탱크에 들어가는 탄소섬유는 일본의 도레이가 독점하고 있어 향후 동사의 수혜가 기대된다. 탄소섬유는 강도가 높고 무게가 가벼워 향후 알루미늄 소재를 대체할 수 있을 것으로 보인다. 현재 탄소섬유 생산 능력은 4,000톤이며, 2022년에 2,500톤을 추가로 증설할 예정이다.

일진하이솔루스는 수소저장탱크를 만드는 기업으로 현대차 넥쏘에 공급하고 있다. 탄소섬유로 만들어지는 700bar의 압력을 견디는 수소탱크는 수소차 원가의 20%를 차지하는 주요부품이다. 동사는 도요타고세이와 함께 수소탱크 대량생산이 가능한 업체이고, 경쟁사대비 15%의 원가경쟁력을 갖고 있다. 수소생태계 확대에 따라 수소연료전지차, 수소충전소, 튜브트레일러, 드론 등으로 사업영역을 확장할 것으로 전망된다. 현재 약 5.1만 개 수준인 수소저장용기 생산능력이 2023년에는 15.6만 개로 증가할 전망이다. 현대차에 대한 높은 의존도와 현대차의 3세대 연료전지 효율성 저하에 따른 개발지연으로 다양한 판매채널 확보가 필요하다.

코오롱인더는 탄화수소계 멤브레인을 국산화하였고, 연료전지 성능유지에 필수인 수분제어장치, 고분자 전해질막(PEM), 막전극접합체(MEA) 등의 제품을 보유하고 있으며, 관계사들과 함께 수소생태계 발전의 라인업을 확장하고 있다.

	기업명	종목코드	기업명	종목코드
주요 수소차/ 부품업체	현대차	005830.KS	효성첨단소재	298050.KS
	현대모비스	012330.KS	일진하이솔루스	271940.KS
	상아프론테크	089980.KS	코오롱인더	120110.KS

시작되는 세계 1위 산업 수소연료전지

우리나라 발전용 연료전지는 2021년까지 749MW를 누적 구축해 미국과 일본보다 많은 설비를 기록하고 있다. 물론 아직 발전용 연료전지의 시장이 작아서 1등이 큰 의미는 없지만, 미래의 먹을거리를 먼저 준비한다는 점에서 의미를 가질 수 있고 CHPS(청정수소발전 의무화제도)가 도입되면 구축 실적도 더욱 빠르게 증가할 수 있다. 정부는 2040년까지 총 15GW를 구축한다는 목표를 갖고 있다. 수소경제육성 및 수소안전관리에 관한 법률개정안에는 청정수소 인증제도와 청정수소발전 공급구매제도를 도입한다는 내용도 포함되어 있기 때문에 연료전지 활성화를 준비하고 있다.

수소연료전지는 저온연료전지인 양성자교환막 연료전지 PEMFC와 인산형염료전지PAFC, 고온연료전지인 고체산화물 연료전지SOFC로 구성된다. 현대차와 에스퓨얼셀은 PEMFC

ESG 투자의 정석

를, 두산퓨얼셀은 PAFC를 중점으로 개발하고 있다. PEMFC
는 65~80도에서 작동하고 PAFC는 150~200도에서 작동한
다. 온도가 높을수록 불순물에 높은 저항성을 갖고 전기화학

수소연료전지의 종류

종류/특징	고온형 연료전지		저온형 연료전지			
구분	용융탄산염 연료전지 (MCFC)	고체산화물 연료전지 (SOFC)	인산형 연료전지 (PAFC)	알칼리 연료전지 (AFC)	고분자전해질 막 연료전지 (PEMFC)	직접메탄올 연료전지 (DMFC)
작동온도	550~700℃	600~1,000℃	150~250℃	50~120℃	50~100℃	50~100℃
주 촉매	Perovskites	니켈	백금	니켈	백금	백금
전해질의 상태	Li/K alkali carbonates mixture	YSG GDC	H3PO4	KOH	이온교환막	이온교환막
가능한 연료	H_2, CO (천연, 석탄 가스)	H_2, CO (천연, 석탄 가스)	H_2, CO (메탄올, 석 탄가스)	H_2	H_2 (메탄올, 석탄가스)	메탄올
개질기 필요성	X	X	O	O	O	X
효율 (%LHV)	50~60	50~60	40~45	-	< 40	-
주용도	대규모발전, 중소사업소 설비	대규모발전, 중소사업소 설비,이동체 용전원	중소사업소 설비, biogas plant	우주발사체 전원	수송용 전원, 가정용 전원, 휴대용 전원	휴대용 전원
특징	발전효율 높음, 내부개질 가능, 열병합 대응 가능	발전효율 높음, 내부개질 가능, 복합발전 가능	CO 내구성 큼, 열병합 대응 가능	-	저온 작동 고출력 밀도	저온 작동 고출력 밀도

자료 : 한국에너지공단

반응속도도 빠르지만 고온의 연료전지는 전원을 켜고 끌 때 부품의 내구성이 감소될 수 있다. PAFC는 발전용량이 크기 때문에 기저전력을 공급하는 데에는 유리하지만, 전력사용량 변동이 빈번한 건물 발전이나 이동식 발전에는 PEMFC가 적합하다. 발전용 연료전지는 두산퓨얼셀이 33%, 블룸에너지 50%, 퓨얼셀에너지 14%로 경쟁 중이고, 가정건물용 연료전지는 파나소닉 45%, 아이신세이키 44% 등 일본기업이 장악하고 있다. 세계 발전용 연료전지 시장은 우리나라 두산퓨얼셀과 미국의 블룸에너지가 양분하고 있지만 SK에코플랜트와 미국 블룸에너지가 합작한 블룸SK퓨얼셀이 공격적으로 영업확장을 진행하고 있다. 블룸에너지가 제조하는 고체산화물 연료전지(SOFC)는 발전효율이 50~60% 수준으로 경쟁사 대비 효율이 높은 기술로 알려져 있다.

두산퓨얼셀은 연료전지 개발 및 공급업체로서 수소, LNG, LPG를 통해 전기를 생산하고 있으며 한국 발전연료전지시장의 70%를 점유하고 있다. 2022년부터 RPS(신재생에너지공급의무화) 비율 상향에 의해 발전사들의 REC(신재생에너지공급인증서) 수요가 증가할 것으로 예상됨에 따라 수혜가 기대된다. 기존 인산형연료전지(PAFC) 외에 영국의 세레스파워와 함께 고체산화물 연료전지(SOFC)도 생산하고 있다. 인산형

연료전지 기술을 활용해 천연가스 저장소에서 전기, 열, 수소를 판매할 수 있는 Tri-Gen 제품을 상용화하는 준비를 하고 있다. 동사의 설비는 익산의 2021년 127MW 수준을 2023년에 275MW로 증가할 예정이다. 지주회사 격인 두산도 세계 최고 수준의 전력발전효율을 지닌 건물·주택용 10kW 고체산화물 연료전지(SOFC) 개발을 완료함으로써 두산퓨얼셀과 함께 SOFC의 핵심부품인 셀, 스택 국산화 및 한국형 SOFC시스템 기술의 개발에 노력하고 있다.

Tri-Gen 모델의 구성

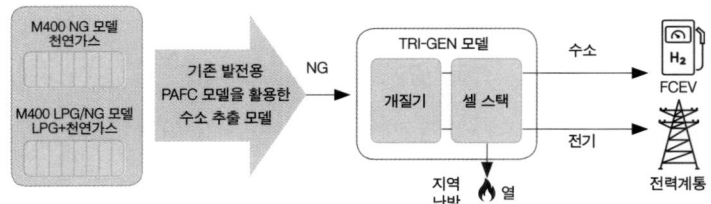

자료 : 두산퓨얼셀, SK증권

플러그파워는 고분자전해질PEMFC 차량용 연료전지, 수전해용 전해조, 액화수소 플랜트와 수소충전소 기술을 보유하고 있는 미국회사이다. 2022년까지 그린수소생산이 가능한 2개 공장을 가동할 계획인데, 수전해 500MW, 스택 6만 개를 생산할 수 있는 규모이다. SK그룹이 1.6조 원을 투자해서

9.9%의 지분을 확보했다. 당시 투자가치는 15억 달러(16조 원) 수준으로, 미래성장가치를 감안하여 높은 가치로 투자한 것으로 평가되고 있다.

블룸에너지는 고체산화물SOFC 발전용 연료전지의 1위 기업으로, 스택효율성 개선에 따른 단위비용 절감으로 경쟁력을 갖추고 있다. 독자적인 기술로 바이오가스, 수소, 천연가스 등의 에너지를 전력에너지로 변환시켜 주는 블룸에너지 서버(블룸박스)가 주요 비즈니스모델이다. 애플, AT&T, 월마트 등에 블룸에너지 서버를 제공하고 있고, SK E&C와 조인트벤처를 설립하여 국내 발전시장에도 진출하였다. 성장하고 있는 마이크로그리드*의 친환경분산형 에너지공급시스템의 확장가능성이 블룸에너지 솔루션을 통해 더욱 높아지고 있다.

마이크로그리드 : 소규모 독립형 전력망으로, 태양광·풍력 등 신재생에너지원과 에너지저장장치(ESS)가 융·복합된 전력체계

주요 수소연료 전지업체	기업명	종목코드	기업명	종목코드
	두산퓨얼셀	336260.KS	블룸에너지	BE.US
	에스퓨얼셀	288620.KS	발라드파워	BLDP.US
	플러그파워	PLUG.US	퓨얼셀에너지	FCEL.US

산업통상자원부가 선정한 수소전문기업

산업통상자원부는 '수소경제육성 및 수소안전관리에 관한 법률'에 따라서 산학연 전문가들의 평가를 거쳐 수소생태계의 발전을 위해 기술력과 잠재력을 지닌 수소전문기업을 다음 216쪽 도표의 내용과 같이 선정하였다. 수소생태계의 확산에 풀뿌리가 되는 전문기업의 개발 및 지원이 필요할 것이다.

블루수소는 CCUS의 발전과 함께

CCUS(탄소포집 활용 및 저장 기술)는 이산화탄소 포집, 활용, 저장 기술을 총칭하는 용어로서 온실가스의 일종인 이산화탄소를 이용해 에너지, 원료 등을 생산하는 기술이다. CCSCarbon Capture and Storage는 화석연료를 활용하는 과정에서 발생하는 이산화탄소를 포집, 저장하는 데 그쳤으나, 최근에는 저장된 이산화탄소를 자원으로 활용하는 CCUCarbon Capture and Utilization 기술이 대두되면서 CCUS라는 개념이 확립되었다. CCS는 포집한 이산화탄소를 가스전 등에 저장하는 기술이고, CCU는 포집된 이산화탄소를 탄소화합물로 만들어 탄소소재, 합성연료, 시멘트대체소재 등으로 활용하는 것이다.

수소전문기업

분야	전문기업명	핵심분야
충전	이엠솔루션	충전소 구축/설계
충전	대하	수소 충전소용 압축기
충전	삼정이엔씨	수소충전소 설계 및 구축
충전	에스지티	수소충전소 설치공사
연료전지	두산퓨얼셀	발전용 연료전지
연료전지	범한퓨얼셀	가정/건물용 연료전지
연료전지	에스퓨얼셀	가정/건물용 연료전지
연료전지	지필로스	연료전지 인버터
연료전지	하이에어코리아	연료전지 모듈
연료전지	안파트너스	연료전지 설치
생산저장	원일티앤아이	수소개질기, 수소저장합금
생산운송	에스디지	수소 원료가스를 공급받아 PSA를 통한 고순도 수소생산 및 유통
생산운송	케이테크	개질시스템 제작 및 설치, PSA 압력용기 제작
모빌리티	유한정밀	연료전지 분리판
모빌리티	제이앤티지	연료전지 기체확산층
모빌리티	가드넥	전해질막 고정용 필름
모빌리티	엠앰에스코리아	수소차 연료전지/금속분리판 코팅장비설계/제조
모빌리티	넥스플러스	수소차 연료전지 다공체 분리판 제조

자료 : 산업통상자원부

ESG 투자의 정석

탄소에너지 사용을 단기간에 없앨 수 없는 상황에서 꼭 필요한 기술로 인식되어, 테슬라의 앨런 머스크가 최상의 CCUS 기술을 보유한 곳에 1억 달러 기부를 약속하기도 했다.

CCUS 기술이 발전해야 탄소의 배출을 줄이고 과도기의 수소생태계를 조성할 수 있다. CCUS는 시멘트, 철강, 화학물질 등 중공업에도 적용될 수 있는 거의 유일한 탄소중립 실현방법으로, IEA(세계에너지기구)는 세계적 탄소중립 과정에서 2070년까지의 CCUS 기술 기여도가 온실가스 총 감축량의 15% 수준인 100억 톤이 될 것이라고 평가했다. CCUS는 1) 화석연료를 기반으로 하는 발전소와 산업플랜트 등의 이산화탄소 배출량 저감을 돕고, 2) 시멘트, 철강, 화학물질 산업의 공정에서 발생하는 이산화탄소를 줄이는 데 활용되며, 3) 저탄소 청정수소 생산과정에도 기여하고, 4) 이미 대기 중에 배출된 이산화탄소를 직접 제거하는 데에도 활용된다. 우리나라 정부합동연구단은 CCS 구조 저장능력을 약 7억 3,000만 톤으로 추산하고 있고, 추가탐사 등을 통해 11억 6,000만 톤 가량의 저장공간 확보가 가능할 것으로 예측하고 있다. 동해가스전은 연간 40만 톤의 이산화탄소 저장이 가능한데, 향후 30년간 총 1,200만 톤의 온실가스 감축에 기여할 것으로 전망하고 있다.

CCU는 산업공정에서 배출되는 이산화탄소를 흡수·저장하여 이를 고부가가치 소재나 제품으로 바꾸는 기술로, CCU 기술이 개발된다면 포집된 이산화탄소에서 탄소를 분리해 소재로 만드는 것도 가능하다. CCU는 공기 중으로 배출된 이산화탄소를 포집해서 활용하는 것이 현실적으로 더 유리하다는 주장도 있는데, 포집한 이산화탄소를 곧바로 활용한다면 저장공간 마련 등에 소요되는 비용도 절감할 수 있다. 가령 국내 철강업계에서는 연간 8,000만 톤의 이산화탄소를 저장하지 않고 활용할 경우 9.6조 원이 절감될 수 있을 것으로 보고되고 있다. 국내외에서는 포집된 이산화탄소를 수소, 일산화탄소, 탄소 등 재활용 가능한 물질로 만들어서 활용하는 기술도 개발하고 있다.

CCUS는 최근 들어 탄소중립 달성 수단으로 각광받기 시작하고 있다. 그동안은 탄소포집 비용이 톤당 50유로 수준으로 탄소배출권 가격(톤당 30유로)보다 높아서 기업들이 투자할 유인이 적었지만, 탄소배출권 가격이 톤당 80유로 대까지 폭등하면서 경제성을 확보할 수 있었다. 그 결과 CCUS 파이프라인을 통해 포집하고 운송된 탄소량이 2020년 7,500만 톤에서 2021년 9월에는 1억 1,100만 톤으로 급증했다. 대표적인 기업이 노르웨이 오슬로거래소에 상장된 탄소포집 설비제조사 아커카본캡처(ACC.OL)로, 전 세계 탄소포집 설비 제조사 중 유일한 상장사이며 매출은 2021년 3,600만 달러로 전년(200만 달러) 대비 18배가량 상승한 규모이다. 이 밖에 스위스기업 클라임웍스와 캐나다 기업 카본엔지니어링 등이 있다. 클라임웍스는 대기 중의 이산화탄소를 직접흡수하는 방식DAC의 공장 오르카Orca를 세계 최초로 가동해 주목받았고, 카본엔지니어링은 마이크로소프트 창업자 빌게이츠가 투자한 기업으로 유명하다.

공기 중에서 포집된 이산화탄소 중 탄소를 분리하는 기술이 상용화된다면 이산화탄소 1,000만 톤으로 탄소소재 100만 톤의 생산이 가능해질 수 있다. 그렇다면 풍력블레이드에 사용되는 탄소섬유 톤당 5만 톤의 이산화탄소 감축이 가능하고 항공기의 경우 톤당 1,400톤의 이산화탄소 감축효과가 발생하게 되는데, 이를 감안하면 2030년까지 모빌리티, 에너지환경 등 중요산업에서 탄소소재 5만 톤이 사용되면서 3.3억 톤의 이산화탄소 절감효과를 기대할 수 있다.

EU의 그린택소노미 초안에 원자력과 천연가스NG가 포함되면서부터 공장이나 발전소에서 배출되는 이산화탄소를 포집하여 저장·활용하는 CCUS는 더욱 부각되고 있다. EU 집행위원회가 천연가스를 친환경에너지로 분류할 때, 여기에는 전력 1kWh 생산 시 나오는 온실가스가 270gCO$_2$eq(이산화탄소 환산량) 미만이어야 한다는 조건이 붙어 있었다. 현재 유럽에서 가장 많이 사용되는 가스발전소의 1kWh 평균탄소배출량은 430gCO$_2$eq 수준이다. 초안의 내용이 그대로 확정될 경우 유럽의 많은 가스발전소들이 탄소중립 규제를 피하고 녹색투자를 받아 내기 위해 탄소배출량을 직접적으로 줄여주는 CCUS 기술의 접목을 꾀할 가능성이 높다. 한국도 K-그린택소노미에 천연가스를 포함하면서 1kWh당 340gCO$_2$eq 이내의 온실가스배출량을 요구한 바 있다. 결국 유럽은 천연가스

CCUS 기술 개념도

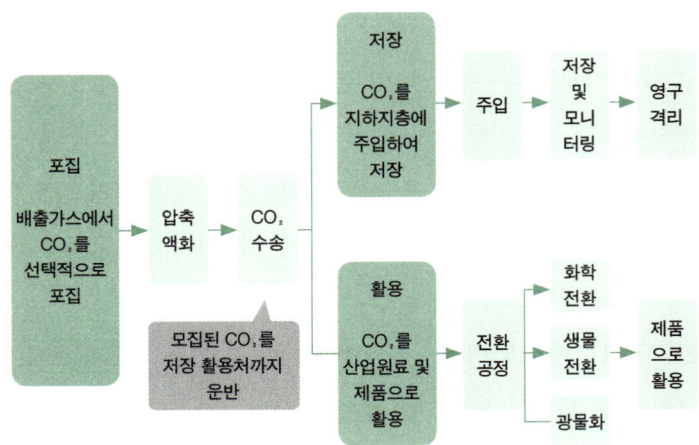

ESG 투자의 정석

를 가교로 이용해서 석탄발전을 중단시키고자 가스발전소와 CCUS 기술의 결합을 유도하고 있는 것이다.

롯데케미칼은 국내화학업체 최초로 기체분리막을 적용한 CCU설비 실증을 완료하고 상업화를 위한 설계에 돌입했다. 여수 1공장에 CCU파일럿 설비시설을 설치하고 9개월간 실증 운영을 진행했으며. 이를 통해 탄소포집용 기체분리막의 성능 점검을 마치고 수집 분석한 자료를 바탕으로 상업화를 위한 설계 단계에 들어섰다. 2023년 하반기 상업생산을 목표로 충남 서산 대산공장에 600여억 원을 투자할 계획이다. 연 20만 톤 규모의 이산화탄소 포집·액화설비를 건설하여 여기에서 포집한 이산화탄소를 2차전지 소재 등으로 활용해서 전기차 배터리용 전해액 유기용매 소재인 고순도의 EC(에틸렌카보네이트)와 디메틸카보네이트, 그리고 플라스틱 소재인 PC(폴리카보네이트)의 원료로 투입하는 한편, 외부에도 드라이아이스, 반도체세정액 원료 등의 용도로 판매한다는 계획을 갖고 있다. 향후 고순도 EC, DMC 설비사업에 총 3,000억 원을 투자할 계획이다. 이번 CCU사업 상업화로 원료를 내부에서 조달함으로써 가치사슬구축을 통한 수익성 향상은 물론 전기차 배터리사업의 경쟁력 강화를 꾀하고 있다.

현대오일뱅크도 DL이앤씨와 함께 정유부산물인 탈황석

고와 이산화탄소를 활용한 건축자재를 생산하는 CCUS 설비를 구축하고 있다. 한편 성신양회도 CCU(탄소포집 및 자원화 기술) 분야의, 시멘트산업에서 배출된 이산화탄소를 활용하는 저탄소연료화 기술개발 국책사업에 참여기업으로 선정됐다. 2025년까지 390억 원이 투입되는 이번 사업은 국내 시멘트공정에 CCU 기술을 적용한 첫 사례이기도 하다. 이것은 시멘트공정에서 발생하는 이산화탄소와 미세먼지를 포집한 후 합성가스 전환을 통해 친환경연료인 메탄올을 생산하게 기술이다. 성신양회는 자사의 단양공장 용지에 이산화탄소 포집설비(50톤/일)와 메탄올전환설비(30톤/일)를 구축해서 탄소중립연료화기술을 실증하고자 한다. 메탄올은 차세대 청정연료로 주목받고 있는 디메틸에테르(DME) 등으로도 전환생산할 수 있는 자원으로, 현재 전량을 수입에 의존하고 있기 때문에 수입대체효과도 기대할 수 있다. 향후 증설을 통해 2027년 일 400톤, 2030년 일 2,000톤 등의 과정을 거쳐 연간 이산화탄소 포집량을 최대 240만 톤까지 끌어올리고자 한다.

배터리, 태양광, 풍력은 재활용/재사용해야 진짜 친환경이다

2030년까지 전기차의 보급이 1억 4,500만 대로 예상됨에 따라 희소금속의 부족 문제가 커지고 있다. 특히 코발트는 콩고의 아동노동 문제, 리튬과 니켈은 채굴 시의 환경오염 문제를 야기하고 있어 희소금속의 재활용 문제는 다방면으로 중요하다. 리튬이온 배터리의 자원순환시장은 2019년 기준 15억 달러(1조 7,300억 원)에 불과하지만 2030년에는 8.2% 성장하여 181억 달러(21조 원)에 이를 전망이다.

배터리 자원순환시장은 크게 유가금속을 추출하는 배터리재활용-BMR시장과 배터리를 모듈이나 팩 단위로 재사용하는 재사용시장으로 구분된다. 완성차업체인 포드는 전기차 가격의 40% 이상이 배터리 값이고 배터리 가격의 절반이 원자재 값이라는 점을 감안하여 폐배터리 재활용 스타트업인 레드우드머티리얼즈와 협업하고 있으며, 2025년까지 100GWh 규모의 배터리소재 생산가공공장을 미국에 지을 계획이다. GM도 자체 기술력으로 폐배터리의 92%를 회수할 수 있다는 캐나다의 리사이클(LiCycle)과 함께 재활용 공정을 구축하고 있는데, 2021년 기준 니켈 1,300톤, 구리 400톤, 코발트 80톤을 재활용하려고 한다. 폭스바겐도 배터리 원자재 회수율을 60%에서 95%로 늘리는 연구를 진행하고 있다. EU는 전기차 제조 시 재활용소재를 2030년까지 4~12% 이상 의무화할 것을 권장하고 있다. 현재 국내 기술로는 배터리 1GWh(전기차 1만 5,000대)를 분쇄하면 리튬 480톤, 니켈 580톤, 코발트 120톤을 회수할 수 있는데, 이는 현재 시세로 340억 원 규모이다. 1GWh의 배터리 가격이 1,180억 원 수준이므로 전체 가격의 30%를 회수하는 셈이다.

업체들은 코발트, 니켈, 리튬 등을 습식제련하고 황산용해 등을 거쳐서 각각의 원소를 녹여 뽑아내는 방식으로 배터리 가격의 40% 비중을 차지하는 양극활물질을 회수하고 있는데, 이러한 과정을 통하면 환경오염도 줄이고 배터리 생산비용도 낮출 수 있다. 수산화리튬 1Kg을 6달러 정도 비용으로 확보할 수 있다면 배터리금속 회수사업은 충분한 경쟁력을 가질 수 있다. 일반적인 기술은 수산화리리튬을 얻기 위해 황산이나 과산화수소를 더하고 고온건식 또는 탄소환원 및 탄산리튬과 같은 공정을 추가하는 방식인데, SK이노베이션은 폐배터리를 전처리한 산화리튬Black Powder으로부터 수소환원만으로 수산화리튬을 바로 추출하는 기술을 갖고 있다.

ESG 투자의 정석

배터리재활용 기술업체인 레드우드머티리얼즈는 CEO가 테슬라 출신으로, 전기차에 들어가는 배터리를 친환경적으로 만들고 있다. 수명이 다한 리튬이온배터리를 분해해서 원재료를 회수하는데, 이 공정을 거치면 폐배터리에서 리튬은 80%, 니켈·구리·코발트는 95~98% 이상을 회수할 수 있다고 한다. 『파이낸셜타임즈』에 따르면 레드우드는 이미 4만 5,000개의 배터리를 서로 만들어 낼 정도의 자재를 회수할 수 있다. 동사는 2021년 7월에 7억 달러의 자금을 조달하였는데 기업가치는 37억 달러(약 4조 3,800억 원)이다. 현재 네바다주에 3개의 가동시설을 갖추고 있고 2023년까지는 유럽에도 공장을 세울 예정이며, 2025년까지 연간 100GWh 규모의 배터리를 생산할 수 있는 공장을 지을 계획이다. 아마존, 파나소닉 등과도 제휴하여 전기폐기물을 분말 형태로 분해해서 다시 공급하고자 한다.

블룸버그 NEF는 세계 자동차판매량에서 전기차가 차지하는 비중이 10년 뒤에는 70%까지 늘어날 것으로 보고 있다. 우리나라의 완성차업체(현대차 등), 2차전지업체(LG에너지솔루션 등), 제련업체(고려아연, 영풍 등), 폐기물업체(아이에스동서 등), 재활용 전문업체(성일하이텍 등) 등이 성장하는 배터리 재활용시장의 진출을 위해 노력하고 있다.

재사용시장에서도 현대차는 한수원, OCI 등과 협력하여 폐전지를 활용해서 ESS를 태양광발전시스템에 접목하는 실증사업을 하고 있고, SK이노베이션은 전기차용 폐전지를 렌털 방식으로 사업화하는 것을 검토하고 있다. 전기차 사용 후 배터리를 재사용 및 재활용하게 될 경우 개당 온실가스 48.8kg을 줄일 수 있다. 리튬이온전지 생산공정에서 개당 64Kg의 온실가스가 발생하는 것을 감안하면 온실가스 감축 효과가 매우 크다.

태양광시장의 확대에 따라 태양광 폐패널 재활용시장도 확대될 것으로 전망되고 있다. 2050년 탄소중립 시나리오에 따르면 태양광발전량은 총 623TWh이며 설비용량으로는 464GW가 필요하다고 한다. 20~30년 뒤부터는 태양광 폐패널이 매년 수십만 톤씩 나오도록 예정되어 있는데, 2031~2035년의 5년간에만 해도 9만 4,000여 톤이 발생할 것으로 보인다(2011~2015년 신규로 설치된 2.9GW의 수명연한 도래). 태양광패널은 전체 소재의 70~75%가 강화유리이고 20~25%는 알루미늄 프레임과 뒤판으로 구성되어 있다. 셀은 3~4%에 불과해서 재활용에 따른 부가가치가 높지는 않다. 통상 태양광 발전모듈은 20년을 사용하면 폐모듈로 분류되기 시작하는데, 태양광산업협회 추산에 따르면 2023년에 988톤,

2028년에 9,632톤, 2033년에 2만 8,153톤으로 연간 폐모듈 발생이 급증하게 된다. 이에 따라 정부는 2023년부터 국내 태양광모듈에 EPR(생산자책임재활용제도)을 도입할 예정이다. EPR은 건전지, 타이어, 윤활유 등 12종의 제품에 적용되는데, 재활용공제조합을 만들어서 이를 통해 수집, 운반 등 재활용에 필요한 비용을 생산자에게 부과하는 제도이다. 태양광모듈은 완전히 분해해서 재활용하기보다는 가능한 범위 내에서 재사용하는 것이 경제적이다. 하지만 현재 EPR은 재활용에 방점을 찍은 제도라서 그대로 태양광에 적용하는 것은 무리라는 지적이 있다. 태양광패널에는 규소, 구리, 납 등의 금속 및 다양한 플라스틱이 포함되어 있는 만큼 제대로 처리하지 않으면 환경오염을 유발시킬 수 있다. 태양광 폐모듈은 고순도유리 분리, 유가금속 회수, 태양광패널 재제조 등 적절한 공정만 거친다면 최대 80%까지 재활용이 가능한 것으로 알려져 있다. 산업자원부가 2020년 말에 발표한 제9차 전력수급기본계획에 따르면 연도별 태양광 누적 설치량은 2025년에 33.5GW, 2034년에 45.6GW에 달하게 되는데, 탄소중립위원회가 제시한 NDC(국가온실가스감축목표)를 달성하기 위해서는 2030년까지 51.4GW를 설치해야 한다.

풍력발전의 블레이드도 특수소재인 유리섬유로 만들어져

재활용이 어렵다는 문제가 있다. 12GW 규모의 발전용량에서 얻어지는 전력생산량은 128TWh로, 2050년까지 풍력설비용량의 규모를 44GW로 확대하는 것을 목표로 하고 있다. 현재 폐블레이드의 대부분을 매립으로 해결하고 있는데, 이에 대한 처리방법도 개발이 필요하다.

국가별 태양광 재활용 정책

지역	도입 시기	내용
EU	2012년	태양광 폐패널 재활용 의무 법제화, 2019년 이후 회수율 85%, 재활용률 80% 이상
일본	2015년	태양광 폐패널의 수거, 재활용, 적정 처리와 관련한 로드맵 제시
미국	2021년	태양광 폐패널을 범용폐기물로 지정해 다양한 방식의 처리 유도, 최대 1년까지 보관 허용
한국	2023년 (시행 예정)	담당 공제조합 지정 미뤄져 제도 안정적 시행 불투명

자료 : 환경부

리사이클홀딩스Licycle Holdings는 폐배터리와 수명이 다한 배터리를 통해 원자재를 회수하는 미국의 폐배터리 재활용 기업이다. 2차전지 재활용사업을 영위하는데, Spoke&Hub 기술을 활용해 2차전지 수명종료 솔루션을 제공하고 있다. 한국의 **성일하이텍**은 전기차는 물론 휴대폰, 노트북, ESS, 전동공구 등의 다양한 전자폐기물에서 금속을 추출해 내는 리사이클 전문기업이다. 배터리 스크랩에서 망간, 니켈,

ESG 투자의 정석

리튬 등을 추출해 양극재소재업체에 공급한다. 현재 총생산능력은 4,200톤 수준인데, 연 5만 톤 규모의 헝가리 공장과 폴란드에도 재활용공장 건설을 추진하고 있다. 코발트는 90~95%, 리튬은 70~80% 정도 회수가 가능하다고 한다. LG에너지솔루션은 오창공장에서 폐배터리를 재사용해 만든 전기차 충전용 ESS시스템을 설치 및 운영하고 있다. 북미 최대의 배터리재활용업체인 리사이클홀딩스의 유상증자에 LG화학과 함께 참여해서 각각 300억 원씩 총 600억 원을 투자해 2.6%의 지분을 획득했다. 2023년부터 10년간에 걸쳐 니켈 2만 톤을 공급받기로 하였는데, 이는 고성능 전기차(배터리용량 80kWh) 30만 대를 제조할 수 있는 분량이다. 에코프로는 자회사 에코프로씨엔지를 통해 2026년까지 양극재 6만 톤에 달하는 원재료를 추출할 것을 목표로 하고 있다. 에코프로그룹은 2022년까지 연간 전처리 1만 2,000톤, 후처리 5만 톤을 계획하고 있다.

주요 친환경 에너지 재활용 업체	기업명	종목코드	기업명	종목코드
	성일하이텍	-	Licycle	LICY.US
	에코프로씨엔지	-	레드우드	-

자원순환과 폐기물처리에 돈이 몰린다

한국환경공단이 발표한 자료에 따르면 전국에서 하루에 발생하는 폐기물량은 2014년 기준 40만 1,658톤이었으나 2019년에는 49만 7,238톤으로 급증했다. 불과 5년 만에 20% 이상 늘어난 것이다. 문제는 폐기물배출량과 매립수용량이 반비례로 가고 있다는 점이다. 환경부에 따르면 2031년이면 우리나라 공공매립시설 215곳 중의 102곳이 포화상태에 이를 것이라고 한다. 절반에 가까운 47%의 매립시설이 제 기능을 못하고 사라질 것이라는 의미이다. 반면 신규매립시설의 조성은 지역주민들의 님비현상에 가로막혀 용지확보조차 어렵고, 시설확충도 곤란하다. 매립장 부족은 결국 전국에 쓰레기산이라는 흉물을 만들어 냈다. 2019년 미국 CNN 방송으로 유명해진 의성 쓰레기산이 대표적이다. 2021년 12월 기준 우리나라에 존재하는 쓰레기산은 모두 91곳으로, 27만 3,000톤에 달하는 쓰레기가 전국 곳곳에 방치되고 있다. 지속적으로 증가하는 폐기물을 소화할 매립장의 절대부족은 폐기물 처리단가 상승의 원인으로 지적된다. 이에 대한 처리를 시멘트업체의 소각로가 맡으면서 폐기물 처리의 대안으로 부각되고 있다.

대표적인 유해환경업체들인 시멘트업체들도 자원순환과

ESG 투자의 정석

폐기물처리를 통해 ESG시장에 진입하고 있는데, 자원순환의 대표주자인 쌍용C&E는 1,000억 원을 투자해 순환자원 사용량을 6배 증가시켰고, 2030년에는 탈석탄을 선언하였다. 아세아시멘트는 2025년까지 탄소배출량을 25% 감축할 계획이고 5년간 758억을 투자할 예정이다. 자원순환설비에 한일현대시멘트가 2,700억 원을 투자하고(2025년까지) 성신양회가 1,300억 원을 투자하며(2025년까지) 삼표시멘트가 2,000억 원을 투자하는(25년까지) 등, 2050년까지 탈탄소를 계획하며 업계 전반적으로 자원순환 투자에 적극적이다. 또한 시멘트 업체들은 안정적인 소각용 폐플라스틱 공급을 위해 폐기물 처리업체의 인수에도 관심을 갖고 있다.

시멘트 산업의 순환자원 재활용

자료 : 한국시멘트협회, KTB투자증권

유연탄 가격은 시멘트 원가의 30~40%를 차지한다. 시멘트는 석회석 등 원재료를 유연탄으로 구워서 만드는데, 보통 시멘트 1톤을 만들 때 유연탄 0.1톤이 필요하다. 2021년도 4,752만 톤의 시멘트를 생산하기 위해 필요한 유연탄의 구매비용은 5,656억 원이었지만 폐플라스틱으로의 대체율은 23%에 불과했다. 이는 유럽의 자원순환 비율인 46%의 절반에 불과하다. 플라스틱 폐기물 처리를 위해 시멘트업계도 전보다 순환자원 사용량을 추가로 늘려야 한다. 순환자원으로 만든 시멘트를 구분해서 사용하자는 주장도 확대되고 있으나, 유럽에서는 중금속 노출이나 건강에 대한 장기 영향을 연구한 결과 기존 시멘트와 동일하다는 연구결과가 도출되었다.

플라스틱을 연 6,000만 톤 이상 소비하는 유럽에서는 심각한 처리 문제를 낳고 있는 폐플라스틱을 시멘트 연료로 적극 활용하고 있다. 시멘트 생산을 위해서는 소성로(킬른)에서 유연탄을 태워 내부 온도를 1,500도 이상 수준까지 올려야 하는데, 이때 시멘트 회사들은 소성로에 유연탄 대신 폐플라스틱을 태우는 식으로 연료로 사용할 수 있다. 연료로 사용된 플라스틱은 초고온에서 완전연소되어 오염물질 발생이 최소화된다. 따라서 시멘트 소성로에서 폐기물을 연료로 쓰는 것은 현실적인 대안이다. 국내 폐플라스틱 발생량은 연 1,000만 톤 정도이고 매년 8% 수준으로 증가하고 있으며, 일간 폐기물 발생량은 2019년 49만 7,000톤으로 전년 대비 11.5% 증가했다. 우리나라의 1인당 연간 플라스틱 포장재의 소비량은 67.4kg으로 벨기에에 이어 2위를 기록하고 있는데, 순환자원의 사용비중을 독일 수준인 60%까지 높이면 시멘트 생산시설에서 처리할 수 있는 폐기물 용량이 450만 톤까지 늘어나므로 폐플라스틱의 절반을 처리할 수 있다.

국내 폐기물시장은 개인사업자 중심으로 운영되다가 SK그룹과 티와이홀딩스, 아이에스동서 등의 참여로 점점 대형화되어 가고 있다. SK에코플랜트(SK건설)는 1조 7,000억 원을 들여 관련기업들을 매집하고 있고, 중견건설사인 아이에스동서와 티와이홀딩스(태영건설 지주회사)도 폐기물처리와 수처리, 토양 및 지하수 정화업 등으로 사업 규모를 확대해 가고 있다. 자본력을 갖춘 대기업들이 M&A를 통해 폐기물사업에 진출함에 따라 폐기물사업에 대한 관심이 높아지고 있다. 상장사인 인선이엔티, 코엔텍 등이 이미 매각되었고 향후 EMK, KG ETS 같은 대형업체들의 매각도 예정되어 있어서 시장점유율 확대를 위한 각 기업들 간의 각축전이 심화될 것으로 보인다.

주요 순환 자원 및 폐기물 처리업체	기업명	종목코드	기업명	종목코드
	쌍용C&E	003410.KS	SK에코플랜트	-
	성신양회	004980.KS	아이에스동서	010780.KS
	아세아시멘트	183190.KS	티와이홀딩스	363280.KS
	한일시멘트	300720.KS	인선이엔티	060150.KS

ESG 투자의 정석

개념 단계의 환경(Environment)산업

개념 단계 투자는 이런 것이다

개념 단계의 환경산업은 기술적으로 완성되기까지 10년 이상의 시간이 걸린다. 신기한 기술도 있고 탈탄소의 효과도 있어 기대감이 많지만, 엔지니어링 측면에서 완성도가 높지 않고 비용의 문제도 뒤따른다. 따라서 정부의 의지와 방향성, 지원금 등에 의해 연구소 수준의 실증과정을 거쳐야 하는데, 상업화까지 진행되는 데 오랜 시간이 걸리고 중도에 그만두는 경우도 많다는 점을 감안하여 투자를 해야 할 것이다. 따라서 인지 단계, 성숙 단계로 발전하기 전까지는 정부 및 기업별 테마성 이슈에 따라 급등락을 반복하므로 추세적 상승보다는 변동성을 이용한 투자에 집중해야 할 것이다.

개념 단계의 환경산업 및 주가추이(예상)

수소환원제철법	핵융합	E-Fuel
수전해기술	대체육	그린플라스틱
성숙, 인지 단계의 신기술: SMR 등		

개념 단계의 환경산업 주가 추이

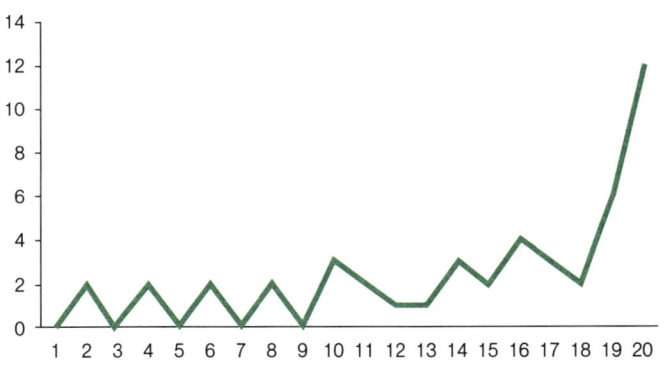

※ 기술 개발 및 정책 등에 의해 높은 변동성을 보이고 오랜 시간이 걸려 인지 단계로 넘어가
며 상용화가 가시화될 때 높은 밸류에이션을 부여받는다.

위험하지 않은 원자력 SMR

우리의 미래에너지 공급원 중 가장 논쟁적인 에너지원은

ESG 투자의 정석

원자력에너지이다. 원자력발전은 방사능위험만 없다면 다른 어떤 신재생에너지들보다 우월한 장점을 보유하고 있다. 온실가스 배출이 사실상 없고, 연료매장량이 무한해서 영구적으로 사용할 수 있다. 태양광이나 풍력과는 달리 기상조건에 관계없이 생산량을 조절할 수 있다는 장점도 있어 기저발전*으로 유용하다. 물론 방사능물질의 누출가능성과 원자로를 없앨 때 드는 비용인 폐로비용 등을 감안하면 결코 저렴하다고 할 수 없다는 주장도 있지만, 여타의 신재생에너지들에 비해 월등히 저렴한 편이다. 저렴한 전기에너지의 공급이 국가의 경쟁력이라는 점에서, 위험한 에너지원이라는 문제점에도 우리는 일정 수준 원자력을 필요악으로 받아들이지 않을 수 없다. 이에 따라 대형원전의 위험성을 낮추기 위한 원전업계의 노력이 이루어지고 있는데, 그 대안이 SMRSmall Module Reactor이다.

기저발전: 24시간 연속으로 운전되어 발전의 기반을 이루는 부분으로, 발전 원가가 가장 저렴한 원자력·석탄에 의한 발전을 의미한다.

SMR은 증기발생기와 냉각재펌프, 가압기 등 주요기기들을 하나의 용기에 일체화시킨 300MW 이하의 소형원자로를 말한다. 아직 부족한 경제성과 핵폐기물 배출 문제가 남아있지만 소형화를 통해 안전성 문제를 최소화할 수 있어 차세대 원전으로 꼽힌다. 기존 대형원전(1만 1,000~1만 5,000MW)

과 비교하면 1/3에서 1/6 수준의 출력을 가지기 때문에 사고 시 발생하는 붕괴열이 적고 또 재해발생 시 방사능 유출 취약 요소로 꼽히는 배관이 없어서 그만큼 대응이 쉽다. 문제가 발생해도 빨리 식힐 수 있어서 방사능 유출을 최소화할 수 있는 것이다. 미국『타임』지는 SMR이 녹색미래의 열쇠를 쥐고 있다고 평가했다. 영국 국립원자력연구소는 전 세계 국가들의 탄소중립정책에 따라 2035년 SMR시장 규모가 최대 4,000억 파운드(약 627조 원)에 이를 것으로 전망한다.

SMR이 성공하기 위해서는 실증적 검토가 이루어져야 하는데, 2030년이 지나야 실증상용화가 가능한 만큼 실제로 상업화에는 많은 시간이 필요하다. 민간 영역에서는 빌 게이츠와 워렌 버핏 등이 SMR벤처기업 창업이나 투자에 뛰어들고 있다. 전 세계적으로 70개 이상의 SMR모델이 개발되고 있는데 여기에 우리나라도 참여하여, 두산중공업은 혁신형 SMR 사업을 추진하고 있고 또 미국 뉴스케일의 지분을 확보해 둔 상태이다. 미국 바이든 정부는 2021년 1월 차세대원자로기술과 SMR 개발에 7년간 32억 달러(약 3.6조 원)를 투자하기로 했고, SMR 분야의 선도기업으로 꼽히는 뉴스케일은 아이다호주 국립연구소 내에 발전소를 건설할 것을 확정했다. 기후변화 대응수단으로 향후 150기 이상의 원자력발전소를 짓기로 한 중국은 해상부유식 SMR을 주요과제로 선정했다. 영국은 SMR 16기를 짓기로 한 항공·에너지기업 롤스로이스에 2억 1,000만 파운드(약 3,300억 원)를 투자했다. 영국은 세계 최초의 상업용 원자로를 만든 원전종주국이지만 1990년대 이후 원전건설을 중단한 바 있다. 1997년 SMR 개발에 뛰어든 우리나라는 지난 2012년 SMR스마트를 개발해서 세계 최초로 표준설계인증까지 받았지만 탈원전정책 등에 막혀 상용화에는 실패했다. 2028년 인허가 획득을 목표로 최근 차세대 소형모듈 원전인 iSMR 예비타당성조사에 착수했지만 투자규모와 시기, 기술력 면에서 경쟁국에 뒤진다는 평가이다. 재생에너지 발전비율이 40%에 달하는 영국마저도 SMR과 원전을 탄소중립을 위한 핵심수단으로 인식하고 투자에 나서고 있다. 특히 미국은 행정명령에서 탄소배출이 없는 전력원으로 만들어진 전기야말로 탄소중립을 위한 무공해 전력이라고 정의하면서 무공해 전력은 해양, 풍력, 조력, 지열, 수력, 원자력, 수소 등을 포함한다고 밝혔다. 미국 정부의 발표는 풍력, 태양광 등 재생에너지만으로는 탄소중립 달성이 어렵다는 현실을 반영한 것으로 보인다.

세계의 원자력발전소는 33개국에서 441기가 운영 중이며, 건설 중인 원자력발전소는 19개국 56기에 달한다. 국가별 가동 원자로는 미국 93기, 프랑스 56기, 중국 52기, 러시아 38기, 일본 33기, 한국 24기, 인도 23기, 캐나다 19기, 우크라이나 15기, 영국 13기 등이다.

최근 전 세계가 친원전으로 돌아서게 된 기폭제는 신종코로나 팬데믹으로 촉발된 전력난이었다. 백신접종과 함께 경기가 빠르게 회복되는 가운데 역대급 폭염이나 한파 같은 이상기후 현상이 겹치면서 에너지 수요가 급증했다. 하지만 탈탄소정책으로 값싼 석탄발전을 줄여온 터라 늘어난 수요를 감당하지 못했다. 그 결과 유럽 전력발전량의 23%(2019년)를 차지하는 천연가스의 가격이 2021년 들어 4배 가까이 급등했고, 석탄 사용량마저 다시 증가했다. 설상가상으로 북해의 바람이 20년 만에 최저 수준으로 약해지면서 과거에는 유럽 전체 발전량의 13%를 차지했던 풍력발전의 비율이 5% 수준으로 하락했다. 이에 원자력을 이용하여 날씨 변동성과 저장에 취약한 신재생에너지의 단점을 보완해야 한다는 주장이 힘을 얻게 되었다.

특히 친환경에너지에 관심이 많은 EU에서도 원자력을 그린택소노미에 포함시킬지의 여부에 대해 프랑스와 독일의 다툼이 치열하다. 우선은 포함되는 것으로 확정발의가 되었는데, 신규원전이 녹색으로 분류되기 위해서는 2045년 이전에 건축허가를 받아야 하고 2050년까지 방사성 폐기물을 안전하게 처분할 계획과 자금이 있는 국가에 위치해야 한다는 단서가 붙었다. 프랑스는 원전이 56기로 세계 2위이고 에너지믹스는 원전 67%, 신재생 23%로 구성되어 있다. 원자력에 강점을 갖고 있고 향후 10억 유로를 투자할 계획이다. 반면 독일은 6기로 세계 13위이고 에너지믹스는 원전 11%, 신재생 42%인데, 2023년까지 현재 운영 중인 원자로를 모두 폐쇄할 계획이다. 현재 EU에서 원전운영에 찬성을 표명한 국가는 프랑스, 불가리아, 크로아티아, 핀란드, 헝가리, 폴란드, 루마니아, 체코, 슬로바키아, 슬로베니아 등이고, 반대를 표명한 국가는 독일, 룩셈부르크, 포르투갈, 덴마크, 오스트리아, 스페인, 아일랜드 등이다.

최근 핀란드도 치솟는 전기료에 신규원전 가동을 발표했다. 핀란드 원전업체 TVO는 올킬루오토 3호기를 가동하기 위해 핀란드 원자력안전청에 운영허가를 신청했다. 1,600MW 규모의 올킬루오토 3호기는 2022년 6월 이전에 정식으로 전력공급을 시작할 예정이다. TVO는 당국으로부터 최초 임계* 및 저출력 시험을 해도 된다는 허가를 받았는데, 임계상태에 도

임계: 원자로 내에서 핵분열 연쇄반응이 일정하게 유지되는 상태

달한 원자로는 안전하게 제어되면서 가동될 수 있다. 핀란드가 신규원전의 운영에 나선 것은 에너지대란이 유독 심각하기 때문이다. 핀란드의 전기료는 다른 북유럽 국가들의 평균 전기료보다 15% 가량 비쌌다. 핀란드는 전력 대부분을 스웨덴과 러시아로부터 수입하고 있다.

프랑스는 사용 후 핵연료 처리에 대해서도 대비하고 있는데 라아그지역에 세계적 규모의 상업용 사용후 핵연료 처리 시설을 보유하고 있다. 약 300만m²의 부지에 들어선 최첨단 공장에서 연간 1,100톤의 사용후 핵연료가 재처리된다. 폐연료봉을 잘게 쪼개어 원전의 연료로 다시 쓸 수 있는 플루토늄과 우라늄을 뽑아내고 나머지 찌꺼기만 유리로 밀봉해서 안전한 상태로 용기에 보관하면 폐기물의 부피를 1/5로 줄일 수 있다. 1966년 이후 사용후 핵연료 3만 7,000톤을 재처리했고, 원자로 해체 분야도 발전시키고 있다. 현재 전체 전기에너지의 67%를 원전에 의존하는 프랑스의 가정용 전기요금은 1kWh당 230원으로, 기존 원전을 모두 폐쇄하기로 결정한 독일 408원의 절반 수준이다. 결국 에너지 가격 때문이라도 친환경에너지와 원자력의 공존은 불가피한 것으로 보인다.

미국은 원자력발전을 청정에너지 전환의 수단으로 활용할 계획이다. 원전 93기를 보유하고 있고, 차세대 원자로기술과 SMR 개발에 7년간 32억 달러를 투자할 예정이다. 호주는 600MW급 중소형원전 12기를 새로 건설할 계획이다. 중국은 중국광핵집단과 중국핵공업집단을 앞세워 원전 건설에 박차를 가하고 있다. 2021년 상반기에만 신규대형원전 6

SMR 주요 개발현황

구분	경수로형	소듐냉각형		고온가스형	융융염냉각형
냉각재	물	소듐		헬륨	융융염
주요 개발사	미국 뉴스케일	미극 테라파워	캐나다 정부·한국 원자력 연구원	미국 엑스 에너지	한국원자력 연구원, 덴마크 시 보르크 등
국내 파트너	• 두산중공업 (지분 투자· 주기기 제작) • GS에너지 (지분 투자) • 삼성물산(지 분 투자·EPC 건설)	-	현대엔지니 어링(EPC 건설) 등	두산중공업 (주기기 제작 설계)	삼성중공업 (해양 원자 력 설계) 등 국내 조선사
특징	• 기존 원전 기술 활용 가능 • 미국 정부 지원 따른 인허가 이미 확보	에너지저장 설비 연계	캐나다 정 부 지원	• 높은 열효율 로 수소 생 산 최적화 • 차세대 핵연 료 사용에 따른 미국 정부 지원	초소형화 통해 선박 탑재 가능

자료 : 에너지경제연구원

기의 건설에 착공했고, 현재 18기의 원전을 건설 중이다. 미국원자력규제위원회의 설계인증심사를 마친 미국 뉴스케일사는 루마니아에 첫 SMR을 건설했고, 빌 게이츠의 테라파워는 버핏 소유의 퍼시피코프와 함께 와이오밍주의 한 폐쇄석탄공장 부지에 SMR 나트륨을 건설할 계획이다. 프랑스 전력공사는 2030년부터 수출용 SMR인 뉘와르를 개발함으로써 잃어버린 대형원전시장에서의 지배력을 되찾겠다는 계획이다.

지금 원자력발전은 각국의 경쟁이 매우 치열하다. 2000년 이후 건설된 전 세계 13개국의 총 96기 원자로 가운데 절반인 45기가 중국에 건설되었고, 각국에 건설 중인 50여 기의 원자로 가운데 20기에 중국과 러시아의 원전기술이 적용되었다. 중국의 원전기술비용은 kW당 3,000달러(약 360만 원)가량으로 미국이나 프랑스 건설비용의 1/3에 불과하다. 지난해 완공된 푸칭원전 5호기는 중국의 3세대 원전기술로 핵심부품의 국산화율이 90%에 육박한다. 2022년 말에는 4세대 원전기술로 꼽히는 200MW급 초고온가스로도 본격 가동한다는 계획이다. 낮은 단가와 수준급 기술력이 중국과 러시아가 해외원전 수주를 싹쓸이하는 원동력이다. 중국은 총 70기의 원전을 동해안에 집중해서 건설했고, 새로 추가되는 150

ESG 투자의 정석

기도 동해안에 집중해서 지으며 원전 경험을 쌓고 있다.

　우리나라는 현재 24기를 운용 중인데, 추가 준공될 원전은 신한울 1, 2호기, 신고리 5, 6호기 등 4기이며, 2034년에는 17기로 감소한다. 아직 SMR에 대해서는 경쟁국 대비 준비가 부족하다. 원자력발전의 감축을 신재생에너지와 무탄소가스터빈, 암모니아발전 같은 미래기술을 통해 대응하겠다고 밝혔지만 아직 기술력이 확보되지 않았다는 문제점이 있다. 원자력에 경쟁력이 있는 우리나라는 사용 후 핵연료를 재활용하는 파이로프로세싱 같은 기술을 상용화할 경우 고준위 폐기물을 90%가량 감축시킬 수 있다. 우리나라의 기후조건에서는 신재생에너지가 값싼 청정자원이 될 수 없기 때문에 혁신형 SMR기술의 개발 등을 통해 상업발전을 이루어

IAEA가 분석한 잠재적 SMR 생산능력 보유 기업

기업명	소속 국가	시가총액	주력 사업
EDF	프랑스	465억 달러	전기 유틸리티(95%), 원자력/화력 발전설비(5%)
두산중공업	대한민국	110억 달러	원자력/화력 발전설비(80%) 금속가공(10%), 담수화(10%) 등
미츠비시중공업	일본	86억 달러	원자력/화력발전설비(30%) 대형 엔진, 건설기계, 항공기 등
BWXT	미국	55억 달러	원자력 발전설비(30%) 군용 원자력 부품/서비스(70%)
이시카와지마 중공업	일본	36억 달러	원자력/화력발전설비(20%), 대형 엔진, 건설기계, 항공 엔진 등

야 할 것이다. 이미 전 세계에서 71종 이상의 SMR이 개발 중이므로 앞선 원전기술을 바탕으로 초격차산업화를 이루어야 할 것이다.

　　두산중공업은 1980년 출범한 공기업 '한국중공업'의 후신으로 발전플랜트 및 금속가공 전문의 대기업이다. 국내에서 유일하게 발전용 원자로 제작능력을 지니고 있으며, 담수화 플랜트 시장에서 글로벌 시장 점유율 1위의 경쟁력을 보유하고 있고 석탄화력발전 플랜트 분야에서도 우수한 경쟁력을 지니고 있다. 2001년 민영화를 거쳐 두산그룹에 편입되었다. 최근 정부의 원자력발전 비중 축소정책 및 전 세계

두산중공업 발전플랜트 수주물량 에너지믹스 변화

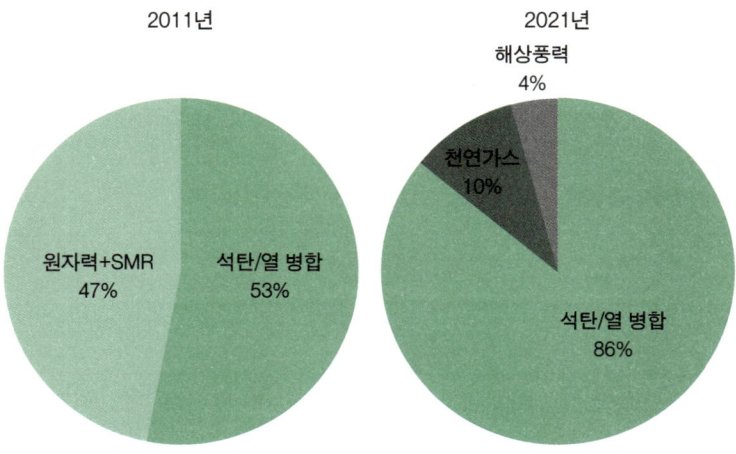

ESG 투자의 정석

적인 석탄발전소 기피 현상의 영향으로 어려움을 겪어 오다가, 이를 극복하기 위해 해상풍력발전사업과 LNG발전기술, SMR기술 등 새로운 에너지 분야에서 돌파구를 찾고 있는 상황이다. 2021년 두산인프라코어를 매각하여 재무구조를 개선하고 두산퓨얼셀을 자회사로 편입시키는 등 적극적인 포트폴리오 변화작업을 진행 중이다.

뉴스케일파워는 2002년 국립연구소에서 시작된 SMR 연구 성과를 바탕으로 20년 만에 본격적으로 상업화의 길을 걷기 시작했다. 전체 인력 중 석·박사 비중이 42%에 달하는 연구개발 특화기업이다. 지난 20년간 미국 정부, 플로어Fluor, 두산중공업 등 전략적 파트너와 협력을 진행했고, 2021년 최초로 미국원자력안전위원회의 설계안전인증 취득에 성공했다. 현재 유타주 전력청과 계약을 체결하고 2030년까지 세계 최초의 상업용 SMR발전소를 건설·가동할 예정이다. 사업규모는 40억 달러 수준으로, 해당 프로젝트의 건설 및 운영을 통해 SMR기술의 가능성을 진단할 것으로 알려졌다. 지속적인 R&D비용 지출을 감당하기 위해 상장을 준비 중인데, 벤처상장 사례는 보수적인 원전업계의 기업들에게 자극제로 작용될 전망이다. 뉴스케일의 경영진은 2030년 매출액 전망치를 55억 달러로 제시하는 등 폭발적인 성장을 자신하고 있다. 2030년까지의 성장모델은 다수의 SMR 프로젝트를 수주한 경우가 가정되었지만, 초기 프로젝트의 규모(약4조 원)을

Nuscale 최초의 상용화 프로젝트 진행 현황

단계	목표	달성 여부	비고
특허 취득	2007년	완료	2000년 설립(자본금, 350억 원) 오리건주립대 및 정부기관 후원
설계 인증 취득	2020년	완료	기자재 분야 지분 투자자: 두산중공업, 이시카와지마중공업
건설 인허가 취득	2024년	진행 중	시공 분야 지분 투자자: 삼성물산, JGC, Sarens 등
완공/시운전 개시	2029년	예정	운영 분야 지분 투자자: Sargent&Lundy, ENERCON 등
시운전 종료/ 상업운전 개시	2030년	예정	

Nuscale Power의 주요 비즈니스파트너 및 역할 분담

	직접 수행	BWXT	두산 중공업	IH	Frama tome	Sarens	Flluor	JGC	삼성 물산
설계/엔지니어링		○	○						
조립 및 생산		○	○	○					
연료 조달					○				
운반/리프팅						○			
반응로 설치/ 제반시설 건설							○	○	○
설계인증/ 시공 검사	○								
운영지원/ 서비스 등	○								

ESG 투자의 정석

감안하면 최소한 2028년까지의 성장세는 신뢰할 만하다. 뉴스케일은 원자로 판매 및 운영관리에 집중하고 원자로 제작이나 부품생산 등은 협력업체에 맡길 예정이다. 정부의 지원과 대형원전 대비 우수한 경제성이 매력적이다.

플로어는 미국 텍사스에 본사를 둔 EPC 기업으로 플랜트, 도로 및 교량 등을 건설하는 엔지니어링 회사이다. 글로벌 EPC 회사로 미국 외에도 유럽, 중동 등에서 오랜 기간 트랙레코드를 쌓아왔다. 특히 원자력발전소 프로젝트의 경우 75년 동안 25기를 설계 및 시공한 경험을 갖고 있다. 2011년에는 SMR 연구개발 기업인 뉴스케일의 지분 과반을 350만 달러에 인수하며 뉴스케일의 최대 주주가 되었다. 현재 아이다호 국립연구소의 카본프리프로젝트(SMR 12기, 120MW)에 뉴스케일과 함께 참여 중이다.

	기업명	종목코드	기업명	종목코드
주요 SMR 업체	두산중공업	034020.KS	IHI	7013.JP
	Nuscale	SMR.US	Fluor	FLR.US

탄소배출 없는 제철법 수소환원제철법

수소환원제철은 철광석의 주요원료인 산화철Fe2O3에서 산소를 떼어내는 환원재로 수소를 활용하는 제철공정을 뜻한다. 현재 고로공정에서는 산화철에서 산소를 떼어낼 때 석탄을 원료로 한 코크스를 이용한다. 석탄에서 나온 탄소가 산화철의 산소와 결합해서 이산화탄소가 되고, 산화철은 순수한 철만 남게 되는 것이다. 이 과정에서 막대한 양의 이산화탄소가 나온다는 것이 바로 포스코를 비롯한 세계 철강업계의 고민이다. 이를 해결하기 위해 코크스 대신 수소를 환원재로 활용하면 탄소가 아닌 수소가 산소와 결합해서 물이 나오고, 이산화탄소 발생량은 0에 가까워진다. 덤으로 철광석을 조약돌 형태의 알갱이로 만드는 소결공정도 필요하지 않게 되기 때문에 여기에 필요한 석회석 사용량도 줄어든다. 수소환원제철을 통한 시제품을 내놓은 곳은 스웨덴 사브 SSAB가 유일하고, 그마저도 연산 8,000톤 규모에 불과하다.

탄소환원 과정에서는 고온 환경이 쉽게 조성되는 반면 수소환원은 반응과정에서 열을 흡수하기 때문에 근본적인 문제가 있다. 아울러 수소를 800도 이상 가열하기 때문에 막대한 전기에너지가 필요하다는 문제도 있다. 결론적으로 수소환원제철 역시 공짜가 아니고, 열손실을 막기 위해 추가적인 전기에너지원이 필요하다. 사브는 신재생에너지 강국인 스웨덴에 위치해 있어 충분한 전력을 확보할 수 있었다.

POSCO는 우리나라 1위의 고로철강업체인 동시에 우리나라 1위의 탄소배출 기업이기도 하다. 총 9기의 고로를 가동하고 있어 연간 사용전력량이 2.4만 3GWh이고, 배출 탄소는 7,565만 톤이다. 2021년 탄소배출 부채는 202억 원으로, 이것은 정부에서 인정받은 탄소배출권(자산)보다 실제 배출한 탄소가 더 많아 시장에서 추가로 탄소배출권을 구입해야 하는 비용이다. 고로 1기의 건설비용은 약 6조 원으로, 9기를 교체하려면 54조 원(약 30년 치의 영업이익)이 투입되어야 한다. 수소환원제철공법은 2050년에야 완전상용화가 가능할 전망이고, 2030년까지 10조 원을 투자할 계획이다

탄소소재를 개발해야 매립이 줄어든다

CCS를 통해 추출된 탄소는 광구에 매립해야 하는데, 매립 장소가 제한적일 수밖에 없으므로 장기적으로 탄소를 활용하는 방법이 개발되어야 한다. 그 대안이 탄소소재 개발이다. 탄소소재는 소재-중간재-제품-사용으로 이어지는 전주

기 관점에서 볼 때 이산화탄소 배출을 저감시키는 효과가 있다. 자동차 주요 구조부재에 탄소섬유강화플라스틱CFRP을 적용할 경우 차량 라이프사이클을 고려한다면 자동차 1대당 이산화탄소 5톤을 감축할 수 있다. 화학전환기술을 통해 이산화탄소를 원료로 다양한 석유화학제품을 만드는 것인데, 메탄올이나 초산, 개미산, 옥살산, 우레아 등이 직접 전환가능한 제품들이다. 현재까지 가장 성공적인 제품은 우레아로, 연간 생산량이 1억 5,000만 톤에 달한다. 일본 아사이카세이의 에틸렌카보네이트, EU 코베스트로의 폴리우레탄이 상용화의 성공 사례이다. 광물탄산화는 이산화탄소를 탄산염 형태로 전환해서 소재화하는 기술로, 폐콘크리트나 석탄재, 철강슬래그 등을 특수처리해 고순도 탄산염을 얻은 다음에 이를 고무 등의 화학제품이나 건설자재로 바꾸는 기술이다. 미국 실리디아, 캐나다 카본큐어 등이 광물탄산화 기술을 상용화하였다.

탄소소재는 알루미늄보다 3배, 철보다 4배 이상 가벼우며 10배 단단하다. 국내 탄소소재 기술력은 선진국의 90% 수준으로 평가된다. 효성첨단소재는 탄소섬유 생산라인을 2개 증설해서 연간 6,500톤 규모로 생산을 확대할 예정이고, 포스코케미칼도 2,500억 원을 들여 음극재의 원료인 인조흑연

국내 탄소소재 수요량

	2020	2030
탄소섬유	2,440	42,990
인조흑연	12,584	227,730
카본블랙	2,030	33,150
활성탄소	520	1,760
탄소나노튜브	910	16,500
	18,484	322,130
풍력발전용 탄소섬유	510	6,560

연료전지에 사용되는 탄소소재 규모		
인조흑연	12,480	227,000
카본블랙	520	1,760
활성탄소	2,030	33,110
탄소나노튜브	910	16,500

자료 : 한국탄소산업진흥원

의 생산에 투자할 계획이다. 탄소를 활용하는 기술의 발전이 탄소중립에 한층 더 기여할 것이다.

핵융합에너지와 이퓨얼 등은 언제 가능할까

핵융합에너지는 아인슈타인의 특수상대성이론에 의해 밝혀진 질량-에너지 등가법칙($E=MC^2$)에서 착안해 낸 에너지생산방식이다. 한 개의 양성자와 한 개의 중성자를 가진 중수소와 한 개의 양성자와 두 개의 중성자를 가진 삼중수소가 충돌하면 헬륨원자가 되는데, 이때 헬륨원자의 질량은 중수소와 삼중수소의 질량보다 약간 작기 때문에 수소원자의 원자핵이 서로 뭉쳐 더 무거운 헬륨원자로 바뀔 때 생기는 질량의 손실만큼 핵융합에너지를 얻을 수 있다는 점에 착안한 것이다. 핵융합에너지를 내는 가장 대표적인 것이 태양이다. 태양 내부에서는 이런 핵융합반응이 끊임없이 일어나며 빛과 열을 내는데, 그래서 핵융합기술을 '인공태양'이라고 부르기도 한다.

핵융합에너지는 탈탄소시대를 이끌어 갈 차세대 에너지로 각광받고 있다. 핵융합연료인 중수소는 바닷물에서 얻을 수 있고, 삼중수소는 리튬이라는 금속원소를 핵융합로 안에서 핵변환해서 얻을 수 있다. 바닷물은 사실상 무한하며 리튬도 전 세계에 걸쳐 매장량이 풍부하므로, 핵융합 연구에 성공한다면 사실상 무한한 에너지원을 획득하는 셈이다. 핵융합발전은 환경을 해치는 어떤 물질도 배출하지 않는 청정

ESG 투자의 정석

에너지이기도 하다. 문제는 핵융합을 일으키기 위해서는 수소원자핵을 합쳐야 하는데, 이를 위해서는 두 원자핵이 전기력(서로 밀어내는 힘)을 극복하고 핵력(서로 잡아당기는 힘)이 작용할 만큼 가깝게 접근해 있어야 한다. 이는 원자핵이 일정 기간 동안 충분히 높은 운동에너지를 가진 상태를 유지해야만 가능하다. 지구에서 이런 상태를 만들기 위해서는 태양보다 뜨거운 1억 도 이상의 플라스마 상태가 필요하다. 플라스마는 원자핵과 전자가 분리된 기체 상태로, 초고온의 플라스마 상태여야 원자핵이 반발력을 이기고 융합하게 되는 핵융합반응이 일어난다. 결국 1억 도 이상의 플라스마를 담고 핵융합반응이 유지되도록 가둘 장치가 필요한데, 현재는 토카막 방식이 주류로 자리를 잡고 있다.

토카막은 '전자석코일을 이용한 도넛형 용기'라는 뜻으로, 토카막 내부에 강한 전류를 흘려 플라스마를 만든다. 플라스마는 전기적 성질을 띤 이온이기 때문에 거대한 코일의 자기장을 따라 도넛 안을 끊임없이 돌면서 핵융합반응을 일으킨다. 핵융합을 일으키는 핵융합로의 축력은 자기장으로 가두어 둔 높은 압력의 플라스마 상태를 얼마나 오래 유지하는가에 달려 있다. 플라스마 압력은 플라스마 밀도와 온도 그리고 가두어 두는 시간에 비례하는데, '로손 기준'이라 불리는 조건을 만족시키면 외부에서 열을 가하지 않아도 스스로 핵융합을 유지하는 '점화상태'에 돌입한다. 따라서 핵융합 연구의 성패는 로손 기준을 만족할 수 있는지의 여부에 달려 있다.

스티븐 호킹은 핵융합기술을 실현가능한 청정무한에너지로 평가했다. 영국의 토카막에너지, 미국의 헬리온에너지와 프라이알파에너지테크놀러지, 커먼웰스퓨전시스템, 캐나다의 제너럴퓨전 등 5개 기업이 집중투자를 하고 있다. 헬리온에너지는 폭 12.2m, 높이 1.8m의 가속기로 전력 생산기술을 개발하고 있다. 제너럴퓨전은 아마존의 제프 베이조스에게 2011년 1,950만 달러를 투자 받았다. 핵융합 발전은 커피한 잔 정도의 연료비용으로 석유 100만 갤런에 해당하는 에너지를 내며 최대 90만kWh의 전력을 생산한다. 한 가정에 800년 넘게 전기를 공급할 수 있는 양이다. 소련의 과학자들이 첫 핵융합기기 토카막을 개발했지만 온도를 1억 도까지 올리는 것이 쉽지 않기에 핵융합에 쓰이는 전력보다 많은 에너지를 만들어 낸 기업은 아직 없다. 상용화에는 오랜 시간이 걸릴 것으로 보인다.

이퓨얼E-Fuel은 물을 전기분해해서 수소를 얻은 뒤 이를 이산화탄소나 질소 등과 혼합하여 만든 합성메탄올이다. 원유를 한 방울도 섞지 않고도 휘발유나 경유와 거의 똑같은 성능을 발휘하는 무색무취의 인공합성연료이다. 장점은 기존 내연기관을 그대로 사용할 수 있어 송유관, 주유소 등을 그대로 활용하면서도 이산화탄소를 최대 85% 감축할 수 있다는 점이고, 단점은 생산제조비가 높아 경제성이 떨어지고 이산화탄소 배출을 0으로 만들지는 못한다는 점이다. 이산화탄소와 질소는 대기 중에서 포집해 쓰고 태양광이나 풍수력 같은 친환경 에너지를 이용해서 제조하므로 온실가스 저감효과가 크다. 수소의 제조원가가 크게 낮아지면 상용화가 될 수 있다.

폐플라스틱 재활용은 중요하다. 플라스틱의 화학적 재활용은 생산된 제품을 처리해서 다시 원료로 만들고 그 원료를 사용해서 다시 제품을 생산하므로, 추가적인 화학제품 생산의 필요성이 줄어든다는 점에 주목해서 연구가 활발히 이루어지고 있다. 폐플라스틱의 화학적 재활용은, 폐플라스틱을 열분해해서 생성된 열분해유에 금속 촉매를 이용하여 불순물을 제거한 뒤 후가공을 거쳐 물성을 조절하고, 이를 통해 고품질 플라스틱제품을 만들거나 다양한 산업 분야의 기초원료로 활용하는 것이다. 다만 고분자 폐플라스틱을 단분자 형태의 원료물질로 전환하는 만큼 기술난이도가 높다. 글로벌 플라스틱 생산량은 1950년 200만 톤에서 2020년 4.6억 톤으로 약 230배가량 증가했으나 전체 폐기물의 12%는 소각, 79%는 매립되고 단 9%만이 재활용되고 있다. 가장 많은 플라스틱을 배출하는 기업 중의 하나인 코카콜라는 2030년까지 자사 용기 50% 이상을 재활용 재료로 만들겠다는 목표를 제시하고 있다.

대니머 사이언티픽Danimer Scientific: DNMR.US은 PHA, PLA 기반 플라스틱 제품을 생산하는 바이오폴리머 전문기업으로, 390건에 달하는 바이오플라스틱 관련 특허를 보유하고 있으며 펩시 등 글로벌 대형고객들에게 PHA 제품을 공급하고 있다. LG화학은 생분해신소재 PLHPoly Lactate Hydracryate를 개발했으며, 곡물기업 ADM과 함께 합작법인을 설립해서 2025년까지 미국에 연 7.5만 톤 규모의 PLA생산공장을 설립할 계획이다. SKC는 대상 등과 함께 생분해 소재 합작사 에코밴스를 설립했는데, 생분해 플라스틱인 PBAT를 생산할 예정이다. CJ제일제당은 PLA 생산기술은 물론 미생물 기반 바이오플라스틱인 PHA 생산기술을 보유하고 있다. PHA는 생분해성이 가장 우수하며 분해 기간을 조절할 수 있다는 점에서 고부가가치 산업이 될 수 있다.

아길릭스Agilyx: AGLX.NO는 2014년에 설립된 노르웨이의 화학적 재활용기업으로 열분해방식으로 석유화학 원료를 생산하는데, 플라스틱을 기체화시킨 후 탄화수소 액체로 압축시켜서 폐플라스틱을 제트기 연료, 디젤 등으로 사용한다. 효성티앤씨는 폐페트병을 재활용해서 친환경 섬유를 생산해 내는데, 포드, 나이키, 아디다스 등에 폴리에스터 원사를 납품한다. 티케이케미칼은 폐페트병에서 뽑아낸 원사 K-rPET을 생산하고 있다. 인천항에 입항하는 선박에서 수거된 폐플라스틱을 통해 친환경 섬유소재를 생산해 내는 MOU를 체결했다. SK종합화학은 SK지오센트릭으로 사명을 변경하고 친환경포트폴리오를 만들고 있는데, 5조 원을 투자해서 폐플라스틱 재활용 규모를 90만 톤으로 확대한다는 계획이다. 차세대 재활용기술 확보, 재활용클러스터 구축, 3R솔루션 개발, 친환경소재, 친환경원료 도입 등을 통해 플라스틱 생산에서부터 분리수거 후 재활용까지 플라스틱 순환경제체계를 갖추려고 한다.

사회(Social) 분야

사회 분야에서의 투자법

사회Social의 관점에서 변화가 이루어지는 동안 투자자는 어떤 투자를 해야 하는가? 장기적으로는 제품의 고급화를 이루어 평판이 높아지는 대기업에 투자를 해야 할 것이고, 단기적으로는 R&D를 통해 친환경제품을 만들어 내고 대기업의 강제단가인하(CR)를 방어할 수 있는 중소기업에 투자해야 할 것이다. 그리고 중대재해처벌법의 시행에 따라 기업의 안전리스크에 대한 관심도가 높아질 것이므로, 기업의 안전관리 역량에 대해 경각심을 가져야 할 것이다.

USTR(미국무역대표부)은 우리나라 고용노동부와의 면담에서 노동 분야 한미협력, 국제공급망에서의 강제노동과 착취 근절 협력, 제3국에서의 노동권 증진협력 등을 공식의제로 제안하고, 특히 바이든 정부의 노동자 중심 통상정책을 설명했다. 이 가운데 핵심은 제3국의 강제노동과 착취 근절이다. 이는 다분히 중국을 겨냥한 발언이다. 미국은 2021년 12월 23일 신장산 제품의 수입을 원칙적으로 금지하는 위구르족 강제노동금지법에 서명했다. 신장지역에서 생산된 제품을 인권침해로 만든 결과물로 보고 미국에 들여놓지 않겠다는 것이다.

당장 폴리실리콘 업계와 면화 관련 산업의 세계공급망이 크게 흔들릴 가능성이 커졌다. 신장지역은 태양광발전 패널 원료인 폴리실리콘의 주요 생산기지이다. 게다가 금지법은 신장지역의 최종생산품뿐 아니라 원료, 반제품 등을 부분적으로 활용한 제품까지도 수입금지 대상에 올렸다. 미국은 대중국전략에서 노동과 인권을 중요한 잣대로 설정했다. 유니클로는 공급망 투명성 확보의 차원에서 2022년 3월까지 전체 봉제공장을 공개하겠다고 밝히기도 했다. 또한 미국은 철강·알루미늄 글로벌 협정을 EU와 함께 공동추진하고 있다. 협정의 핵심은 철강에 대한 탄소배출 기준을 엄격히 적용해 이를 충족시키는 제품만 수입할 수 있도록 함으로써 중국산

철강이 EU를 경유해서 미국에 들어오는 것도 막겠다는 것이다. 중국은 전 세계 철강의 56%를 생산하고 있다. 탄소배출 감축을 명분삼아 가격을 앞세운 중국의 물량공세를 잠재우겠다는 의도로 풀이된다. 노동, 환경, 인권이 핵심가치이다.

중대재채처벌법이 시행되었다. 건설, 조선, 기계산업 등은 빈번하게 인사사고가 발생하는 산업들인데, 앞으로 인사사고에 대해서는 과거처럼 솜방방이처벌로 끝나지 않을 뿐 아니라 엄청난 사회적 평판 하락이 뒤따르게 될 것이다. 법적으로는 중대재해 발생 시 안전보건 관리책임자뿐 아니라 경영책임자도 책임을 면할 수 없다. 특히 ESG에 대한 사회의 인식이 높아지면서 이를 등한시했다가는 HDC현대산업개발, 삼표산업 등의 중대사고에서 보듯이 유무형의 손실을 감수해야 할 것이다.

소부장기업을 기억하는가

2019년 일본은 반도체 및 OLED 소재인 EUV용 포토레지스터, 고순도 불화수소, 플루오린 폴리이미드 등 3개 품목에 대한 수출규제를 시행했다. 해당 품목들은 일본 제품이 우수한 탓도 있었지만 우리나라 소재기업들이 시제품을 만들어도 대기업들이 위험을 감수해 가며 대체할 필요성을 느끼지 못했기 때문에 국산화가 되지 않은 상태였다. 하지만 COVID-19 이후 공급망 붕괴를 경험하면서 주요 소재의 외국산 의존이 얼마나 위험한지가 확인되고 있다. 국내 소재기업들이 CR을 강요받지 않고 국산화에 성공하게 된다면 소부장기업들은 투자이익을 기대할 수 있고 대기업들은 생산차질을 우려하지 않아도 되니 서로 윈윈상황이 될 수 있다. 특히, 중국의존도가 높은 물질로 주로 스티어링휠, 연료탱크 등 자동차의 핵심부품에 사용되는 마그네슘(중국의존도 85%), 요소(80%), 수산화리튬(84%), 알루미늄(57%), 그라파이트(64%), 실리콘(64%), 희토류(62%) 등 오염배출 물질들을 들 수 있는데, 앞으로 중국의 탈탄소정책에 따라 생산중단이 결정되면 국내 산업에 영향을 줄 수 있으므로 추가비용이 들더라도 일부나마 국내에서 생산할 수 있도록 해야 할 것이다.

동진쎄미켐은 반도체용 포토레지스터, 식각액, 현상액을 주로 납품하는 회사로서 삼성전자, BOE가 주된 매출처이다. 2020년부터 배터리용 소재사업을 신성장동력으로 삼고 적극적으로 진출하고 있다. 양극재용 CNT슬러리를 노스볼트에 납품할 예정이고, 향후 음극재용 실리콘소재로 확장해 갈

계획이다. 노스볼트를 주력 고객사로 삼고 있으며, 삼성SDI
와 LG화학으로 고객층을 넓혀 가기 위해 노력 중이다. CNT
슬러리로 시작했지만 시장규모를 감안하면 향후 실리콘소재
중심으로 제품라인업이 갖추어질 것이다. 2019년 일본의 수
출규제 3대 핵심품목이었던 EUV(극자외선)용 포토레지스터
를 준비하는 등 다양한 국책사업을 통해 소재국산화에 대응
하고 있다.

원익IPS는 원익홀딩스의 반도체, 디스플레이, 솔라셀 장
비사업 부분을 인적분할하여 설립하였으며 반도체장비
59%, 디스플레이장비 41%의 매출구조를 갖고 있다. 반도체
장비 중에서는 증착(CVD, ALD), 열처리Annealing 장비에, 디스
플레이장비 중에서는 건식식각(Dry Etcher)에 강점을 갖고 있
다. 반도체는 삼성전자와 SK하이닉스, 디스플레이는 삼성디
스플레이와 중국 패널업체에 주로 공급한다. 테라세미콘을
합병하면서 메모리, 비메모리, OLED 등 모든 영역에서 R&D
확대를 통해 장비국산화를 준비하고 있다.

CR만 없으면 할 수 있다(저PSR기업 + 성장산업)

    국내 대기업들은 중소기업에게 부품을 개발하게 한 후 매출총이익률이 높게 나오는 것을 제한한다. 1,000억 원 매출에 10억 원 이익이 발생하는 사업에서 2,000억 원의 매출이 발생한다면 규모의 경제에 의해 20억 원보다 많은 이익이 발생해야 하는데, 대기업은 CRCost Reduction을 통하여 15억 원의 이익을 유도한다. 대기업의 입장에서는 10억 원의 이익이 15억 원으로 늘어나게 해 주었다고 생각하겠지만 중소기업의 입장에서는 이익률이 1%에서 0.75%로 하락한 것이다.

대기업과 중소기업의 상생, 친환경차 부품산업

대기업	중소기업
매출액 매출원가 + 판관비(비용의 관점) 영업이익	영업이익 증가에 따른 R&D 투자 확대가능 매출액 대비 이익률 낮은 기업이 개선가능성 높음 PSR이 낮은 소부장기업, 자동차부품기업 관심
▶ Cost Reduction보다는 고부가제품 생산 유도 〈사례 : 삼성전자, 현대차 등〉 - 단기 비용 증대되니 장기적으로 Reputation을 획득 - 장기적으로 고급제품을 생산할 수 있는 여건	▶ 매출액 대비 시가총액이 낮은 기업 중 ESG 성장성 추가 〈사례 : 화신〉 - 20년 매출액 1.1조, 영업이익 - 110억 - 전기차 섀시, 멀티링크 격자 생산으로 ASP 30% 상승 - 21년 매출액 1.4조, 영업이익 610억

만일 생산설비를 늘려 놓은 상태에서 대기업이 발주를 줄이기라도 하면 중소기업은 적자가 발생하게 되겠지만 고정비용을 하소연할 데도 없다. 설비증가에 따른 수익임을 대기업이 인정해 준다면 중소기업 입장에서도 투자를 적극적으로 늘리고 R&D도 확대할 수 있을 것이다. 일반적으로 CR을 많이 받는 기업들은 자동차 및 IT 관련 부품기업들이 많고 재무적으로는 PSR이 낮은 경우가 대부분이다. CR 배제와 신산업 투자를 통해 성장하는 저PSR기업은 점진적으로 좋은 주가성과를 올릴 수 있을 것이다.

내연기관차에서 전기차로 전환하면 부품 수는 크게 감소한다. 총 3만여 개의 부품 가운데 37%인 1만 1,100개는 필요없는 부품이 된다. 엔진 부분 6,900개는 모두 불필요하고, 구동전달 부분 5,700개 가운데 2,100개가 불필요하며, 전장 부분은 3,000개 가운데 2,100개가 불필요하다. 국내 110개 주요 자동차부품사 영업이익률을 보면 300인 이상 고용기업의 경우 2019년 4.1%에서 2020년 2%로, 300인 미만 고용기업의 경우 2019년 3%에서 2020년 1.3%로 감소했다. 기존 내연기관차의 주요 원자재는 철이지만 전기차에는 구리가 많이 사용된다. 전기차 생산에는 내연기관차 대비 4~5배 더 많은 구리가 필요하다. 과거 일반 철을 사용할 때는 부품제작비용 가운데 철이 50~60%를 차지했는데, 이젠 구리가 80~90%를 차지한다. 미국은 2030년까지 신차 판매량 중 전기차 비중을 50%까지 높일 계획이고, EU와 중국은 2035년부터 내연기관차 판매를 전면 금지하기로 했다.

전기차 하나에 들어가는 전장부품은 900개 정도로 대폭 축소 투입되지만 기술 수준은 기존의 내연기관차보다 훨씬 높다. 물론 배터리와 모터구동을 위해 전자제어장치도 필요하다. 결국 국내 9,000여 개의 자동차 부품업체 가운데 엔진부품과 동력전달체계 관련 부품을 생산하는 곳은 잠재적으로 구조조정 대상이다. 배터리와 전장 관련 부품을 생산하는 곳만이 매출확대를 기대해 볼 수 있다. 국내 자동차 1, 2차 부품사 4,500여 개 중 전기차 등 친환경차 관련 부품을 만들 수 있는 곳은 만도, 한국단자, 화신 등 230여 개로 5%에 불과하다. 우리나라의 탄소중립정책에 따르면 2030년 누적으로 전기차 450만 대를 생산해야 하고, 2030년 한 해 기준으로 72만 대를 보급해야 한다. 생산량을 맞추기도 어렵지만, 좌초자산화되어 가는 부품업체의 대응이 준비되어야 할 것이다. 사양산업 내에서 경쟁력을 갖추는 기업들에게는 오히려 기회가 될 수 있으므로, 이에 잘 대응하는 기업들을 찾아내는 노력이 필요하다.

화신은 자동차의 골격인 섀시와 차체부품 생산업체로, 주요 고객사는 현대차그룹이며 그룹 내의 점유율은 50% 이상이다. 전기차는 배터리 무게 때문에 일반차량 대비 30% 이상 무거워서 튼튼한 섀시가 필요하다. 이에 동사는 핫프레스포밍 공법을 이용한 CBTACoupled Torsion Beam Axle를 통해 현대차의 전기차 플랫폼 E-GMP 확대에 따른 수혜를 입을 것으로 기대되고 있다. 현대차와 폭스바겐의 전기차 생산 확대에 따른 단가상승으로 섀시의 영업이익률이 상승할 것으로 보인다. 전기차 생산확대로 자동차산업의 변화에 대응하는 부품업체로 변화하고 있는데, 매출액이 1조 원을 상회하지만 영업이익률이 낮아서 PSR이 0.3배 수준에 머무르고 있다. 낮은 밸류에이션에 새로운 성장동력을 확보함에 따라 장기적으로 투자매력도를 높이고 있다.

지배구조(Governance) 분야

지배구조 분야에서의 투자법

우리나라는 삼성전자, 현대차, SK 등 우수한 경쟁력을 갖춘 세계적인 그룹집단을 보유하고 있는 국가이다. 하지만 이 기업들은 글로벌 경쟁기업 대비로 낮게 주가를 평가받고 있다. 이를 코리아디스카운트Korea Discount라고 한다. 이런 상태가 오랫동안 지속되는 데에는 지정학적 문제 등 다양한 요인이 있겠지만, 가장 큰 원인은 기업지배구조의 불확실성 때문이라고 할 수 있다. 우리나라는 지배주주의 상속세율이 60%에 달해 3대까지 가업을 상속하면 100%이던 지분율이 16%까지 낮아지게 된다. 이에 따라 일감몰아주기, 회사 기회의 사적 유용, 사익편취 등의 불법과 탈법을 통해서 상속 자금을 마련하고 기업가치를 낮추려는 시도가 발생한다. 이 러한 원인들이 지주회사가 NAV(순자산가치) 대비로 50~60% 할인을 받는 원인으로 작용되었다. 하지만 공정거래 3법 등 정교한 규제와 법률적 제재 및 기관투자가들의 적극적인 주 주권 행사 등을 통하여 과거처럼 기업들이 전횡을 부리기 어 려운 구조로 가고 있다. 최근 재벌그룹 일가 구속의 대부분 은 상속과 관련된 무리수가 원인이었다 해도 과언이 아니다. 다행히도 이해관계자들의 감시의 눈길을 통해 지배구조 분 야는 지속적인 개선을 갖는 분야가 되었다.

최근 LG에너지솔루션, SK온 등 2차전지사업부의 물적분 할이 이루어지면서 분할 전 LG화학과 SK이노베이션의 주식 을 보유하고 있던 주주들의 불만이 커지고 있다. SK이노베 이션의 배터리사업부는 2021년 세계 5위의 생산량을 달성했 고, 수주 잔액은 1TWh 수준으로 글로벌 3위이며, 2030년 글 로벌 시장점유율 20% 달성을 목표로 하고 있다. 따라서 급 증하는 투자수요를 충당할 효율적 자금조달을 위해서는 분 할을 통한 자회사 설립이 필요했기에, 자회사인 SK온을 만 들고 그 지분 100%를 SK이노베이션이 소유하는 구조로 물 적분할을 단행했다. 이후로 SK이노베이션은 SK온의 주식시장 상장과 유상증자를 통해 지배주주 지위를 유지하면서 수조 원의 자금을 조달할 수 있다. 하지만 SK이노베이션의 소수주주 입장에서는 알짜 성장자회사의 과실을 직접적으로 향유하지 못한다는 문제가 발생한다. 경제적 논리만으로는 효율적인 지배구조 변화이지만, ESG 관점에서 보면 기업을 통제하는 지배주주가 소액주주의 이익을 희생하고 자신들에게 유리한 의사결정을 한 것으로 볼 수 있다. 실제로 2020~2021년 기업분할을 발표한 기업 95곳의 주가 추이를 조사한 결과, 공시 시점부터 한 달 뒤까지는 인적분할을 택한 기업(12개사)들의 주가상승률이 12.99%로 압도적으로 높았고 물적분할을 택한 기업(83개사)들의 평균상승률은 0.8%에 그쳤다. 분할공시 한 달 뒤로부터 분할 기일까지의 수익률은 물적 분할이 7.1%, 인적분할이 39%였다.

한국에서 자회사 상장으로 이익을 얻는 주체는 우리사주조합으로 신주를 받은 투자자와 지배주주뿐이고, 모회사 주주의 권리는 외면당하고 있다. 이런 문제의식으로 향후로는 자회사 상장 시 모회사 주주에게 자회사 주식을 배당하거나 공모 단계에서 신주인수권을 지급하는 방안들이 심도 있게 연구되고 있다. 한 예로 미국에서는 메르세데스벤츠 제조사인 다임러가 2021년 트럭사업부를 물적분할해서 별도의 신설법인을 만든 뒤 독일증시에 상장했는데, 핵심 사업부를 떼어 낸 것임에도 모회사 다임러의 주가는 분할 발표 이후 50% 가까이 상승했다. 이는 기업이 주주를 대하는 태도의 차이에서 비롯됐다. 다임러의 주주들은 다임러트럭 신주 65%를 모회사 지분율에 따라 받았다. 주주가치를 훼손하지 않는 진행방식에 주주들은 환호했고, 다임러트럭 분할 안건에 99%의 찬성률로 화답했다. 상장 과정에서 해외에서는 상장 시 신주모집보다는 구주매출을 통해 모회사에 현금이 유입되도록 하는 반면, 국내에서는 상장을 통해 신주를 배정받는 투자자에게만 이익이 한정된다. 사상 초유의 규제법안인 공정거래 3법이 등장한 것도 일방적인 이익독점에 대한 불만이 불쏘시개가 됐다. 기업들이 태도를 바꿔 주주들과의 대화에 나서길 바란다.

싱가포르의 헤지펀드인 메트리카파트너스는 SK케미칼에 주주 서한을 보내어 SK바이오사이언스 지분을 50.1%만 남기고 수익화한 후 특별배당을 하거나 자사주를 매입, 소각할 것을 요구했다. 헤지펀드의 요구에 타협하는 것은 기업이나 경제에 좋은 일이 절대 아니지만, 금융투자자들의 힘이 강화되고 다른 투자자들과 동조하는 경향이 나타나면서 과거와 같은 지배주주만을 위한 거버넌스체제에 대해 반기가 지속

ESG 투자의 정석

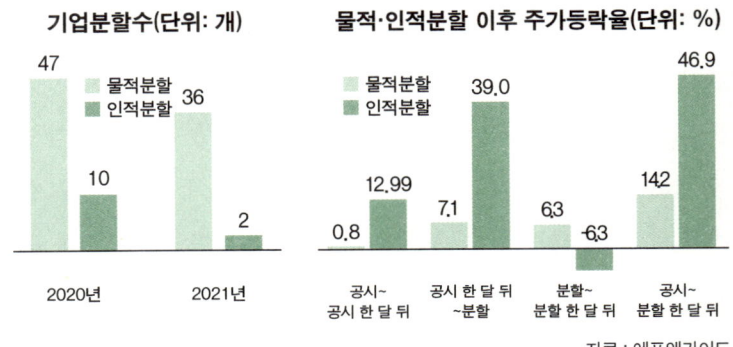

기업분할수(단위: 개)

물적·인적분할 이후 주가등락율(단위: %)

자료 : 에프앤가이드

될 것이다

가업 승계에 대해 적정한 혜택을 주어 지배주주의 터널

링*을 막는 것도 한 방법이다. 우리나라의 상속세 최고세율
은 상상을 초월해서, 기업 승계가 어려울 정도이다. 2018년
구광모 LG그룹 회장 등 총수 일가가 신고한 주식상속세는
9,000억 원 수준이었다. 신격호 롯데그룹 회장의 타계로 오
너 가에서 부담해야 하는 상속세는 4,000억 원에 달했고, 삼
성그룹 오너 일가는 12조 원이라는 막대한 상속세를 부담해
야 한다. 상속세를 납쿠하기 위해 기
업을 사모펀드에 매각하거나 폐업하
는 경우도 있다.

오너가 기업을 물른 줄 경우 내야
하는 명목상속세율은 50%이고, 최대

터널링(Tunneling): 회사 창고까
지 몰래 터널을 파서 회사 소유
의 보물을 도둑질한다는 뜻으
로, 지배주주들이 자신에게 유
리한 방향으로 회사를 경영하
도록 영향을 행사해서 소수주
주에게 피해를 주는 행위를 말
한다.

주주의 주식에 대해서는 20%의 할증이 붙어 실질세율이 더 높아진다. OECD 국가 중 상속세율이 가장 높은 일본(55%), 프랑스(45%), 영국·미국(40%)을 넘어선다. 중소기업은 가업 상속공제제도를 통해 최대 500억 원까지 공제를 받을 수 있어 상속세 부담에서 자유로운 듯하지만, 고용유지 조건 등 엄격한 사후관리 요건에 발목을 잡힌다. 승계에 유리한 혜택을 주는 대신, 이를 위반할 경우 더 강력한 제재를 할 수 있는 근거를 마련해 두고 있는 것이다. 향후 상속세의 완화 등에 따라 지배주주권의 선진화가 이루어진다면 지주회사의 디스카운트 완화에 기여할 수 있을 것으로 보인다.

정부의 법률개정

6개 경제단체, 대선후보 제안 내용

경영권 승계제도 개선
- 상속세 최고세율 60 ⇨ 25%로 인하
- 최대주주 주식 할증평가 폐지
- 가업상속제도 사후관리기간 단축

의원입법 절차 개선
- 규제영향분석 및 규제일몰제 도입
- 사전 의견 수렴 및 사후 평가 강화

중대재해처벌법 수정
- 사후 처벌에서 사전예방으로 전환
- 중대재해 정의 및 의무주체 명확화
- 과도한 형사처벌 완화

경영권 방어 수단 도입
- 포이즌필, 차등의결권 등 도입
- 생산·투자 전념할 수 있는 환경조성

ESG 투자의 정석

대형지주사가 지배구조 변화를 이끈다

SK는 ESG를 실천하기 위해 고민을 가장 많이 하는 그룹이다. 정유화학 등 좌초자산이 많은 그룹포트폴리오와 지주회사 디스카운트의 영향으로 자회사의 가치를 제대로 평가받지는 못하고 있지만, 구체적으로 지주회사의 목표시가총액을 제시하는 등 다른 재벌지주사들과의 차별성을 보여 주려 노력하고 있다. SK이노베이션의 물적분할 문제, SK머티리얼즈의 합병 등 다양한 노이즈가 존재함에도 불구하고 그린산업 투자확대 등 ESG 경영을 공식적으로 지향하고 실천함으로써 SK에 대한 시장의 평가가 높아지고 있는데, 이를 통해 우리나라 지주사들의 지배구조에도 커다란 개선이 일어날 수 있을 것으로 보인다.

SK그룹은 그린 분아에서 플러그파워(수소에너지)에 1.8조 원(2021년), 퍼펙트데이(대체단백질)에 1,200억 원(2020~2021년), 첨단소재 부문에서 SK실트론(실리콘웨이퍼) 6,200억 원(2017년), 시그넷EV(전기차급속충전기) 2,930억 원(2021년), 디지털 분야에서 그랩(차량공유)에 2,500억 원(2018년), ESG 분야에서 에누마(교육소외계층 지원)에 36억 원(2020년) 등을 투자하며 사업다각화를 시도하고 있다.

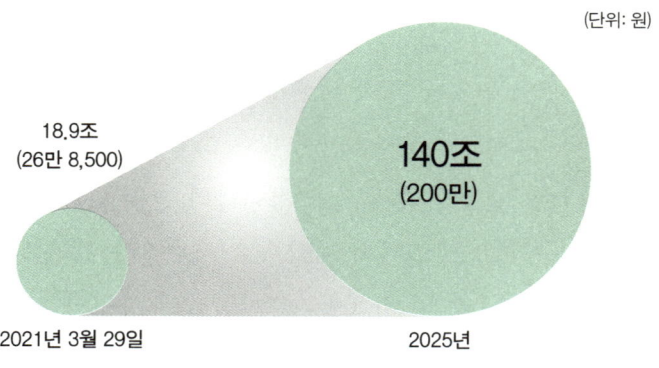

SK가 제시한 목표 기업가치

(단위: 원)

18.9조
(26만 8,500)

140조
(200만)

2021년 3월 29일

2025년

자료: SK

※ 기업가치는 시가총액 기준, ( )은 주가

중소형지주사도 바뀔 수 있을까

우량한 자회사를 보유하고 있는 중소형지주사들은 상속 비용을 절감하기 위해 지주회사의 가치를 높이려는 의지를 보이지 않는다. 특히 일반투자자와의 IR 소통이 없고, 저평가된 알짜자산을 노출하지 않으려 한다. 또한 지배주주의 비중이 높기 때문에 온갖 사회적 비난에도 회사의 지배구조는 여간해서 잘 바뀌지 않는다. 최근 사조산업의 경우, 소액주주들의 적극적인 반대로 캐슬렉스서울과 제주의 합병을 막

ESG 투자의 정석

기도 하였으나 공의결권 행사를 통해 감사위원 분리선출 시 대주주 3% 의결권 제한을 회피하는 전무후무한 방법을 선보임으로써 기업평판 개선과 지배구조 개선에 대한 의지가 없음을 보여 주기도 했다. 이처럼 중소형지주사들은 비록 행동주의자들이나 정부의 규제 및 시장의 요구에 의해 장기적으로는 정상적인 지배구조를 갖추겠지만 단기적으로는 개선의 지가 크지 않다. 선제적으로 지배구조를 선진화하려는 기업들과 경영권 분쟁이 발생하는 기업들에게서 투자기회가 나타날 것으로 보인다.

영원한 저평가는 없다(저PBR기업+성장산업)

아세아시멘트는 한라시멘트 인수로 시멘트 생산능력이 중위권으로 상승하였다. 시멘트의 2차가공제품인 레미콘과 드라이몰탈이 생산가능해서 자체 수요를 일부 확보하고 있고, 연결매출에서 시멘트 비중이 80%로 높아져 시황 변동에 크게 노출되어 있지만 시멘트산업의 과점화로 안정적 사업구조를 보유하고 있다. 업계 전체적으로 낮은 PBR 수준을 보이고 있고, 동사도 0.4배 수준에 불과하다. 최근 쌍용C&E의 소각로를 활용한 순환자원 활용이 확대되면서 소각로와 환경사업에 대한 투자가 확대됨에 따라 연료비 및 원료비가 절감되고 폐기물반입수수료 수익, 탄소배출권 매각 수익 등이 더해짐으로써 새로운 성장산업이 고탄소배출산업에 대한 이미지를 점진적으로 완화시키고 있다.

과점화되는 시멘트산업 : 5사 체제 구도의 클링커 생산능력

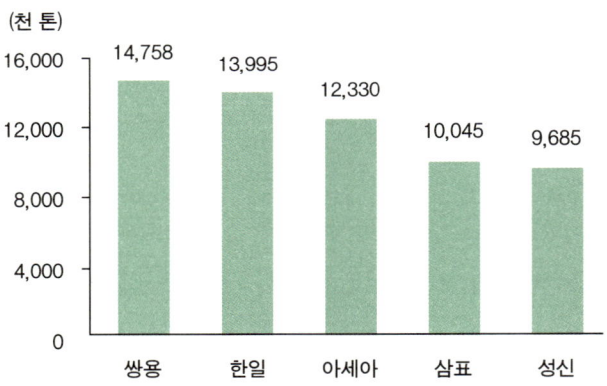

자료 : 시멘트협회, BNK투자증권

ESG 투자의 정석

M&A와 비즈니스모델 확대 기업을 주목하라

M&A를 보면 유망산업이 보인다

폐기물 처리는 과거 불투명한 사업구조와 악취, 소음 등으로 대표적인 투자기피산업이었으나 COVID-19 이후 폐기물 배출이 확대되면서 이 분야는 신산업으로 재평가되고 있다. 특히 영세하던 사업에 대기업들이 적극 뛰어들면서 관련 산업에 대해 높은 프리미엄이 주어지고 있다. PEF들의 M&A 대상과 밸류에이션을 유심히 살펴보면 그들이 어떤 산업을 유망하게 보는지 확인할 수 있다. SK에코플랜트는 2,000억 원의 자금을 투입해서 한국투자프라이빗에쿼티가 보유하고 있던 도시환경, 이메디원, 그린환경기술 등 3개 기업을 인수했다. 이미 보유하고 있는 글렌코, 대원그린에너지 등의 폐기물소각기업 4곳에다 이들을 합쳐서 사업장폐기물 소각용량이 하루 968톤(의료폐기물 제외)에 달하게 되어 국내 1위 사업자 지위가 더욱 공고해졌다. 현재 1조 8,000억 원에 가까운 자금을 준비해 두고 있다. 아이에스동서도 국내 PEF인 이앤에프프라이빗에쿼티와 함께 코엔텍, 새한환경을 5,000억에 인수하면서 인선이엔티 등으로 관련 투자를 확대하고 있다. 태영그룹 지주사인 티와이홀딩스도 글로벌 PEF인 KKR과 함께 TSK코퍼레이션과 에코그린홀딩스를 인수합병해서 에코비트를 출범시키는 등 친환경·폐기물산업 M&A를 통해 그룹의 포트폴리오를 강화하고 있다.

친환경·폐기물 M&A

인수 기업	대상	금액
SK 에코플랜트	환경시설관리(옛 EMC홀딩스)	1조 원
	클렌코·새한환경·대원그린에너지·디디에스	4,200억 원
	도시환경·그린환경기술·이메디원	2,000억 원
IS동서	인선이엔티	1,500억 원
	영흥환경산업·파주비엔알	700억 원
	코오롱환경에너지	500억 원
	코엔텍·새한환경	5,000억 원(새한환경은 재매각)
KKR	에코그린홀딩스	8,750억 원
	TSK코퍼레이션(지분 인수)	4,410억 원

자료 : 에너지경제연구원

ESG 투자의 정석

시장에 손 벌리지 않고
직접 성장 ESG 사업에 투자하는 기업

　고려아연은 1974년에 설립된 영풍그룹 계열의 종합비철
금속 제련업체로서 아연, 연(납) 등의 금속제련업체와 상사
로 구성되어 있다. 금속제련에서 발생하는 제련수수료(TC,
Treatment Charge)와 정광제련 과정에서 발생하는 금, 은, 황산
등의 부산물 수익이 주요 수익원이다. 2021년 1조 1,000억
원의 영업이익을 거두며 창사 이래 최대실적을 올리고 있다.
글로벌경기의 회복에 따다 아연, 납의 가격상승 혜택을 보았
고 부산물(금 12톤, 은 2,500톤, 황산 150만 톤 가량) 수익이 크게 증
가했다. 재무구조상으로 현금성 자산만 2조 원이 넘는다.

　기존 사업이 순항 중인 가운데 고려아연 최윤범 부회장
은 우량한 재무구조를 바탕으로 비철금속 제련회사의 틀에
서 벗어나 신재생에너지와 그린수소, 폐기물 리사이클, 2차
전지 소재 등 신성장동력을 집중 육성한다는 비전을 제시했
다. 호주 최대 신재생에너지기업인 에퓨런의 지분을 인수하
고 스위스 에너지볼트의 지분에 투자하는 등 재생에너지에
대한 투자를 확대하고 있고, 동박, 황산니켈, 전구체 등 2차
전지 소재산업의 확대를 통해 회사의 사업포트폴리오와 체
질을 변화시켜 가고 있다. 과도한 외부조달 없이 미래산업과

기존 사업을 연계시킬 수 있다는 점은 장기적으로 낮은 위험으로 기업의 성장을 향유할 수 있다는 장점으로 작용하게 될 것이다.

고려아연 주요 사업부문

주요제품 매출구성(%)	
아연	32.5%
은	30.3%
연	17.5%
금	11.0%
기타	8.8%

제품별 시장점유율(%)	
아연(국내)	55%
은(국내)	38%
연(국내)	34%

자료 : 고려아연

ESG 투자의 정석

ESG

PART 4

ETF로 간단하게
ESG 투자하기

ETF는 투자하기 편리하다

왜 ETF여야 하는가

우리는 지금까지 다양한 각도에 걸쳐 ESG 분야에서 수혜
를 볼 수 있는 기업을 살펴보았다. ESG는 순간 반짝하는 테
마가 아니라 미래경제의 패러다임을 바꿀 메가트렌드이다.
다양한 산업 영역을 돋보기로 살펴보면 ESG 연관기업으로
분석된 기업이 100곳을 훌쩍 넘는다.

책에서 언급한 100여 개에 달하는 모든 종목을 다 투자할
수는 없다. 종목 선택을 통해 몇 개만 추려서 투자하는 패턴
이 일반투자자의 전형일 것이다. 언급한 종목을 개인이 모두

ESG 투자의 정석

제대로 알고 투자하기란 어렵다. ESG와 관련된 종목을 망라해 설명했지만 ESG 변수가 특정 기업의 주가에 미치는 경로와 시차가 제각각이기 때문이다.

주식시장 전반에 ESG 열풍이 불어서 ESG와 관련된 모든 종목이 오르는 장에서는 100여 개 가운데 어떤 종목에 투자하더라도 짭짤한 재미를 볼 수 있을 것이다. 하지만 현실에서는 다양한 변수들이 주가의 움직임에 종합적으로 영향을 미친다. 예를 들어 양극재를 생산하는 A기업이 ESG 분야에서 매출과 수익을 내고 있다고 하더라도, 전체 매출에서 양극재 비중이 10~20%에 불과하다면 다른 변수의 영향으로 기업의 주가는 하락할 수 있다.

개인투자자가 100여 개 기업의 매출과 수익의 구조를 정확히 파악한 뒤에 ESG 트렌드가 매출과 수익 구조에 미치는 영향을 면밀하게 분석하는 것은 불가능에 가깝다. 이때 ESG 기업이 투자바구니에 골고루 들어 있는 ETF를 투자대상으로 삼는다면 대안이 될 수 있다.

국내 증시에는 다양한 ESG기업으로 포트폴리오를 구축한 ETF가 여럿 있다. 이번 4부에서는 이 같은 ETF로 ESG 테마에 올라타는 법에 대해 알아보자.

ETF란 무엇인가

ETFExchange Traded Fund는 상장지수펀드로 번역된다. 펀드를 거래소에 상장시켜서 투자자들이 주식처럼 편리하게 거래할 수 있도록 만든 상품을 말한다. 과거에는 주로 코스피200이나 코스닥150 등 시장대표지수를 추종하는 인덱스펀드가 주류를 이뤘지만, 지금은 다양한 테마로 무장한 업종별 ETF가 만들어지고 있기 때문에 ETF 하나로 다양한 산업에 효과적으로 투자할 수 있다.

일반펀드는 거래소에서 주식처럼 사고팔 수 없다. 하지만 ETF는 펀드임에도 주식처럼 HTS나 MTS로 매수와 매도 주문을 낼 수 있고, 주식시장 개장시간 동안에는 언제든지 자유롭게 사고 팔 수 있다.

ETF의 정의

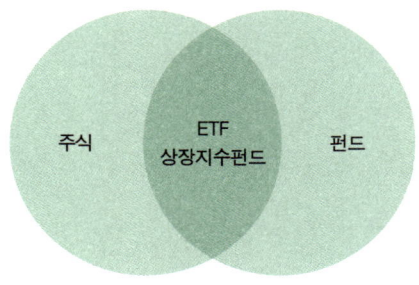

ESG 투자의 정석

ETF 시장의 확대

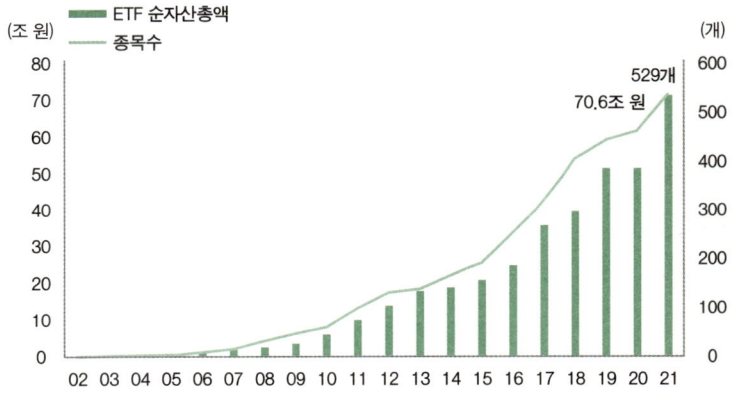

(단위: 억 원, 개)

구분	2002	2006	2010	2012	2014
순자산총액	3,444	15,609	60,578	147,177	196,560
종목수	4	12	64	135	172

2016	2017	2018	2019	2020	2021.12.10
251,018	356,109	410,066	517,123	520,365	705,596
256	325	413	450	468	529

수수료가 싼 것도 ETF의 매력으로 꼽힌다. 자산운용사가 출시하는 주식형 펀드의 보수 수준은 1~2%에 달한다. 하지만 ETF는 그보다 훨씬 저렴한 0.01~0.5% 전후이다.

소액으로 위험을 줄이는 분산투자를 할 수 있다는 장점도 돋보인다. 예를 들어 2차전지 생태계에 투자하고 싶은 개인

투자자가 LG에너지솔루션과 삼성SDI, SK이노베이션에 골고루 투자하기로 마음먹었다고 가정하자. 1월 말 기준으로 이들 주식을 1주씩만 산다 하더라도 100만원이 훌쩍 넘어가는 자금이 있어야 한다.

양극재회사인 에코프로비엠, 엘앤에프, 포스코케미칼과 분리막회사인 SK아이이테크놀로지를 사들이려면 더 많은 돈이 필요하다. 하지만 주식시장에 상장된 TIGER 2차전지테마 ETF를 사면 삼성SDI(10.51%), SK이노베이션(9.68%), 엘앤에프(8.52%), 에코프로비엠(8.11%), 포스코케미칼(7.59%) 등에 분산투자한 투자바구니를 2022년 1월 말 기준으로 주당 1만 8,800원에 살 수 있다. 여기에는 동박회사인 SKC(6.96%), 일진머티리얼즈(4.79%) 등도 함께 들어 있다. 소액으로 2차전지 생태계 전반에 분산투자할 수 있는 것이다. 그렇다면 이같이 ESG에 투자할 수 있는 ETF에는 어떤 것들이 있을까?

다양한 ESG ETF 투자하기

2차전지 생태계를 ETF 하나로

    KODEX 2차전지산업 ETF는 '에프앤가이드FnGuide 2차전지 산업지수'를 추종한다. 2차전지 원재료에서부터 기타 장비, 부품, 제조 등과 관련된 국내 상장기업에 분산투자하는 ETF이다. 구체적으로 각 기업의 공시와 IR 자료, 리포트, 뉴스와 같이 객관화된 자료를 빅데이터 분석으로 평가Scoring 하여 종목을 선정한다.

    2022년 1월 말 기준으로 LG화학(LG에너지솔루션), SK이노베이션, 삼성SDI를 각각 15% 넘는 비중으로 들고 있고, 이

외에 포스코케미칼(9.14%), 에코프로비엠(6.74%), SK아이이테크놀로지(6.46%), 에코프로(4.94%), 엘앤에프(4.14%), 일진머티리얼즈(2.40%) 등을 편입하고 있다. 앞서 설명한 TIGER 2차전지테마 ETF와 유사한 구조이다. 2차전지셀산업을 중심으로 양극재, 분리막, 동박 등 생태계에 골고루 분산투자하는 상품이라 할 수 있다.

TIGER KRX 2차전지 K-뉴딜 ETF도 비슷한 구조이다. 이 ETF는 한국거래소에서 발표하는 'KRX 2차전지 K-뉴딜 지수'를 추종하는데, 코스피와 코스닥 상장종목 중 2차전지산업군 내에서 대표기업 10종목을 골라 투자하는 구조로 되어 있다. 2022년 1월 말 기준으로 SK이노베이션(25.60%), LG화학(24.99%), 삼성SDI(22.83%) 등 상위 3개 종목에다 전체의 70% 정도로 집중투자한 것이 특징이다. 이 외에 에코프로비엠과 엘앤에프를 약 5%의 비중으로 편입했고 또 포스코케미칼, SKC, 일진머티리얼즈, SK아이이테크놀로지 등을 3~4% 비중으로 투자했다.

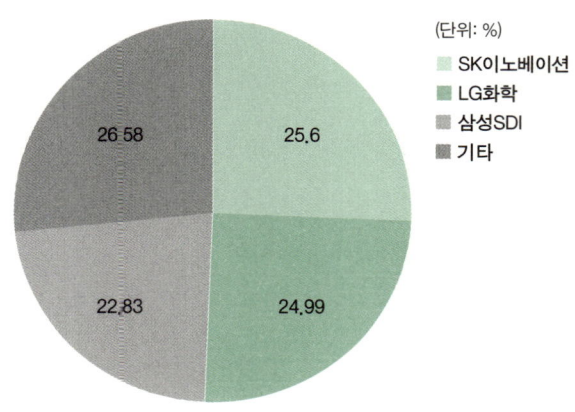

TIGER KRX2차전지K-뉴딜 ETF 주식 비중

(단위: %)
- SK이노베이션
- LG화학
- 삼성SDI
- 기타

26.58 25.6

22.83 24.99

　　ESG 투자 목적으로 만들어지지는 않았지만 2차전지를 비롯한 친환경산업 생태계에 두루 투자하는 상품 역할을 하는 ETF도 있다. KODEX 에너지화학 ETF를 예로 들 수 있다. 이 상품은 'KRX 에너지 및 화학 지수'를 기초지수로 삼아 국내 에너지 및 화학 업종을 대표하는 20개 종목으로 포트폴리오를 짰다. 그런데 최근 에너지·화학 기업들이 잇달아 친환경산업으로 비즈니스 저변을 넓히고 있어 2차전지 생태계를 축으로 하는 ESG ETF 역할을 수행하게 된 것이다. 2022년 1월 말 기준으로 LG화학, SK이노베이션, 한화솔루션, S-Oil, 롯데케미칼, SK아이이테크놀로지, SKC, 금호석유, 한솔케미칼 등이 주요 편입종목이다. 앞에서 2차전지 관련 기업으로 언급했던 SK이노베이션, SK아이이테크놀로지 등 친숙한 기업들을 확인할 수 있다. 앞에서 설명한대로 SKC는 한국을 대표하는 동박생산기업 중 하나이고, 한화솔루션은 태양광 분야에서 성과를 내고 있다. 롯데케미칼 역시 탄소포집 분야에서 가시적인 움직임을 보이는 기업으로, 2021년 말 충남 서산의 대산공장에 600억 원을 투자해서 20만 톤 규모의 이산화탄소 포집·액화 설비를 건설하겠다고 공언하고 이미 상업화를 위한 설계에 돌입한 상태이다. 2023년 하반기 상업생산이 목표로, 2030년까지 연간 50만 톤 규모로 확대해 나갈 계획이다. 또 롯데케미칼은 삼성엔지니어링, 포스코와 '수소동맹'을 맺고 청정수소산업에도 출사표를 던진 상황이다. 한솔케미칼 역시 음극재생산 분야에서 활발하게 활동 중이다.

ETF로 수소생태계 투자하기

KB스타 Fn수소경제테마 ETF도 ESG ETF 중의 하나로, 한국의 수소경제 생태계에 투자하는 상품이다. 한국의 수소경제 생태계는 오랜 기간 현대차그룹이 이끌어 왔다. 지난 1997년을 시작으로 해서 수소차 개발에 뛰어든 세월만 15년

ESG 투자의 정석

이다. 2013년 세계 최초로 수소차 투싼을 출시한 이력도 있다. 지금까지는 친환경자동차 메인스트림이 전기차라 볼 수 있지만, 앞으로 닥칠 수소경제 생태계 파급효과를 보면 상황이 언제 어떻게 반전될지는 모를 일이다. KB스타 Fn수소경제테마 ETF는 1월 말 기준으로 현대모비스(16.55%), 현대차(15.76%), 한화솔루션(14.84%), 현대제철(12.49%) 등의 비중이 높다. 앞서 설명한 대로 수소 생태계를 이끄는 현대·기아차그룹이 포트폴리오에서 차지하는 비중이 큰 것을 볼 수 있다. 또 한온시스템(6.51%), 한국가스공사(5.31%), 코오롱인더(4.05%), 효성첨단소재(3.98%) 등 앞 장에서 보았던 수소 생태계 관련 기업이 골고루 담겨 있는 것을 확인할 수 있다.

KBSTAR Fn수소경제테마 ETF 주식 비중

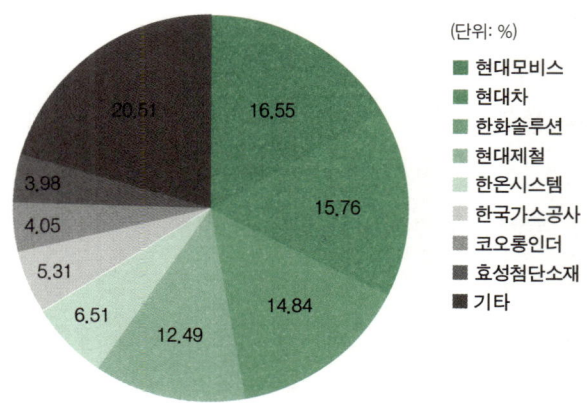

(단위: %)
- 현대모비스
- 현대차
- 한화솔루션
- 현대제철
- 한온시스템
- 한국가스공사
- 코오롱인더
- 효성첨단소재
- 기타

하나로 Fn전기&수소차 ETF는 전기차와 수소차 생태계 전반에 투자하는 상품이다. 2022년 1월 현재 기아(10.79%), 현대모비스(10.61%), 현대차(10.27%) 등 현대차그룹 비중이 30%를 넘어간다. 앞서 설명한 대로 전기차와 수소차 분야에서의 현대·기아차그룹의 경쟁력을 인정하는 포트폴리오 구성이다. 또한 SK이노베이션(9.02%), 포스코(8.33%), 롯데케미칼(5.85%), 삼성SDI(5.62%), 포스코케미칼(5.18%), 에코프로비엠(4.31%) 등이 담겨 있다.

ETF로 풍력, 태양광 투자하기

KODEX K-신재생에너지 액티브 ETF는 이름만 봐도 신재생에너지 에코시스템 전반에 투자하는 상품이라는 것을 알수 있다. 상품에 대해 설명하기 전에 먼저 '액티브'라는 단어를 살펴볼 필요가 있다. '액티브'란 시장이나 지수를 단순 추종하는 '패시브' 전략이 아니라 펀드매니저의 적극적인 전략을 통해 추가수익을 꾀하는 전략을 말한다. ETF는 특정한 지수를 정해놓고 수익률이 지수의 움직임과 똑같이 움직이도록 복제하는 것을 투자철학으로 하지만, 우수한 펀드매니저 역량을 십분 살려 지수를 초과하는 추가수익을 얻기를 기대

ESG 투자의 정석

하는 투자자들이 늘어나면서 ETF에 액티브 전략을 가미한 액티브 ETF가 각광을 받고 있다.

한국에서는 액티브 ETF 운용 시에 펀드매니저 재량을 30%까지만 허용하도록 되어 있다. 규정상 액티브 ETF 수익률과 비교지수와의 상관계수가 0.7 이상이어야 하기 때문이다. 자산의 70% 정도는 비교지수를 그대로 따라 담고, 나머지 30%로 추가수익을 낼 수 있는 종목을 선택하는 방식이다. 다만 펀드매니저의 재량범위를 확대해 달라는 요구가 거세기 때문에 향후 규정을 바꾸어 더 많은 종목을 펀드매니저가 선택하는 쪽으로 제도가 바뀔 공산이 크다. 이 상품은 'FnGuide K-신재생에너지플러스지수'를 비교지수로 삼아서 지수 대비 초과성과를 내는 것으로 목표로 하고 있다. 2022년 1월 말 현재 한화솔루션(7.95%), 씨에스윈드(7.57%), 삼강엠앤티(7.18%), 엘앤에프(6.92%), 솔루스첨단소재(6.88%), SK이노베이션(6.29%) 등이 주로 담겨 있다. 2차전지 생태계와 태양광·풍력산업에 높은 비중을 두고 투자한 상품이라고 하겠다. 다만 액티브 ETF이기 때문에 주식 비중은 여타 ETF에 비해 빠른 속도로 변할 수 있다.

TIGER KRX 기후변화솔루션 ETF도 ESG 생태계에 투자하는 대안이 될 수 있다. 이 상품은 'KRX 기후변화솔루션지수'를 기초지수로 한다. 글로벌 경제가 탄소중립 패러다임으로 넘어가는 가운데 여기에 잘 대처할 수 있는 기업 40여 개를 추려서 투자하는 방식이다. 구체적으로는 '저탄소 전환점수' 상위 20종목과 '저탄소 특허점수' 상위 20종목을 합치는 구조이다. 전환점수가 높은 기업은 전기차, 태양광, 풍력 등 관련 제품을 통해 직접적으로 기후변화 문제의 해결에 기여하는 회사이고, 특허점수가 높은 기업은 저탄소 관련 특허를 다양하게 보유해 향후 기후변화 문제를 해결하는 데 직간접적으로 도움이 될 것으로 기대되는 기업이다. 2022년 1월 말 기준으로 삼성전자(7.90%), 한화솔루션(7.25%), 삼성SDI(6.89%), 현대차(6.41%), 에코프로비엠(5.12%), 기아(4.95%), 포스코(4.48%) 등이 담겨 있다. 태양광 분야의 핵심기업으로 언급되었던 한화솔루션, 양극재기업인 에코프로비엠, 2차전지기업인 삼성SDI와 수소 생태계에서 살펴봤던 포스코 등을 확인할 수 있다.

KRX 기후변화솔루션 지수를 따르는 다른 ETF도 사실상 같은 상품이다. KODEX KRX 기후변화솔루션 ETF , KB스타 KRX 기후변화솔루션 ETF, 하나로 KRX 기후변화솔루션 ETF, SOL KRX 기후변화솔루션 ETF가 모두 같은 지수를 추

　　　　　　　　　　　　　　ESG 투자의 정석

KRX 기후변화솔루션 지수의 개념

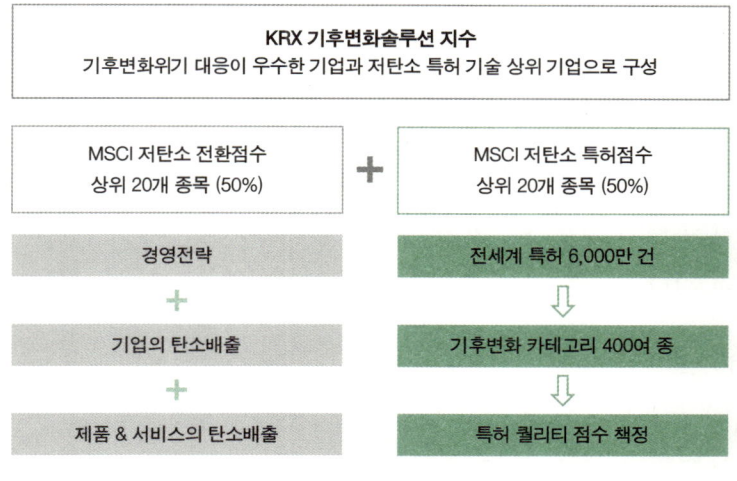

출처 : MSCI, 한국거래소, 미래에셋자산운용

종하고 있다.

  하나로 Fn친환경에너지 ETF 포트폴리오도 눈여겨 볼 만하다. 2022년 1월 말 현재 한화솔루션(10.28%), LG화학(10.19%), 삼성SDI(9.70%), 씨에스윈드(9.48%), 천보(9.10%), 두산퓨얼셀(8.45%) 등으로 상위 포트폴리오를 구성하고 있다. 이 중 천보는 특수전해질 생산기업으로 유명하다. 특화상품인 F전해질LiFSI을 만든다. 리튬을 기반으로 만드는 범용 전해질LiPF6 가격이 원료인 리튬 가격의 상승으로 급등해서

Kg당 2만 원 안팎이던 것이 2020년 말 이후 7만 원 수준으로까지 오르자, Kg당 8만~9만원 안팎이던 특수전해질 가격이 덩달아 반사이익을 얻고 있다. 천보는 특수전해질 생산을 2021년 기준 720톤에서 2026년까지 1만 5,000톤으로 늘리겠다는 계획을 세우고 있다. 두산퓨얼셀은 수소연료전지 분야에서 핵심 경쟁력을 가진 기업이라고 앞에서 자세히 설명한 바 있다.

탄소배출권도 ETF로 투자한다

앞서 거론한 개별종목에 투자하는 것은 아니지만 ESG 테마가 뜨면 수익을 볼 수 있는 ETF로는 탄소배출권 ETF를 거론할 수 있다. 먼저 기초상품이 되는 탄소배출권에 대해 이해해야 한다.

탄소배출권은 탄소를 배출할 수 있는 권리를 말하는 것으로, 글로벌 기후변화로 인해 일어나는 여러 부작용을 최소화하기 위해 연구된 개념이다. 국가별로 억지로 탄소배출을 제한하게 되면 여러 부작용이 생길 터이므로 가급적 시장경제의 틀 안에서 문제를 해결하자는 취지에서 국제적 연구와 공조를 거쳐 나오게 된 결과물이다. 국가별, 더 나아가 기업별로 온실가스를 줄여야 하는 의무를 준 뒤 이보다 더 온실가스를 배출하고 싶으면 시장에서 탄소배출권을 사라는 의미이다. 따라서 온실가스 배출에 대한 글로벌 규범이 강화될수록 탄소배출권 가격은 더 올라가게 된다. 세계 각국이 기후변화 위기에 적극 대응함에 따라 탄소배출권 가격은 톤당 90유로를 돌파하면서 사상최고치를 기록하기도 했다.

급등한 탄소배출권 선물 가격   (단위: 톤당 유로)

출처 : 인베스팅닷컴

탄소배출권은 ETF로 쉽게 투자할 수 있다. 삼성자산운용에서 출시한 KODEX 유럽탄소배출권선물ICE(H) ETF, 신한자산운용의 SOL 유럽탄소배출권선물S&P(H) ETF, SOL 글로벌탄소배출권선물IHS(합성) ETF, 하나로 글로벌탄소배출권선물ICE(합성) ETF 등이 있다. 이 중 앞의 2개 상품은 유럽 탄소배출권거래소에서 거래되는 탄소배출권 가격을 추종한다. '글로벌'이 들어간 상품은 유럽 외에 미국 캘리포니아, 미국 북동부거래소 배출권을 함께 취급한다.

탄소배출권 ETF는 기업이 아니라 탄소배출권 선물가격 그대로를 추종한다. 따라서 수급 등의 이유로 코스피200, 코스닥150 지수 등이 크게 급락하더라도 탄소배출권 ETF 수익률은 큰 영향을 받지 않는다. 반면 반대로 주식시장이 활황세를 보일 때에도 국제정세 등의 변수로 인해 탄소배출권 가격의 상승은 미미할 우려도 있다.

무늬만 ESG ETF?

2022년 1월 말 기준 국내 증시에는 ESG가 종목명으로 기재된 12종의 ETF가 있다. 하지만 다수가 이 책에서 강조하는 ESG 투자원칙과는 상반된 방향으로 운용되고 있어 주의가 필요하다. ESG로 투자종목을 판별하는 철학의 차이가 크기 때문이다.

ESG를 전면에 내건 ETF 가운데 국내 주식에 투자하는 상품으로는 FOCUS ESG리더스 ETF, KB스타 ESG사회책임투자 ETF, KODEX 200ESG ETF, TIGER MSCI KOREA ESG유니버설 ETF, TIGER MSCI KOREA ESG리더스 ETF 등을 들수 있다.

 FOCUS ESG리더스 ETF의 경우 'KRX ESG 리더스150지수'를 추종한다. 한국기업지배구조원의 ESG 평가기준에 따라 우수종목으로 평가된 150개 종목을 구성종목으로 한다. 이 지수는 얼마나 환경경영에 힘썼는가, 주주총회에서 소액주주들의 의견이 잘 반영되는가, 대주주를 효과적으로 견제할 수 있도록 감사기구가 내실화되었는가 등을 핵심 변수로 한다. 그런데 이는 특정 기업이 얼마나 돈을 잘 벌 수 있는가, ESG 분야에서 지속가능한 주가상승을 이뤄낼 수 있는가를 살펴 결정된 기준이라 볼 수 없다. 종목을 살펴보면 2022년 1월 말 기준으로 KB금융(1.60%), 우리금융지주(1.59%), 신한지주(1.52%), LG이노텍(1.52%), 하나금융지주(1.52%), 등이 담겨 있다. 종목당 비중 1.5% 안팎으로 여러 종목에 분산투자해 놓은 것을 볼 수 있다. 그마저도 다수의 금융회사를 위주로 해서 편입해 놓은 상황이다. ESG 분야 사업영역을 개척해서 돈을 버는 회사들 이름은 찾아보기 어렵다.

KB스타 ESG사회책임투자 ETF의 경우 KRX ESG 사회책임경영지수를 따른다. 코스피와 코스닥 상장기업 가운데 기업지배구조원 ESG 평가대상기업을 투자대상으로 삼아 사회책임 평가항목점수 상위기업에 해당하는 종목을 유동시가총액 방식으로 산출하는 구조이다. 2022년 1월 말 기준으로 삼성전자(28.83%), SK하이닉스(15.49%), 기아(4.73%), 카카오(4.20%), 현대모비스(3.42%), KB금융(3.28%) 등이 상위편입된 종목들이다. 삼성전자와 SK하이닉스의 비중을 합하면 40%가 넘어간다. 이렇게 되면 코스피200지수를 추종하는 패시브 ETF와 수익률 측면에서 차별화되기 힘들어진다.

KBSTAR ESG사회책임투자 ETF 주식 비중

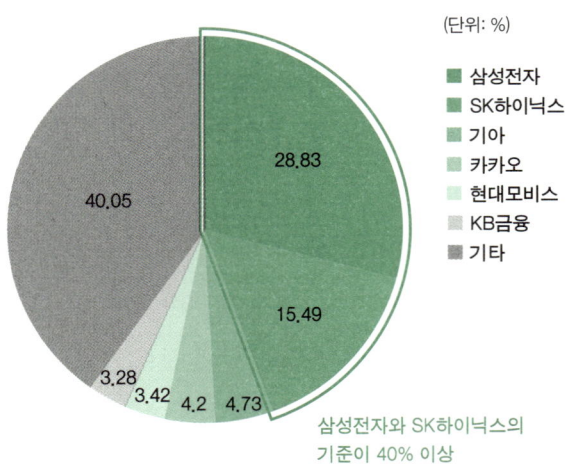

(단위: %)

- 삼성전자
- SK하이닉스
- 기아
- 카카오
- 현대모비스
- KB금융
- 기타

40.05
28.83
15.49
3.28
3.42
4.2
4.73

삼성전자와 SK하이닉스의 기준이 40% 이상

ESG 투자의 정석

KODEX 200ESG ETF도 비슷한 구조를 보인다. 2022년 1월 말 기준으로 삼성전자(28.87%), SK하이닉스(8.09%), 네이버(5.00%), 삼성SDI(3.6_%), 카카오(3.22%) 등의 비중이 높다. 코스피 시총 상위종목이 대거 편입되어 있어 코스피200 ETF와 유사한 수익률 그래프를 그릴 것으로 예측된다.

TIGER MSCI KOREA ESG유니버설 ETF도 크게 다르지 않다. 상위편입된 종목에 삼성전자(23.93%), SK하이닉스(8.32%), 네이버(7.72%) 삼성전자우(3.73%) 신한지주(3.39%) 등이 집중포진되어 있어 이 책에서 강조하는 ESG ETF의 역할에 부합한다고 보기 어렵다.

TIGER MSCI KOREA ESG리더스 ETF도 대동소이하다. 이 ETF는 모건스탠리캐피털인터내셔널(MSCI)이 발표하는 'MSCI KOREA COUNTRY ESG LEADERS CAPPED 지수'를 활용한다. 이 지수는 중대형주를 위주로 해서 MSCI KOREA 지수 구성종목 가운데 ESG 평가에 부정적인 산업으로 간주되는 주류, 담배, 도박, 원자력, 무기 등에 관련된 기업을 투자리스트에서 빼고, 그 다음에 시가총액을 반영하면서 ESG 점수가 높은 종목을 편입시켜 투자바구니에 담는 구조이다. 쉽게 말해 ESG 관련 산업에 투자하는 것이 목표가 아니라,

코스피 대형주 가운데 ESG 이슈 논란이 되는 기업을 필터링한 뒤 나머지를 시총 높은 기업 순으로 하나씩 담는 것이다. 2022년 1월 말 기준으로 SK하이닉스(17.02%), 네이버(9.93%), 삼성SDI(8.29%), 카카오(6.85%), KB금융(6.09%) 등이 주로 담겨 있다. 삼성전자 비중이 미미하다는 점이 앞에서 예로 든 상품들과의 유의미한 차이점이라고 할 수 있다.

ESG에 대한 올바른 투자법칙이 확립될 때까지는 이 같은 혼란이 이어질 것으로 보인다. 비교적 최근에 만들어진 WOORI AI ESG액티브 ETF는 새로운 방법론을 추가하였다. 이 상품은 우리금융지주의 자회사 우리자산운용의 출사표 격인 ETF로, 2022년 1월 5일 ESG를 기반으로 한 액티브 운용으로 수익률을 극대화할 목적으로 탄생했다. 인공지능(AI)을 기반으로 ESG 종목을 평가·분석하는 점을 특장점으로 내세웠다. ESG 평가업체인 지속가능발전소와의 협업으로 만들어졌는데, 이곳에서 평가한 ESG 점수가 상위 30%인 종목들을 편입 대상으로 삼는다. 이 중 유동시가총액 기준 상위 100개 종목을 선정해서 지속가능발전소 AI 알고리즘이 분석한 뉴스 기반 ESG 리스크 점수를 활용해 보정하는 구조이다. 이렇게 선택된 종목을 보면 2022년 1월 말 기준 삼성전자(22.00%), SK하이닉스(9.92%), 현대차(4.92%), 네이버(4.91%),

ESG 투자의 정석

삼성SDI(3.85%) 등으로 앞에서 거론한 ESG ETF와 유사한 특징을 갖는다. 다만 AI 알고리즘을 도입해서 체계적인 ESG 레이팅 시도를 했다는 점 등은 돋보이는 시도라고 할 수 있다. 하버드대학의 세라페임 교수는 ESG에 관한 뉴스나 공시가 일반정보 대비로 더 민감하게 성과에 영향을 미친다고 하였는데 이러한 ESG 요소들을 포트폴리오 운용에 반영하는 시도들이 증가할 것으로 예상한다.

진정한 ESG ETF의 탄생을 꿈꾸며

지금까지 주요 ESG ETF에 대해 살펴보았다. 출시된 상품을 보면 ESG의 세 축 가운데 주로 'E'에 관련된 상품이 주류를 이루는 것을 볼 수 있다. 앞서 3부에서 검토한 바에서 보듯이 아직까지 'S'와 'G' 변수를 투자로 이어지게 하는 개별 종목은 가짓수가 많지 않다. 이에 따라 앞서 검토한 S와 G 변수를 분산투자 아이디어로 연결하는 ETF도 찾아보기 힘든 실정이다.

한국 증시에는 TIGER 지주회사 ETF라는 상품이 있다. 'Fn 가이드 지주회사 지수'를 기초지수로 하는데, 2022년 1월 말 기준으로 LG(9.60%), SK(9.48%), 한진칼(9.31%), 삼성바이오로

직스(9.20%), 현대중공업지주(8.48%), GS(6.98%) 등이 주로 담겨 있다. 앞서 살펴보았던 지배구조로 주목받을 투자종목 중에서는 SK 정도만 있을 뿐 삼성물산, 태광산업 등 지배구조 개선이 기대되는 기업의 이름은 찾아볼 수 없다.

'S' 즉 사회Social의 측면에서 검토했던 원익IPS 같은 종목들은 KODEX 반도체 ETF에서 SK하이닉스, DB하이텍, 리노공업, LX세미콘에 이어 다섯 번째로 높은 3.86% 비중을 차지하고 있지만 이것만으로 ESG 테마에 대한 투자 목적으로 반도체 ETF를 살 수는 없을 것이다.

성장성이 돋보이는 저PSR기업에서 관심을 가졌던 한국단자는 KODEX 기계장비 ETF에 2022년 1월 말 기준 1.20%의 비중으로 미미하다. ESG로 당장 돈을 벌고 있는 2차전지 생태계 정도만 ETF 분산투자가 가능하고, 다른 테마나 투자아이디어는 아직까지 ETF로 돈을 태우기 힘든 상황이다. 다만 앞으로 이 책에서 강조하듯 ESG와 투자를 연결하는 아이디어와 논리가 널리 운용사 전반으로 보편화된다면 이에 특화된 ESG ETF 출시도 본격화할 것으로 전망된다.

ESG 투자의 정석

ESG

PART 5

ESG에 투자할 때
반드시 주의해야 할 것들

ESG 확대에도 부작용은 있다

ESG 투자로 그린플레이션이 발생할 수도

그동안 진행되던 전 세계적 기후위기 대응 노력이 탈탄소 정책으로 구체화됨에 따라 거시경제에 큰 영향을 미치고 있다. 2050년까지 탄소중립으로 가기 위해서는 탄소배출 규제, 친환경 투자 확대, 신기술산업 육성 등 실물경제에 커다란 변화가 나타날 수밖에 없다. 그린플레이션Greenflation은 친환경정책이나 탄소중립으로의 이행 과정에서 발생하는 물가상승 압력 현상이다. 탄소규제나 친환경에너지 도입은 기업의 생산비용을 상승시키고, 이것은 재화 및 서비스 가격의 인상으로 전가된다. 친환경 방식을 위해 구리, 희소금속 등

ESG 투자의 정석

의 원자재를 과잉소비하게 되면 그에 따라 발생할 수밖에 없는 비용상승이 물가상승을 견인하는 것이다.

에너지컨설팅업체 리스타드에너지에 따르면 2021년 신규 유전·가스전의 발굴 규모는 약 47억 배럴로 1946년 이후 가장 적었다. 2020년 대비로도 절반 이상 감소했다. IEA에 따르면 신규유전의 발굴 규모가 급감하면서 채굴가능한 원유량도 줄어들고 있다. 새로운 유전이나 기존 유전에 대한 투자가 없으면 원유생산량이 매년 7%가량 감소하게 되는데, 미국의 주요 석유·가스회사들은 신규유전 탐사에 대한 지출을 대폭 줄였다. 각국 정부가 탄소중립 정책을 펴는 상황에서 화석연료에 투자하는 것은 쉽지 않은 결정이었기 때문이다. 원유매장량이 고갈되는 것을 막기 위해 석유기업들은 매년 자본의 80%를 재투자해야 하지만, 최근 들어 주요 석유가스기업들은 유가상승 기간에 벌어들인 수익을 신규유전 탐사에 투자하지 않고 부채축소와 배당금 증액을 위해 사용했다. 그럼에도 불구하고 석유 수요는 줄지 않고 있다는 점도 문제이다. COVID-19 팬데믹에서 벗어나 인플레이션 압력이 배가되고 금리가 인상되면 경제 주체들의 고통이 커질 수 있다는 점도 감안되어야 할 것이다. 반면에 그린플레이션이 심화된다고 친환경정책이 줄어들지는 않을 것이고, 탄소에너지의 가격상승이 친환경에너지와의 가격 격차를 낮추어 친환경기술 개발을 위한 혁신이 발생될 수도 있다.

전기차 수요가 급증함에 따라 2차전지의 수요도 가파르게 상승하고 있다. 친환경을 위해 좋은 일이긴 한데, 2차전지의 원재료인 니켈, 코발트, 망간 등 희소금속의 가격이 천정부지로 오르고 있다. 전기차의 수익성을 내기 위한 적정 배터리 가격을 100달러/kWh로 보고 있는데, 규모의 경제를 통해 낮춘 가격이 원재료 가격의 상승으로 인해 트레이드오프되는 상황이 발생하고 있다. 희소금속을 적게 쓰는 배터리를 만들던가 재활용을 통해 희소금속의 가격을 낮추어야 그린플레이션을 극복할 수 있을 것이다.

ESG 경영으로 GVC(글로벌 가치사슬)가 병목현상

2021년 말 중국의 전력난 이후 글로벌 공급망의 취약성이 확인됐다. 2차전지, 태양광 등 성장성 높은 신재생에너지 업종은 모든 밸류체인에서 중국의 영향력이 크다. 중국은 2차전지의 경우 양극재 원료인 망간(99%), 리튬(83%), 코발트(62%), 알루미늄(93%)과 음극재 원료인 천연흑연(87%), 인조흑연(67%)의 생산을 점유하고 있고, 태양광의 경우에도 잉곳(98%), 웨이퍼(90%), 셀(88%), 모듈(98%) 등 전 공정에서 중국에 대한 의존도가 높 다. 2019년 일본의 수출규제조치에

GVC(Global Value Chain): 글로벌 가 치사슬은 상품의 설계, 부품과 원재 료의 조달, 생산, 유통, 판매에 이르 기까지 각각 세분화된 과정이 어느 한 국가가 아닌 비용면에서 경쟁력 있는 국가에서 이루어지면서 각 단 계별로 부가가치가 창출되는 세계 교역의 패러다임을 말한다.

따라 우리나라 IT 산업에 위기가 찾아왔듯이 주요 소재의 경 우 공급망을 촘촘하게 정비할 필요가 있다.

석탄이나 석유 같은 탄소에너지는 에너지, 열로 사용될 뿐 아니라 석탄에서 생산된 코크스를 환원제로 사용하여 철광 석에 들어 있는 산소를 뽑아내기도 하고 원유를 가공한 나프 타를 플라스틱, 합성고무, 합성섬유 같은 화학제품의 원료로 이용하기도 한다. 최근에 문제가 됐던 요소도 석탄을 이용해 서 생산하는 것이 저렴하다. 최근에는 탄소과다산업을 저개 발국가로 이전하는 경향이 있는데, 수입을 다변화하거나 친 환경정책에도 불구하고 일부를 국내에서 생산하는 방식을 택함으로써 공급망 차질에 의해 발생할 수 있는 위험을 막아 야 할 것이다.

ESG에 과도하게 몰입해도 위험

미래기술은 미래에 없을 수도 있다

친환경정책은 기술로 해결해야지 계몽으로 극복할 수 있는 것이 아니다. 환경을 위해 에너지를 아끼고 플라스틱 사용을 줄이도록 권장하는 것도 중요하지만, 더 중요한 것은 친환경에너지를 만드는 저렴한 기술을 만들어 내고 처리 가능한 친환경플라스틱을 개발해야 한다는 것이다. 따라서 ESG의 활성화를 위해서는 신기술 발전이 꼭 필요하다.

하지만 기술이 시장에서 인정되는 데에는 많은 비용과 시간이 필요하다. 2차전지의 경우를 보자. 2007년 애플의 아이폰이 선풍을 일으킨 이후로 스마트폰시장은 급성장하기 시작했다. 당시 조그만 핸드폰에 들어가는 2차전지가 전기차에 채택된다면 엄청나게 많이 사용될 텐데, 그렇다면 2차전지에서 가장 비중이 큰 양극활물질회사에 투자하면 큰돈을 벌 수 있지 않을까 하면서 이 논리를 다른 투자자에게 설파하던 펀드매니저가 계셨다. 이후 15년이 흐른 뒤 그 양극재회사는 최근 1~2년 사이에 급성장하여 당시보다 주가가 200배나 상승했다. 하지만 그분은 그 주식으로 성공하지는 못했다. 2차전지의 미래에 대해 큰 방향성을 정확하게 맞추는 것은 가능하지만, 기술에 대한 확신을 갖고 특정 기업에 대해 10년 이상의 투자를 유지하는 것은 쉬운 일은 아니다.

지난 10년 동안 양극재회사들은 전기차시장에 대한 투자자들의 의구심 때문에 투자자금을 모으기도 어려웠다. 그들은 수십 번의 부도 위기를 넘긴 끝에 지금의 성공을 만들어낸 것이다. LG에너지솔루션 같은 대기업도 20년 가깝게 LG화학의 석유화학부문 수익을 기반으로 버텨 가며 여기까지 왔고, 천하의 테슬라도 불과 2~3년 전까지는 월스트리트의 유명 애널리스트들이 부도를 예견하기도 했으니, 이런 점을 감안하면 신산업을 영위하는 중소기업의 부침이야 말할 필요도 없을 것이다. 본문에서는 환경산업 분야를 성숙, 인지,

개념 단계로 구분하여 살펴보았는데, 개념 단계의 기술 중 10년 뒤 살아남을 수 있는 산업이 몇 개나 될지는 알 수 없다. 신기술은 이론 과정과 실증 단계를 거쳐 양산 과정에 들어가게 되는데, 양산 과정에 들어갈 수 없는 기술을 무작정 선호하는 우를 범하지 말고 단계별로 검증 과정을 확인해 나가야 한다.

ESG 투자는 유연하게

　인간의 예측은 자주 틀린다. 방향성은 맞는데 예상과 조금씩 차이가 나는 것은 그나마 다행이고, 기대했던 것과 완전히 다른 방향으로 나아가는 일도 비일비재하다. 예측능력의 탓도 있겠지만, 영향을 미치는 주변 환경의 거대한 변화 때문에 그런 문제가 발생하기도 한다. 단기예측도 그러한데 10~20년 뒤를 예측하는 것은 더욱 어렵다. 2009년 IEA(국제에너지기구)의 전망에 따르면, 에너지수요는 연평균 1.4%씩 성장하게 되는데 에너지믹스는 신재생에너지의 비중이 조금 늘어나고 원유 사용은 소폭 감소할 것이라고 했다. 하지만 2019년의 실제 에너지믹스 상황을 보면 천연가스의 비중이 예상보다 2.2%p 크게 늘어나고 원자력은 1%p 크게 감소했으며 신재생에너지는 0.5%p 증가하였다. 오차의 이유는 주변환경의 변화요인이 IEA의 분석능력보다 더 컸기 때문이다. 2011년 일본의 후쿠시마원전사고가 발생하면서 원자력 발전을 꺼리는 분위기가 생겨났고, 미국에서 셰일가스 생산이 확대되면서 천연가스의 사용이 늘어났으며, 풍력과 태양광의 발전단가가 크게 내려간 것이 그 이유일 것이다.

미래예측은 학습의 영역일 뿐 아니라 대응의 영역이다. 오차가 발생했을 때는 원인을 정확하게 분석해서 추가적인 실수를 하지 않도록 대응할 수 있는 마음가짐을 갖는 것이 중요하다. ESG 투자는 지속가능성을 위해 인류가 내딛는 위대한 첫걸음이다. 앞으로 나아가는 과정에서 많은 실수도 있을 것이고, 왔던 길로 다시 되돌아 갈 수도 있을 것이다. 아이디어 차원에서 나온 수많은 이론들이 실제로 상용화되는 길은 멀고도 험하다는 것을 생각하며 유연한 생각을 갖고 투자에 임해야 할 것이다. 모든 분들에게 ESG 투자학습을 통한 스킬skill 향상과 행운Luck이 함께 하길 바란다.

| 참고문헌 |

논문/도서

Bollen, N. P, "Mutual fund attributes and investor behavior", Journal of Banking and Finance, 42(3), 2007, pp.683~708.

Business Roundtable, Statement on the purpose of a corporation, 2019.

Friedman Milton, Capitalism and freedom, Chicago University Press, 1962.

GSIA, Global sustainable investment review, 2020.

K. Hasselmann, "Optimal fingerprints for the detection of time-dependent climate change", Journal of Climate, 6, 1993, pp.1957~1971.

MSCI, Understanding MSCI ESG indexes, 2019.

MSCI, What is an MSCI ESG ratings?, 2020.

PCC, Global warming of 1.5°C, 2018.

Syukuro Manabe, "Simulated climatology of a general circulation model with a hydrologic cycle II", Monthly Weather Review, 95, 1967, pp.155~169.

Thomas Friedman, 『세계는 평평하다』, 21세기북스, 2013.

A. Yoon & Serafeim, G, Stock price reactions to ESG news, HARC, 2020.

UN PRI, Principles for responsible investment, 2008.

UN PRI, A practical guide to ESG integration for equity investing, 2019.

UN Foundation, Next step glassgow, 2021.

고려대학교 산학협력단, 『국민연금 책임투자와 스튜어드십코드에 관한 연구(I)』, 2017.

국회예산정책처, 『2019~2060년 국민연금 재정전망』, 2019.

권순원, 『공적연기금의 SRI선별투자전략과 선별지표 개발연구』, 국민연금연구원, 2010.

기업지배구조원, 『EU분류체계 논의동향』, 2020.

기업지배구조원, 『감사위원 분리선임 및 3%룰 적용현황』, 2021.

김용진, 『국민연금이 함께하는 ESG의 새로운 길』, KMAC, 2021.

리차드 탈러, 『넛지』, 리더스북, 2018.

리베카 헨더슨, 『자본주의 대전환』, 어크로스, 2021.

박영석·이효섭, 『기업의 ESG경영촉진을 위한 금융의 역할』, 자본시장연구원, 2021.

빌 게이츠, 『빌 게이츠, 기후재앙을 피하는 법』, 김영사, 2021.

산업통상자원부, 『K-ESG 가이드라인』, 2021.

송홍선·정광수, 『인구구조변화와 주식시장』, 자본시장연구원, 2017.

숙명여자대학교, 『SRI펀드의 사회책임요소 분석』, 국민연금연구원, 2012.
유상현, 『공적 연기금의 사회책임투자(SRI)방안』, 국민연금연구원, 2006.
이병윤, 『ESG성과의 공시·평가와 'K-ESG가이드라인'』, 한국금융연구원, 2022.
조신, 『넥스트 자본주의, ESG』, 사회평론, 2021.
최영민, 『국민연금 책임투자 개선방안에 관한 연구』, 국민연금연구원, 2018.
탄소중립위원회, 『2050탄소중립시나리오』, 2021.
환경부, 『2030 국가온실가스 감축목표(NDC) 상향안』, 2021.
현상균, 『장기투자자의 포트폴리오선택과 ESG투자의 최적배분요인 분석』, 대한
경영학회, 2021.

보고서

『2차전지-동박3인방』, 삼성증권, 2021.
『ESG 속 태양광(Solar) 돋보기』, SK증권, 2021.
『SK그룹의 미래이야기』, 한화투자증권, 2021.
『SK그룹 파이낸셜스토리 풀어내기』, 삼성증권, 2021.
『The Road to Win』, 삼성증권, 2021.
『뉴패러다임, ESG I: 테마편』, 신한금융투자, 2021.
『돈버는 인공지능, 신재생에너지기업을 찾아서』, 키움증권, 2021.
『모빌리티 변화의 중심으로』, 유진투자증권, 2021.
『모빌리티 왕국 꿈꾸는 테슬라』, POSRI, 2021.
『수소차 속 화학, 이베스트증권』, 2020.
『수소차? 아니 지금은 전기차야 다』, BNK투자증권, 2019.
『스코프3로 넓혀져가는 탄소발자국 지우기』, KB금융지주연구소, 2021.
『알루미늄박 알고보니 핵인싸』, 교보증권, 2021.
『어렵지만 가야할 길 CCUS』, 미래에셋증권, 2021.
『연료전지투자 가이드북』, 상상인증권, 2021.
『오스테드 그들은 왜 한국에 왔을까』, 유진투자증권, 2019.
『원자력발전 SMR과 함께 돌아오나』, NH투자증권, 2022.
『전기차는 어떻게 돈을 버는가』, 삼성증권, 2021.
『중국 재생에너지의 모든 것 II』, KB증권, 2021.
『지금 바로 쓰는 ESG전략』, 삼성증권, 2021.
『지금은 바이오플라스틱을 보아야 할 때』, 이베스트증권, 2021.
『친환경 가야만 하는길 중국태양광산업』, 유안타증권, 2021.
『피할 수 없는 소재의 국산화』, IBK투자증권, 2021.
『탄소중립을 향한 여정, 신재생에너지와 ESS』, 신한금융투자, 2021.
『탄소중립 전 과도기 : CCUS와 해상풍력』, NH투자증권, 2021.

『해상풍력 풍력발전의 새로운 도전』, KB금융지주 금융연구소, 2021.
『환경인프라, 시멘트사, 폐기물 처리기업 인수의 시사점』, 삼성증권, 2021.

인터넷 홈페이지

2050탄소중립위원회, http://www.2050cnc.go.kr
Business Roundtable, http://www.businessroundtable.org
GSIA, http://www.gsi-alliance.org
MSCI, http://www.msci.com
The Climate Group, http://www.there100.org
UN PRI, http://www.unpri.org
국제에너지기구, http://www.iea.org
국제원자력기구, http://www.iaea.org
공무원연금, http://www.geps.or.kr
국민연금 기금운용본부, http://fund.nps.or.kr
국민연금 연구원, http://institute.nps.or.kr
산업통상자원부, http://www.motle.go.kr
순환자원정보센터, http://www.re.or.kr
온실가스종합정보센터, http://www.gir.or.kr
한국탄소산업진흥원, http://www.kcarbon.or.kr
한국거래소, http://krx.co.kr
한국스튜어드십코드, http://sc.cgs.or.kr/main/main.jsp
환경부, http://www.me.go.kr

ESG

ESG 투자의 정석

1판 1쇄 인쇄 2022년 4월 4일
1판 1쇄 발행 2022년 4월 11일

지은이 현상균, 홍장원
펴낸이 김기옥

경제경영팀장 모민원   기획 편집 변호이, 박지선   커뮤니케이션 플래너 박진모
경영지원 고광현, 임민진   제작 김형식
표지디자인 투에스디자인   본문디자인 디자인허브
인쇄·제본 민언프린텍

펴낸곳 한스미디어(한즈미디어(주))
주소 121-839 서울특별시 마포구 양화로 11길 13(서교동, 강원빌딩 5층)
전화 02-707-0337 팩스 02-707-0198 홈페이지 www.hansmedia.com
출판신고번호 제 313-2003-227호. 신고일자 2003년 6월 25일

ISBN 979-11-6007-787-2   (13320)

책값은 뒤표지에 있습니다.
이 책은 저작권법에 따라 보호받는 저작물이므로 무단 전재와 무단 복제를 금합니다.
잘못 만들어진 책은 구입하신 서점에서 교환해 드립니다.